Jochen Hippler, Andrea Lueg
Feindbild Islam

D1868837

26,- DM

Jochen Hippler, Andrea Lueg

Feindbild Islam

Konkret Literatur Verlag

© 1993 Konkret Literatur Verlag, Hamburg
Umschlaggestaltung: Peter Albers, Hamburg
Umschlagfoto: dpa/Mummendey
Satz: KCS GmbH, Buchholz/Hamburg
Druck: PDC Paderborner Druck Centrum, Paderborn
ISBN 3-89458-118-2

Inhalt

Einleitung

Ideologen des westlichen Abendlandes haben Hochkonjunktur. In fast allen Medien werden wir von »Experten« über die neuen Gefahren aus dem Osten aufgeklärt: Heilige Kriege, fanatisierte Menschenmassen, die Rache des Mittelalters an der Moderne, der Religion an der Aufklärung. Die Türken scheinen wieder kurz vor Wien zu stehen. Khomeini, Qaddafi, Saddam Hussein, Arafat, die algerischen Fundamentalisten: Die anti-westliche Welle rollt, zumindest durch die Publikumszeitschriften und über die Bildschirme. Die unterschiedlichsten Bedrohungsszenarien werden beschworen: Entweder soll uns bald der Ölhahn zugedreht werden, oder es droht eine kulturelle »Überfremdung« durch türkische oder maghrebinische Einwanderer. Die islamische Atombombe, womöglich in der Hand fundamentalistischer Terroristen, kann uns alle vernichten. Die westliche Zivilisation ist von einer fundamentalistischen Weltrevolution iranischer Prägung bedroht. Simple Gemüter mögen diese sogar als Kampf des Islams gegen das Christentum auffassen, ersatzweise als Kampf gegen die »Ungläubigen«. All diese Vorstellungen existieren in Europa nebeneinander, zum Teil unvermittelt oder auch in Konkurrenz, zum Teil zu einer umfassenden Gesamtbedrohung zusammengefaßt, je nach Belieben und Bedarf.

Dieses Buch will das *Feindbild* Islam untersuchen, nicht den Islam selbst. Es ist ein Buch über unser eigenes, über das »westliche« Denken und über Notwendigkeit, Struktur und Folgen eines seiner Feindbilder. Eine unserer Thesen lautet, daß die gegenwärtige Konjunktur populärer Literatur über die islamische Gefahr wenig mit dem vorgeblichen Gegenstand der Bedrohung – dem Islam –, aber um so mehr mit dem westlichen Denken, mit einer Identitätslücke nach dem Ende des kalten Krieges zu tun hat. Und genau dieser Aspekt interessiert uns. Wir wollen also nicht »den wahren Islam« enthüllen, weder in feindbildproduzierender noch in romantisierender Absicht.

Natürlich gibt es in den islamisch geprägten Gesellschaften des Nahen und Mittleren Ostens zahlreiche Erscheinungen, die kritikwürdig oder sogar bedrohlich sind. Auch wenn diese Bedrohungen zuerst und überwiegend die Menschen dieser Region betreffen und nicht die in Europa oder Nordamerika, so ist das noch lange kein Grund, sie auf die leichte Schulter zu nehmen, zu verharmlosen oder gar zu ignorieren. Wenn Intoleranz und Fanatismus mit islamistischem Hintergrund sich gegen Araber, Türken oder Perser richten, haben wir dafür genausowenig Sympathie oder »Verständnis« wie für Angriffe deutscher Skinheads auf deutsche Obdachlose und Behinderte, auf türkische oder libanesische Mädchen oder sonst jemanden. Aber in beiden Fällen scheint uns demonstrative Hysterie nicht der richtige Weg, mit solchen Phänomenen fertigzuwerden.

Wenn wir also die Produktion eines »Feindbildes Islam« kritisieren, dann nicht, um sämtliche Erscheinungen im Nahen Osten damit zu rechtfertigen oder unter den Teppich der kulturellen Andersartigkeit zu kehren. Wir kritisieren vielmehr, daß die populären Feindbilder gerade verhindern, daß eine Auseinandersetzung mit Unterdrückung, Frauenverachtung, Menschenrechtsverletzungen stattfinden kann. Darum geht es den Ideologen, die am Feindbild malen, nämlich nicht. Sie und ihre »Kunden« wollen sich selbst ein gutes Gefühl verschaffen, indem sie eine andere Kultur oder Religion pauschal diffamieren. An die Stelle von Kritik treten Überheblichkeit und Schematismus: Sie sind gegen den Fanatismus einer *anderen* Kultur, der in dieser ein wichtiger Bestandteil sein soll – während im Westen Fanatismus nicht zum Kern »christlich-abendländischer Kultur« gehört, sondern eine bedauerliche Ausnahmeerscheinung ist. Fehlentwicklungen anderer Gesellschaften werden nicht mit denselben Maßstäben wie die der eigenen Gesellschaft kritisiert. In der halbamtlichen Wochenzeitung *Das*

Parlament war man kürzlich schon so weit, den islamischen Ländern »die freie Welt« entgegenzustellen. »Die freie Welt« – das sind wir.

Genau diese Denkweise ist das Thema dieses Buches. Sie gibt vor, den fremden Irrationalismus durch die europäische Aufklärung zu bekämpfen. Aber tatsächlich fällt sie selbst in vor-aufklärerische Schemata zurück, gegen die sie sich angeblich wendet. Oft werden sogar die Argumentationsmuster der Islamisten übernommen, um damit liberale Moslems oder säkulare Intellektuelle des Nahen Ostens zu kritisieren.

Wir sind der Auffassung, daß der Abbau des Feindbildes kein Schritt in Richtung Kritiklosigkeit ist, sondern gerade eine Voraussetzung für ernsthafte Kritik. Selbstkonstruierte Feindbilder zu attackieren ist keine Kritik, sondern Demagogie. Schließlich kommt es ja darauf an, die Realität zu verändern, und nicht Hirngespinste.

Bassam Tibi hat kürzlich in einem Essay formuliert: »Ist der islamische Fundamentalismus eine Erfindung westlicher Strategen, die ein neues Feindbild brauchen? Das scheinen etliche deutsche Intellektuelle zu glauben.« Tibi meint beobachtet zu haben, daß »viele deutsche Gesinnungsethiker in jeder Kritik am Fundamentalismus den Versuch sehen, neue Feindbilder als Ersatz für den untergegangenen Kommunismus aufzubauen«.[1] Der islamische Fundamentalismus[2] ist keine Erfindung westlicher Strategen, soviel ist auch deutschen Intellektuellen bekannt. Abgesehen davon, daß er überhaupt nicht *erfunden* wurde. Er hat sich in der Region des Nahen und Mittleren Ostens herausgebildet, und – wie erwähnt – gibt es an ihm eine ganze Menge zu kritisieren. Diese offensichtliche Tatsache muß Tibis »westliche Strategen« aber nicht daran hindern, ihn als neues Feindbild zu instrumentalisieren. Das Nettoergebnis seiner Einlassungen bedeutet, simpel gesagt,: Fundamentalismus ist schlecht – also darf man seine Kritiker nicht kritisieren. Dagegen meinen wir, daß nicht sämtliche Kritiker des Fundamentalismus automatisch unterstützenswert sind. Ihre jeweiligen Argumentationen müssen genau analysiert werden. Denn so funktioniert eben ein Feindbild im Gegensatz zur Kritik: Es gibt nur zwei Seiten – oft eine intellektuelle Scheinalternative –, und anstatt zu differenzieren, braucht man sich nur noch zwischen diesen beiden Möglichkeiten zu *entscheiden*. Analyse wird so durch einen Gesinnungsakt ersetzt.

Im Verlauf dieses Buches werden wir darauf verzichten, unsere Kritik an westlichen Denkmustern immer wieder dadurch zu »legitimieren«, daß wir uns periodisch und rituell vom Fundamentalismus oder von islamistischen Bewegungen distanzieren. Wir sind der Auffassung, daß sie politisch bekämpft werden müssen – nur ist das nicht das Thema dieses Buches, auch wenn in zumindest zwei Beiträgen einige Hinweise enthalten sind.

Kürzlich hat ein ägyptischer Journalist folgendes geschrieben: »In letzter Zeit sind wir wieder an die doppelten Maßstäbe des Westens erinnert worden. Die Angriffe auf eine angebliche Nukleareinrichtung im Irak haben gezeigt, daß es keinerlei Debatte gibt, wenn eine UNO-Resolution gegen ein islamisches Land durchgesetzt werden soll. Es wird höchstens über deren Interpretation oder darüber diskutiert, wie weit der Westen militärisch gehen kann. Andererseits hat die Deportation der Palästinenser durch die israelische Regierung gezeigt, daß UNO-Resolutionen kaum mehr wert sind als ihr Papier. Diese Ereignisse haben bisher die Debatte über Bosnien überschattet. Aber der wichtigste Punkt bei diesen drei Fällen ist derselbe: die Opferung von Moslems durch den Westen. Das stärkt den radikalen Islam und schwächt die politisch Gemäßigten.«[3]

Damit wird ein entscheidender Punkt benannt: Der Islamismus, die islamische politische Religiosität, der »Fundamentalismus« (Begriffe, die in diesem Buch synonym benutzt und im Gegensatz zur islamischen Orthodoxie, zur Alltagsreligiosität oder zum religiösen Traditionalismus gesehen werden) hat seine Ursache in den politischen, sozialen und wirtschaftlichen Erfahrungen von Menschen im Nahen und Mittleren Osten. Wer ihn schwächen möchte, wird also gut beraten sein, zuerst einmal über die Lösung der tatsächlichen Probleme dieser Region nachzudenken. Statt dessen ein stereotypes Feindbild aufzubauen, über das »Wesen der Araber« oder »der Moslems« zu räsonieren – das ist nicht rationaler oder »aufgeklärter«, als die Angriffe auf Flüchtlingsheime bei uns mit dem »Wesen der Deutschen« erklären zu wollen.

Das Feindbild Islam ist nicht neu. Es hat historische Wurzeln, die bis zu den Kreuzzügen zurückreichen – die bekanntlich jedesmal und nicht zufällig mit antijüdischen Pogromen eingeleitet wurden.[4] Im Zusammenhang mit der Ölpreiskrise von 1973 (»Die Ölscheichs drehen uns den Ölhahn ab!«) und etwas später im Kontext der islamischen Revolution im Iran ist es zu einer besonderen Emotionalisierung der Haltung gegenüber Moslems und dem Islam allgemein gekommen. Auch in der Phase der Flugzeugentführungen von Palästinensern war das zu beobachten, allerdings waren die Emotionen eher antiarabisch/antipalästinensisch als religiös geprägt.

Seine besondere Sprengkraft erhält das Feindbild Islam aber in den neunziger Jahren: durch das Ende des kalten Krieges. Der Kommunismus und die Sowjetunion stehen als Feinde und zur Legitimation teurer und umfangreicher Militärapparate nicht mehr zur Verfügung. Spätestens Mitte der achtziger Jahre hat die Suche nach neuen Feinden begonnen, die zuerst an der Seite der kommunistischen Bedrohung, dann an ihrer Stelle als Begründung für Rüstungshaushalte und offensive Militärpolitik herhalten mußten. »Drogenkrieg« – der etwas absurde und selbstverständlich gescheiterte Versuch, das Drogenproblem in New York durch Flottenmanöver vor Südamerika und Militäroperationen in Bolivien zu lösen – und »Kampf gegen Terrorismus« – ein Begriff, der Terroristen ebenso umfaßte wie diverse unliebsame Befreiungsbewegungen in der »dritten Welt« und, natürlich, vor allem militärische Antworten erforderte –: das waren die beiden Versuche der achtziger Jahre. Und wie im Fall der »islamischen (bzw. der fundamentalistischen) Bedrohung« heute gab und gibt es genügend handfeste Gründe, gegen Drogendealer und Terroristen zu sein. Und genau wie heute wurden und werden diese beiden Gefahren nicht ernsthaft von den Ursachen her bekämpft, sondern für andere Zwecke instrumentalisiert. Damals ging es um die Legitimation der neuentwickelten Doktrin der *low-intensity warfare*. Heute, da der traditionelle Feind verschwunden und man objektiv nicht mehr konventionell militärisch bedroht ist, geht es um die Rechtfertigung weiterer militärischer Hochrüstung. Fundamentalismus wurde also von westlichen Politikern nicht erfunden, aber er wird benutzt.

Das Feindbild Islam trägt dazu bei, daß eine zentrale Chance vertan wird: nach dem Ende des kalten Krieges und dem Verlust des alten militärischen Gegners die Militärapparate im Westen auf einen symbolischen Rest zu reduzieren oder ganz zu beseitigen und über »Sicherheit« völlig neu nachzudenken. Statt dessen werden neue Gegner für den alten Zweck gesucht. *Das* ist unser Problem, nicht eine islamisch-fundamentalistische Gefahr, der nur mit politischen und wirtschaftlichen Mitteln überhaupt beizukommen wäre.

Im ersten Beitrag dieses Bandes wird Andrea Lueg einen Blick in die deutschen Medien werfen und zentrale Elemente des Feindbildes Islam untersuchen sowie Hinweise auf die Techniken der Feindbildproduktion und deren Funktion geben.

Daran anschließend untersucht Petra Kappert die Veränderungen der europäischen Wahrnehmung des Orients von der Französischen Revolution bis zum Ersten Weltkrieg. In diesem Zeitraum wandelte er sich vom Objekt realitätsferner Romantisierung zur Arena europäischer Großmachtpolitik.

Reinhard Schulze setzt sich mit der verbreiteten These auseinander, daß islamisch geprägte Gesellschaften entweder überhaupt nicht oder nur durch Übernahme europäischer Modelle Anteil an der »Moderne« haben könnten. Sein Beitrag befaßt sich vor allem mit der Diskussion unter muslimischen Intellektuellen über die Moderne.

Azmi Bishara greift einige zentrale Bestandteile des Feindbildes auf – etwa den Fundamentalismus und die These von einer Einheit von Politik und Islam im Nahen Osten – und demonstriert Möglichkeiten, islamistische Bewegungen zu analysieren, anstatt sie nur zu etikettieren.

Schließlich untersucht Jochen Hippler das Verhältnis westlicher Außenpolitik zum Islam und seinen fundamentalistischen Varianten und stellt fest, daß es über einen bloßen Reflex auf die gängigen Feindbilder weit hinausgeht.

Köln
im März 1993

Jochen Hippler
Andrea Lueg

Andrea Lueg

Das Feindbild Islam in der westlichen Öffentlichkeit

»Das Schwert des Islam«, »Die islamische Herausforderung«, »Sterben für Allah«, »Den Gottlosen die Hölle«, »Das grüne Schwert«, »Die unerbittlichen Erlöser« – unter solchen und ähnlichen Titeln wollen uns diverse Autoren in einer wahren Flut von Publikationen »den Islam« erklären. Kein Zweifel, spätestens seit dem zweiten Golfkrieg haben die Medien den Marktwert dieses Themas entdeckt, befassen sich Fernsehsendungen, Zeitschriftenserien und Bücher mit seiner Aufbereitung. Dabei werden die unterschiedlichen Strömungen sowie die komplexen gesellschaftlichen, ethnischen oder kulturellen Gegebenheiten in den islamisch geprägten Ländern kaum beachtet. Der Islam wird meist als monolithischer Block dargestellt, häufig direkt oder indirekt gleichgesetzt mit islamischem Fundamentalismus, dem »wahren Islam«. Durch solche undifferenzierten und simplifizierenden Beschreibungen werden diffuse Ängste vor einer Bedrohung »unserer abendländischen Kultur« geschürt.

Lange Zeit galt der Orient als Gegenpol zum Abendland, als Feind des Christentums. Bis heute ist dem Durchschnittsbürger diese Region fremd geblieben, sind Nachrichten aus der Gegend schwer einzuordnen. In der Schule wird kaum Wissen über den Nahen Osten oder über die historischen Auseinandersetzungen und Berührungspunkte zwischen Morgenland und Abendland vermittelt.

Statt Kenntnis oder wenigstens unvoreingenommener Betrachtung von islamisch geprägten Gesellschaften beherrschen Klischees und Stereotype den Umgang mit dem Phänomen Islam – ein offenbar bequemer Weg. Das westliche Bild vom Islam wird von Aggressivität und Brutalität, Fanatismus, Irrationalität, mittelalterlicher Rückständigkeit und Frauenfeindlichkeit beherrscht. Zwar gibt es auch das »positive« Bild des

Orients: die Geschichten aus 1001 Nacht, den »köstlichen Orient-Mocca« oder den Bauchtanz, doch dieses wird eher mit einer mehr oder weniger vergangenen Märchenwelt in Verbindung gebracht als mit dem Begriff Islam. Und auch diese Sichtweise hat wenig oder nichts mit der Realität des Nahen Ostens zu tun.

Das vorhandene Repertoire an Vorurteilen und Feindbildern wird von vermeintlichen Experten zementiert. Über viele Jahre haben Gerhard Konzelmann und Peter Scholl-Latour als *die* Nahostexperten die Medienlandschaft unwidersprochen dominiert. Nicht zuletzt wohl deshalb, weil deutsche Orientalisten nicht willens oder in der Lage waren, über die Zinnen ihres Elfenbeinturmes hinauszuschauen. Inzwischen hat der Hamburger Professor Gernot Rotter Gerhard Konzelmann als Plagiator entlarvt[1], und auch Scholl-Latours Experten-Image wird unter anderen von einigen Wissenschaftlern der Universität Hamburg heftig angekratzt. Die Botschaften in den Medien ändern sich indes kaum. Statt durch seriöse Analyse wird das Bild von der islamischen Welt häufig durch Psychologisierung oder sogar plumpe Rassismen konturiert.

Gewiß sind nicht alle Bestandteile des Feindbilds Islam frei erfunden. In islamisch geprägten Gesellschaften finden sich tatsächlich Aggression, Repression, Fanatismus etc. Dennoch hat unser Feindbild meist nicht viel mit dieser Realität zu tun, weil lediglich bestimmte *Teile* der Wirklichkeit benutzt werden, um unsere Klischeevorstellungen zu festigen. Kritik am Feindbild Islam zu üben bedeutet nicht, sämtliche Vorgänge in islamisch geprägten Gesellschaften kritiklos zu akzeptieren. Im Gegenteil: Der Abbau des Feindbildes ist geradezu die Voraussetzung für eine ernsthafte Kritik.

Anhand konkreter Beispiele soll untersucht werden, mit Hilfe welcher Mechanismen und Methoden das Feindbild produziert wird. Welche Elemente werden dazu gebraucht, und wie werden sie eingesetzt? Feindbilder bauen auf Unsicherheit und Angst auf. Worauf genau bezieht sich unsere Angst im Zusammenhang mit dem Islam? Auf die Religion, die Kultur oder eine konkrete materielle Bedrohung? Und wozu dient dieses Feindbild, welchen Zweck erfüllt es in unseren westlichen Gesellschaften?

Die »islamische Bedrohung«

Unser Bild von der islamischen Welt ist geprägt von Schreckensnachrichten und Schreckensvisionen. Allenthalben ist von militanten Moslems zu hören, von »gewalttätigen Koran-Fanatikern«, die das »Schwert des Islam« zücken, um sich an Andersgläubigen zu vergehen. Von einem bevorstehenden »Glaubenskrieg« ist oft die Rede, der nun auch im ehemaligen Jugoslawien und somit mitten in Europa drohe, weil Moslems aus aller Welt ihren Glaubensbrüdern auf dem Balkan zu Hilfe eilen würden. »Schon bald«, schreibt der *Spiegel*, »könnte Europa einen fanatischen Gottesstaat vor der Haustür haben.«[2] In Filmen sehen wir Moslems scharenweise die Fäuste recken und antiwestliche Parolen schreien. Muslime befinden sich entweder im Bruderzwist, wie zum Beispiel in Afghanistan, oder richten ihre Aggression gegen andere, vornehmlich den Westen. »Ihr Feldgeschrei«, schreibt Jürgen Liminski in der renommierten Wochenzeitung *Das Parlament*, »scheint noch weit im Süden, an den Küsten Nordafrikas oder des Persischen Golfes zu ertönen. Aber nicht wenige sehen schon in Frankreich selbst die ersten Ausbrüche des neuen Schreckens.«[3]

Häufig wird Aggressivität als Charakteristikum des Islams und seiner Anhänger hingestellt. So schreibt der französische Autor Jean-Claude Barreau in seinem Buch »Die unerbittlichen Erlöser«: »Das, was man die ›große Erniedrigung‹ nennen könnte und was sich tatsächlich in der psychologischen Grunddisposition der Muslime findet, erklärt sich aus den Ursprüngen ihrer Religion: sie ist kriegerisch, eroberungslüstern und voller Verachtung für die Ungläubigen.«[4] Der Islam als ganzes soll also Aggressor gegen den Westen sein, er kenne »zwar eine Theologie der Eroberung und des Sieges, nicht aber eine Theologie der Niederlage.«[5] Und der *Spiegel* erklärt: »(D)ie aggressive Inbrunst der mohammedanischen Glaubenslehre (war) von Anfang an auf die Unterwerfung der Ungläubigen gerichtet – gewaltsame Weltmission hatte der Prophet seinen Anhängern gleich an etlichen Stellen des Korans verordnet.«[6]

Solche Bemerkungen beziehen sich meistens auf den »Heiligen Krieg« *(Dschihad)*, einen Begriff, den radikale Islamisten tatsächlich benutzen, um zum Kampf gegen ihre Gegner aufzurufen. Auch Saddam Hussein hat ihn im Golfkrieg verwendet, um seine aggressive Politik zu legitimieren, und viele westliche Kommentatoren fielen auf diese pseudoreligiöse Argumentation herein. Einige islamische Rechtsgelehrte stützten Saddam, andere erklärten ihn zum Abtrünnigen vom wahren Glauben und riefen ihrerseits zum *Dschihad* gegen ihn auf.[7] Der hochrangige saudi-arabische Rechtsgelehrte Abdal'aziz Ibn Baz hat den Krieg der Alliierten gegen den Irak als *Dschihad* bezeichnet.[8] Diese Widersprüche illustrieren, wie leicht sich der Begriff von den unterschiedlichsten Positionen aus für die verschiedensten Zwecke und Ziele instrumentalisieren läßt.

Was der Koran über den *Dschihad* sagt, wird und wurde sehr vielfältig interpretiert. Während einige darin die Pflicht zum ständigen kämpferischen Einsatz für die Ausbreitung des Islams sehen, meinen andere, mit dem *Dschihad* könne der Glaube lediglich verteidigt werden, und wieder andere interpretieren den Begriff spirituell, als Anstrengung zur religiösen Vervollkommnung.[9]

In unseren Medien taucht nur ein gewaltsamer Begriff des *Dschihad* auf, nach dem die »Koran-Truppen« schon überall ihre Schwerter wetzen, um Rache zu nehmen für erlittene Niederlagen der letzten Jahrhunderte. »Rache für alles Ungemach, das dem Orient im Verständnis vieler Orientalen seit dem Betrug an Saladin von seiten des Okzidents widerfahren ist.«[10]

Sind wir tatsächlich von den »rachedurstigen« Moslems durch einen »Heiligen Krieg« bedroht, wie uns einige glauben machen wollen? Erst kürzlich hat der Westen im Golfkrieg seine haushohe militärische Überlegenheit über ein gut gerüstetes und kriegerprobtes islamisches Land demonstriert. Oder liegt die Bedrohung vielleicht mehr im psychologischen Bereich, in der Religion, in der anderen Kultur? Tatsächlich bringen schon deren Symbole die Gemüter in Wallung, wie die »Kopftuchaffäre« in Frankreich gezeigt hat. Dort waren moslemische Schülerinnen vom Unterricht ausgeschlossen worden, weil sie Kopftücher trugen und sich weigerten, sie in den Schulstunden abzunehmen. Der zuständige Schulleiter erklärte, »das beharrliche Kopftuchtragen der Schülerinnen habe ›provozierenden und militanten Charakter‹.«[11]

Auf eine solche Argumentation wäre er wohl kaum verfallen, hätte es sich zum Beispiel um ein christliches Symbol wie ein Kreuz am Halskettchen gehandelt. Das Tragen des Kopftuches als Symbol des Islams wird jedoch schnell als Attacke auf abendländische Kultur aufgefaßt, es hat angeblich einen »militanten Charakter«. Erst nach langem Streit gab Frankreichs Oberstes Verwaltungsgericht den drei Mädchen recht.

In einer »Bedrohungsanalyse« (wie er selbst schreibt, lediglich ein moderneres Wort für Feindbild) erklärt Jürgen Liminski: »Zu dieser Analyse gehören auch nicht-militärische Elemente. Sie sind bei der Betrachtung einer möglichen Gefährdung Europas aus dem islamischen Raum von besonderer Bedeutung.« Gemeint sind hier kulturelle und soziale Aspekte, »(d)enn Gewaltanwendung (...) ist (...) nur ein Mittel unter anderen zur Durchsetzung einer Eroberungsabsicht oder des Willens, andere zu beherrschen.«[12] Offenbar droht uns ein »Heiliger Krieg« also auch als kulturelle Unterwanderung und Unterwerfung durch den Islam, dessen »Andersartigkeit« in den Medien immer wieder betont wird. Aus der Verknüpfung von Begriffen wie Aggressivität, Heiliger Krieg, Eroberungsabsicht, Gefährdung etc. mit dem Islam entsteht der Eindruck einer Bedrohung, die gleich auf drei Ebenen wirkt: auf der psychologischen, der kulturellen und der religiösen. Dagegen fällt aus der Berichterstattung heraus, was uns den Zugang zu islamischer Kultur erleichtern könnte.

Gleichzeitig erklären Konzelmann, Scholl-Latour, der *Spiegel* und andere Medien immer wieder, wir seien mit dieser fremden

Kultur »unentrinnbar verflochten«. Im Maghreb und auf dem Balkan sind uns Moslems sehr nah, als türkische oder afrikanische Gastarbeiter sogar mitten unter uns. Das erleichtert aber nicht etwa Verständnis und Verständigung, sondern erhöht anscheinend noch die Bedrohung. Es entsteht der Eindruck, wir wären in einer Zwickmühle. »Experten« wie Peter Scholl-Latour schließen eine Verständigung von vornherein aus und betonen statt dessen die »unüberbrückbaren Gegensätze«.

Hamburger Orientalisten äußerten daher »den Verdacht, einige der Medienexperten arbeiteten, auch mit unlauteren Mitteln, auf eine Vertiefung der Gräben zwischen den Kulturen hin.«[13] Durch den ständigen Hinweis auf unüberwindliche Gräben, die angeblich zwischen den Kulturen klafften, und ein von aggressiver Gewalt geprägtes Bild vom Islam wird die fremde Kultur zu etwas, mit dem kein Austausch und keine Auseinandersetzung stattfinden kann. Zum einen ist die Kluft viel zu tief, zum anderen besteht auch noch Gefahr. Ein Dialog mit den islamischen Ländern und ihren BewohnerInnen wird nicht versucht. Er könnte uns zwingen, von unserem Feindbild abzurücken oder es zumindest in Frage zu stellen.

Islam = Fundamentalismus?

Viele Menschen im Westen fühlen sich mit dem Christentum zwar nicht mehr als Religion, aber als Kultur verbunden, sind direkt oder indirekt von ihm geprägt und empfinden dies als nichts Besonderes. Den Islam nehmen wir dagegen kaum als *kulturelle* Größe wahr, sondern konzentrieren unseren Blick auf ihn als *Religion*, von der wir uns bedroht fühlen. Dies vor allem, wenn es sich um den sogenannten islamischen »Fundamentalismus« handelt, ein Begriff, der für viele »Rückkehr zum Mittelalter« bedeutet. Gleichzeitig wird ein ausgeprägter Expansions- und Unterwerfungswille assoziiert, gepaart mit einem »Haß auf alles Westliche«.

Fundamentalismus ist ein weltweites Phänomen, das sich außer im Islam auch in anderen Religionen, so im Christentum und Judentum findet. Dennoch wird der Begriff in den Medien in erster Linie mit dem Islam verknüpft oder sogar mit ihm gleichgesetzt. Selbst in der angesehenen britischen Wirtschaftszeitschrift *The Economist* heißt es, daß der Islam »gewissermaßen an sich fundamentalistisch« sei.[14]

Ursprünglich entstand der Fundamentalismus als protestantische Gegenbewegung zu Aufklärung und Modernisierung ab Mitte des vorigen Jahrhunderts in den USA und Großbritannien. Seine Anhänger sahen sich von den gesellschaftlichen Entwicklungen, wie den Folgen des Bürgerkrieges, der Industrialisierung und Modernisierung, überrollt. Als Folge der Aufklärung wurden die Aussagen der Bibel den Regeln der Vernunft untergeordnet. Es entwickelte sich eine kritische Auslegung der Schrift. Dieser setzten die Fundamentalisten ihr eigenes Konzept entgegen, wonach die Heilige Schrift im wörtlichen Sinne unfehlbar wahr sei.[15] Unsere westliche Vorstellung vom islamischen Fundamentalismus lehnt sich oft an diesen Fundamentalismusbegriff an, der von unseren historischen Erfahrungen geprägt und daher schlecht auf die islamische Welt mit ihren anderen wirtschaftlichen und kulturellen Rahmenbedingungen übertragbar ist.[16]

Im Nahen Osten existiert eine ganze Reihe sehr verschiedener islamischer Bewegungen, von traditionalistisch bis modernistisch. Darüber hinaus gibt es Gruppen, die säkulare Nationalstaatsmodelle anstreben, und nicht-muslimische Minderheiten wie die etwa 14 Millionen einheimischen Christen im Orient.[17] »Von anarchistischen und linksliberalen über sozialdemokratische bis zu faschistischen Positionen«[18] findet sich die ganze Bandbreite politischer Standpunkte. Im westlichen Bild tauchen aber demokratische Gruppen aus islamischen Ländern praktisch nicht auf. Statt dessen ist mit Vorliebe von »militanten Moslems«, »frommen Eiferern« oder einer »religiös verhetzten Brut« die Rede.[19] Und das nicht nur in der Boulevardpresse. Inwieweit in den islamisch geprägten Ländern demokratische Verhältnisse herrschen, hat den Westen meist herzlich wenig gekümmert. Diktatoren wie Saddam Hussein oder Hafis Assad wurden und werden immer noch großzügig unterstützt und sogar bewaffnet, während Bewegungen, die diese Gesellschaften demokratisieren wollen, in unseren Medien kaum vorgestellt werden.

Dem islamischen Fundamentalismus werden Fortschrittsfeindlichkeit, reaktionäre politische Ideen und der Wunsch zur »Rückkehr ins Mittelalter« zugeschrieben. Solche Etikettierungen werden häufig auf den Islam allgemein übertragen. Der Begriff vom »Aufstand gegen die Moderne« wurde von den Medien geprägt[20] und so eine Polarisierung von westlicher Moderne und islamischer Antiquiertheit geschaffen. »Mit revolutionärer Energie mobilisiert der Islam, kämpferischste aller Weltreligionen, seine 1,2 Milliarden Gläubigen. Unter dem Banner des Propheten bedrängen Fundamentalisten nahöstliche Präsidenten und Monarchen. Sie schüren Haß auf westliche Werte und sehen sich als Vorkämpfer einer religiös begründeten Weltordnung. Schon bald könnte Europa einen fanatischen Gottesstaat vor der Haustür haben.«[21] Durch die Vermischung und Gleichsetzung von Begriffen wie moslemisch, islamisch und fundamentalistisch oder fanatisch wird dem Islam zugeschrieben, was allenfalls für den sogenannten Fundamentalismus gilt.

Viele Autoren bedienen sich bei ihren Ausführungen über den Islam der Argumentationsmuster der »Fundamentalisten«. Sie billigen dem Islam keinen historischen Entwicklungsprozeß zu, sondern definieren ihn entweder auf der Basis seiner frühesten Geschichte oder ausschließlich durch den Koran und die Prophetentradition. Geschichten aus der Frühzeit islamischer Zeitrechnung bilden einen großen Teil der Darstellungen des Islams in den westlichen Medien. In der moslemischen Urzeit findet sich – ganz nach fundamentalistischem Muster – die »wahre Identität« des Islams. Die Komplexität islamischer Geschichte und Gegenwart spielt bei dieser Betrachtungsweise keine Rolle mehr. »Diese Art normativer Definition«, meint der Orientalist Reinhard Schulze, »trägt deutlich fundamentalistische Züge: die dogmatische Selbstdefinition des Islams der Frühzeit wird als Wesen des Islams betrachtet, als Fundament jeglicher Entwicklungsmöglichkeiten.«[22] Die historischen Prozesse, die der Islam seit seiner Frühzeit durchlaufen hat und die ihn beeinflußt und verändert haben, bleiben unbeachtet. So wird der Eindruck erweckt, in der Region habe ein historischer Wandel praktisch nicht stattgefunden.

Häufig läßt man auch einfach Fundamentalisten sprechen, um den Islam zu erklären. Kardinal Franz König zitiert beispielsweise in einem Artikel in der *Zeit* ausgerechnet Ayatollah Khomeini, um die angeblich untrennbare Verbindung von Politik und Religion im Islam aus »berufenem Munde« belegen zu lassen.[23] Aus fundamentalistischen Positionen werden nach dieser Methode islamische. Die häufige Erklärung heutiger *sozialer* und *politischer* Vorgänge durch die Ursprungszeit einer Religion enthebt diese »Experten« einer Analyse der Gegenwart. Sicher läßt sich nicht leugnen, daß religiöse Aspekte in islamisch geprägten Gesellschaften eine Rolle spielen, doch muß deren Bedeutung untersucht und nicht von vornherein und immer wieder die Religion als einziges Erklärungsmuster herangezogen werden.

Offensichtlich ist in der islamischen wie auch in anderen Kulturen in den letzten Jahren die Bedeutung der Religion gewachsen. Worin liegen die Ursachen? Der Versuch, die Ökonomien der islamischen Länder in die Weltwirtschaft zu integrieren, hat sich auf die Gesellschaften in dieser Region, aber auch auf jeden einzelnen ausgewirkt. Überall in Stadt und Land lassen sich Beispiele von »Verwestlichung« finden: Eine große Anzahl westlicher Produkte verdrängt die einheimischen Artikel vom Markt, viele Fachkräfte, vor allem Lehrer und Professoren, wurden im westlichen Ausland ausgebildet, das Fernsehen trägt die Bilder westlicher Kultur und westlichen Lebensstandards bis in die entlegendsten Winkel. Bei vielen entstand der Wunsch, die eigene kulturelle Identität gegen die übermächtigen westlichen Einflüsse zu verteidigen und zu bewahren. Eine Möglichkeit dazu sehen sie in einer verstärkten Hinwendung zum Islam, der eben nicht westlich, sondern Ausdruck der eigenen Kultur ist.

Den Anschluß an den hohen Lebensstandard, wie er in Westeuropa und den USA herrscht, haben die islamischen Länder bis heute nicht geschafft. Viele von ihnen gehören zur sogenannten dritten Welt. Die zum Teil katastrophalen wirtschaftlichen und sozialen – vom Westen mitverursachten – Verhältnisse, in denen die Menschen dort leben müssen, sind eine weitere Ursache für die enormen Erfolge islamistischer Gruppen. Hinzu kommen ungelöste und seit vielen Jahren virulente politische Probleme, wie zum Beispiel der Palästina-Konflikt.

Weder die Übernahme westlicher Vorbilder, noch der arabische Nationalismus oder marxistische Modelle haben aus der Misere herausgeführt. Ihre Vertreter sind allesamt gescheitert. Diese Situation läßt ideologisch kaum Alternativen. Die Vorteile des Islams als neuer hegemonialer Ideologie liegen einmal in seiner grenzübergreifenden identitätsstiftenden Rolle für den Nahen Osten sowie in der Möglichkeit, sich durch ihn gegen den Westen abzugrenzen, ihm etwas entgegenzusetzen. Der Islam ist zum einen als Tradition und kulturelle Größe, zum anderen als Volksreligion in der Region tief verwurzelt. Für viele Menschen ist er bei der Suche nach Perspektiven ein Wert, an dem man sich orientieren kann. Dies gilt nicht nur für Islamisten, die zum Teil versuchen, ihn für ihre Ziele zu instrumentalisieren. »Ich behaupte, daß der Islam mir die Möglichkeit gibt, die großen Fragen des Lebens zu reflektieren«, erklärt zum Beispiel die marokkanische Soziologin Fatema Mernissi. »Ja, dieser Meinung bin ich, ich bin darauf sogar stolz. Wenn Sie nun glauben, ich sei eine Fundamentalistin, so können Sie das ruhig tun. Doch ich denke, daß wir unser kulturelles Erbe davor schützen müssen, völlig vom Westen verschlungen zu werden.«[24]

Der wichtigste Grund für den Aufschwung islamischer Tendenzen dürfte im Bankrott sämtlicher säkularer Alternativideologien bestehen. Radikale islamistische Gruppen sehen den Westen als Antithese zur eigenen Kultur und lehnen westliche Werte wie Aufklärung oder Säkularisierung grundsätzlich ab. Dabei richten sie ihre Aktivitäten keineswegs primär gegen den Westen bzw. das christliche Abendland, wie häufig in den Medien suggeriert wird, sondern streben vor allem eine Veränderung ihrer eigenen Gesellschaften an. Aber auch die traditionelle Linke und andere säkular orientierte Gruppen, die dem Westen gegenüber aufgeschlossen sind, beziehen sich positiv auf ihre islamische *Kultur*. Diese Bewegungen fühlen sich von der westlichen Öffentlichkeit im Stich gelassen, die sich nicht mit ihren Zielen und Forderungen beschäftigt, sondern lediglich ihre Zugehörigkeit zum Islam sieht. Als Reaktion fordern auch solche Bewegungen immer häufiger eine Distanzierung vom Westen und einen stärkeren Bezug auf islamische Identität.

Mit dieser beschränkten Sichtweise erreicht man also genau das, wovor man sich so fürchtet: ein weiteres Vorantreiben islamistischer Tendenzen und deren Radikalisierung.

Orientalische Irrationalität und die »fanatischen Massen«

Die Bevölkerungsexplosion in den Staaten des Nahen Ostens, die durch Flucht- und Migrationsbewegungen auch Europa erreicht und westlichen Wohlstand und westliche Kultur bedrohen könnte, ist ein wichtiger Aspekt der Angst vor der »islamischen Bedrohung«. Dementsprechend ist in den Medien immer wieder von den »arabischen« oder »islamischen *Massen*« die Rede. Von europäischen, amerikanischen oder gar christlichen *Massen* hört man dagegen kaum. Besonders auf Fotos findet sich selten ein einzelner Moslem.[25] »Für Jürgen Liminski wird die Fundamentalisten-Bewegung (...) getragen von der Demographie. In Iran ist die Hälfte der rund 50 Millionen Menschen jünger als 15 Jahre, in der Türkei hat sich die Zahl der Menschen seit 1950 von 20 auf 50 Millionen mehr als verdoppelt, in Algerien zählt man heute gut 25 Millionen, 1962 waren es keine zehn, in Ägypten hat sich die Bevölkerung in den letzten fünfzig Jahren mehr als verdreifacht. Der Druck aus Nordafrika auf das südliche Europa wächst.«[26] Im Zusammenwirken von »islamischem Fundamentalismus« und »Massen« wächst in den Medien das Moment der Angst. Aufgrund der sich rasch vergrößernden islamischen Bevölkerungen erhöht sich anscheinend der Druck auf die europäischen Länder. Die »Massen« kommen auf uns zu, zum Teil sind sie sogar als »Gastarbeiter« oder »Asylanten« schon mitten unter uns. Mit ihnen kommen ihre fremde, »feindliche« Kultur und der »Fundamentalismus«, was immer damit auch gemeint sein mag. An diesem Punkt korrespondiert das »Feindbild Islam« mit einem »Feindbild dritte Welt«, deren Migrations- und Asylanten»ströme« unsere Wohlstandsfestung Europa bedrohen.

Das Bild von der »Masse« hat aber auch noch einen anderen Aspekt als die Bedrohung. Es ermöglicht Distanz, mit dem einzelnen Menschen braucht man sich nicht zu beschäftigen. Die Masse ist kein Subjekt, sondern ein bedrohliches Etwas. Und dieser Eindruck wird verschärft durch die Verknüpfung mit dem Bild des »Eiferers« und »Fanatikers«. Drei von vier befragten Franzosen meinen, das Wort »fanatisch« treffe am besten auf den Islam zu.[27] In den »fanatisierten Massen« brodeln »unberechenbare Leidenschaften«. Der US-amerikanische Autor John Laffin betitelt sein Buch sogar »Islam – Weltbedrohung durch Fanatismus« und setzt so Islam und Fanatismus gleich. Fanatismus gilt uns im Westen als eine besonders negative, unter Umständen sogar gefährliche Eigenschaft, der etwas Krankhaftes anhaftet und die leicht in Wahnsinn umschlagen kann. Das genaue Gegenteil dessen also, wie wir uns selbst sehen: nüchtern und rational.

Ein Fanatiker oder Eiferer kann nicht klar denken, kann nicht rational sein. Das Moment der Irrationalität ist für viele Autoren eine den Moslems geradezu angeborene Eigenart. In der *Bild*-Zeitung wurde Saddam Hussein während des Golfkrieges zum »Irren«. Aber auch zahlreiche Experten dichten Muslimen bzw. Arabern (auch diese Begriffe werden häufig implizit gleichgesetzt) eine seltsame Denkstruktur an. Hans Bräker spricht beispielsweise von einer »politischen Realität des Irrationalismus und Utopismus« in den arabischen Ländern.[28] Und bei dem prominenten Politikwissenschaftler Bassam Tibi klingt es fast so, als wären die Menschen im Nahen Osten süchtig nach Unterdrückung: »Die arabischen Massen folgen ihren Diktatoren und Despoten bis zur tiefsten Enttäuschung; sie müssen erst leidvolle Perioden der Selbsttäuschung durchgehen, ehe sie letztendlich doch feststellen, daß sie betrogen worden sind. Doch ziehen sie keine Lehren; zwar lassen sie den ›Helden‹ fallen, suchen aber anschließend die Gefolgschaft des nächsten Diktators. Das ist ein Merkmal der politischen Kultur im Orient.«[29] Dieses Bild von den unbelehrbaren, masochistischen arabischen Massen ist nicht nur undifferenziert, sondern schlicht falsch. Genau wie im Westen wünschen sich die Menschen im Orient gewiß keine Unterdrückung. Davon abgesehen ließen sich ähnliche Folgerungen auch aus der deutschen, christlich geprägten Geschichte ziehen.

Noch einfacher hat der »Experte« Gerhard Konzelmann die »andere Denkweise« von Moslems in einer Fernsehsendung während des Golfkrieges formuliert: »Die sind anders gewickelt!« meinte er. »Für die (Araber) denkt der (Saddam Hussein) logisch.« Seine Ausführungen unterstrich er mit kreisenden Bewegungen seines Zeigefingers in Höhe seiner Schläfen.[30]

Das Stereotyp einer vermeintlichen Irrationalität in islamischen Ländern verstärkt die Polarisierung von Morgenland und Abendland. Der moderne Westen ist vernünftig, der rückständige Osten mehr oder weniger verrückt. Damit fällt er zwangsläufig auch als gleichwertiger Gesprächspartner aus. Irre sind unberechenbar und gefährlich, mit ihnen kann man nicht gleichberechtigt umgehen, besser ist, man hält sich – oder sie – fern.

Die Überlegenheit des Westens

Bei einem Feindbild geht es darum, die Fronten klar abzustecken und ein Schema zu schaffen, nach dem Freund und

Feind unterschieden werden können. Dazu gehört zunächst einmal, daß der Feind *anders* sein muß als wir. »Die meisten islamisch geprägten Staaten im Vorderen Orient leben größtenteils in einer nach europäischen Maßstäben unkalkulierbaren Beziehungswelt von Basar, Moschee und Repressionsapparat«,[31] schreibt Jürgen Liminski. Er zeichnet das Bild eines schwer durchschaubaren und damit auch Unsicherheit bergenden Gefüges. In diesem Schema ist der Westen fortschrittlich, rational, aufgeklärt und säkular, der Islam rückständig, fanatisch, irrational und fundamentalistisch. Interessant ist, daß nicht Islam und Christentum kontrastiert werden oder Westen und Orient, sondern eben Islam und Westen, eine Religion und ein geographischer Raum verglichen werden. Und ganz wichtig für diese Sichtweise ist offenbar, daß wir im Westen die Überlegenen sein müssen, unsere Kultur die »beste« und »fortschrittlichste« ist.

»Die islamischen Kämpfer begreifen nicht, was vor sich geht«, meint Jean-Claude Barreau, »sie erkennen nicht, daß sie von einer Moderne geschlagen wurden, deren Rationalität der muslimischen überlegen ist.« Die rational überlegene Moderne, das ist der Westen, der den Orient schlägt; und zwar nicht nur in Gestalt von Napoleon im Juli 1798 in Ägypten (darauf bezieht sich das Zitat), sondern seitdem immer wieder. So wird es nach Barreaus Ansicht auch in Zukunft sein: »Sie mögen moderne Waffen kaufen und auch einsetzen, die Siege des Abendlandes hängen nicht allein mit der Qualität der Waffen zusammen, sondern auch mit dem ›System‹ ihrer Organisation.«[32]

Die Ordnung ist also klar und festgeschrieben, das Abendland steht über dem Morgenland. Darüber hinaus sind die Orientalen auch noch zu dumm, dies einzusehen, »sie begreifen nicht, was vor sich geht«.

Das Bild vom überlegenen Europäer hat schon Karl May gezeichnet. »Er, der als Araber verkleidete Sachse, war deshalb überlegen, weil er besser Arabisch sprach als der Araber, gründlicher den Islam und den Koran kannte als der gelehrte

Muselman und sich in den orientalischen Kulturen souveräner bewegen konnte als der ›fatalistische‹ Einheimische selbst. Der Europäer wurde zum besseren Orientalen.«[33] Das Orientbild von Karl May hat – vermutlich weit stärker als das der akademischen Forschung – auch die Vorstellungen vieler Deutscher geprägt. Die Tatsache, daß er selbst niemals vor Ort war, ist bezeichnend.

Der Westen steht in der Berichterstattung im positiven Licht, die Lösungen, die wir hier für unsere spezifischen Probleme gefunden haben, sind allgemeingültig. Wer das nicht akzeptiert, muß rückständig und irrational sein. Und andersherum, was in islamischen Ländern nicht antiquiert ist, muß zwangsläufig aus dem Westen kommen. So wird dann schon allein die Tatsache, nicht westlich zu sein, zum Makel, dem auch mit Bildung nicht so leicht beizukommen ist. »Lesen und schreiben lernen macht aus dem Kind aus einem islamischen Elternhaus, besser: Familienverband, noch keinen westlichen Bürger«,[34] erklärt uns Jürgen Liminski. Der Grad kultureller Entwicklung wird hier gemessen an der Angleichung an westliche Kulturen.

Eines der wichtigsten Indizien für westliche Überlegenheit ist die Aufklärung und in ihrem Zusammenhang die Trennung von Religion und Staat. Wer diese Trennung nicht vollzogen hat, bleibt unmündig, der Religion verhaftet.

Tatsächlich gab es in den islamisch geprägten Gesellschaften keine Aufklärung im westlichen Sinne. Allerdings stellt sich die Frage, ob sie unbedingt dem westlichen Muster folgen müssen oder einen eigenen Weg zur Säkularisierung finden können. Die häufig als Binsenweisheit dargestellte These von der »Einheit von Religion und Staat« als dem Islam innewohnendem Charakteristikum ist ein liebgewordenes Vorurteil, das auch durch ständige Wiederholung nicht richtig wird (vgl. dazu den Beitrag Azmi Bisharas in diesem Buch). Im übrigen gibt es in den meisten Staaten des Nahen Ostens heute faktisch säkulare Regierungen, zum Beispiel in Ägypten, Tunesien oder der Türkei. Vielen westlichen Ideologen geht es aber offenbar überhaupt nicht darum, einen kritischen Dialog über solche

Fragen mit den islamischen Ländern zu führen oder die Zusammenhänge besser zu verstehen. Es ist auch nicht ihr Anliegen, daß diese an moderne Industriegesellschaften Anschluß finden, ohne ihre islamisch-geprägte Identität aufgeben müssen. Wichtig ist nur, westliche Dominanz zu demonstrieren. Dies geht so weit, daß im Golfkrieg sogar die Fähigkeit, effizienter zu töten, zum Indiz westlicher Überlegenheit stilisiert wurde. Gleichzeitig konnte man das militärische Vorgehen und die vielen Toten, die dieser Krieg forderte, besser rechtfertigen, indem man eine vermeintliche Unterlegenheit und einen »geringeren Wert« der Opfer behauptete. »Wir haben sie mit heruntergelassenen Hosen erwischt. Sie lagen noch in ihren Schlafsäcken. Es war wie beim Truthahnschießen.« So äußerte sich Jess Fairington, US-amerikanischer Kompaniechef, nach einem Kampfhubschrauberangriff auf irakische Stellungen während des Golfkrieges.[35]

Der Krieg als Truthahnschießen, Menschen als Truthähne, zeigt sich hier die zivilisatorische Überlegenheit des Westens? Nur dann, wenn man von waffentechnologischer auf zivilisatorische Überlegenheit schließt.

Ohne Zweifel sind die meisten islamischen Länder nicht auf dem technischen Niveau des Westens. In den Medien wird diese Tatsache jedoch oft so dargestellt, als wären die Menschen in dieser Region grundsätzlich nicht in der Lage oder nicht fähig, den Standard der Industrienationen zu erreichen. »Es ist schwierig, mit den Händen Maschinen herzustellen, wenn die Köpfe in ihrer Archaik unfähig sind, diese zu erfinden«,[36] schreibt zum Beispiel Jean-Claude Barreau. Der technologische Rückstand hat danach keine wirtschaftlichen oder politischen Ursachen, sondern ist dem »altertümlichen Denken« der Moslems geschuldet. Daß Entwicklungsländer sehr unterschiedlicher Kulturkreise, einschließlich des christlichen, unter ähnlichen wirtschaftlichen und technologischen Problemen zu leiden haben, scheint Barreau nicht nachdenklich zu machen. Das moslemische Bangladesch, meint er, werde »immer als ein vom Schicksal fürchterlich benachteiligtes Land dargestellt«. Seiner Meinung nach müssen die Probleme dieses Landes wohl in seinen moslemischen Bewohnern angelegt sein, denn: »Stellen wir uns vor, wie durch Zauberei würde man die bengalischen Muslime durch Niederländer ersetzen: Im Nu tauchten am Ganges Polder und Kanäle, Dämme und Windmühlen auf!«[37]

Als weiteres Zeichen okzidentaler Überlegenheit werden häufig die Menschenrechte als »europäisches Produkt« angeführt, die durch die universelle Deklaration der Vereinten Nationen im Jahre 1948 weltweit gültigen Charakter erhielten. Der Islam wird dagegen als menschenrechtsfeindlich dargestellt, als ein ideologisches Gebäude, das geradezu eine Antithese zum westlichen Menschenrechtsverständnis bildet. »Gedankenfreiheit«, schreibt etwa der *Spiegel*, »ist ebenso wie jedes andere individuelle Menschenrecht unislamisch«.[38] Das heißt soviel wie: Im Islam gibt es keine Menschenrechte.

Hier wird wiederum übersehen, daß »der Islam« kein einheitlicher, geschlossener Block ist. Innerhalb islamischer Gesellschaften finden Diskussionen über westliche Denk- und Lebensformen insgesamt und auch über die Frage der Menschenrechte statt. Einen Eindruck vom Stand dieser Diskussion vermittelt Reinhard Schulzes Aufsatz »Menschenrechte in der islamischen Diskussion«.[39] Es gibt ferner sowohl islamische Versuche, ein eigenes Konzept von Menschenrechten zu entwerfen, als auch eine eigene universelle islamische Deklaration für Menschenrechte.

Die *aktuelle* Lage der Menschenrechte und der Demokratie ist in den meisten islamischen Ländern in der Tat erschreckend. Folter ist in vielen Staaten an der Tagesordnung; Pressezensur, Todesstrafe und die ungleiche Behandlung von Frauen und Männern finden sich vielerorts. Dies sind völlig unakzeptable Zustände, die immer wieder angeprangert werden müssen, bis sich die Lage der Menschen bessert. Es stellt sich allerdings die Frage, wer oder was für diese katastrophalen Zustände verantwortlich ist. Die westlichen Medien machen auch hierfür den Islam als das Grundübel aus und lenken unseren Blick wiederum mit Vorliebe auf das, was uns »Islam-Eiferer« vermitteln, nämlich daß »Menschenrechte importiertes westliches Gedankengut« und damit abzulehnen seien. Zweifellos ist diese Position in der islamischen Gemeinschaft verbreitet, sie ist aber eben nicht die *einzige*. Außerdem sollten wir nicht vergessen, daß auch im westlichen, christlich geprägten Kulturkreis Menschenrechte häufig mit Füßen getreten und sogar offen abgelehnt werden. Lateinamerika und auch die europäische Geschichte halten viele Beispiele bereit. Die Verletzung von Menschenrechten dürfte eher mit der Schärfe gesellschaftlicher Konflikte und politischer Instabilität der jeweiligen Regierungsform als mit der Religion zusammenhängen.

Immer wieder wird die »Unterlegenheit« der islamischen Länder damit erklärt, daß die Anhänger des Islams durch ihren Glauben »gefesselt« seien, der jeglichen Modernisierungsprozeß erschwere oder verhindere. In islamischen Ländern gab und gibt es tatsächlich eine Position radikaler Verweigerung, deren Vertreter Begriffe wie Aufklärung, Menschenrechte oder Demokratie ablehnen, weil sie aus dem Westen kommen. Die Auseinandersetzung und Berichterstattung über diese Gruppen sollte sicher nicht vernachlässigt werden. »Aber sie beherrschen das islamische Lager weder intellektuell noch quantitativ. Hier dominiert nicht die Verweigerung, sondern die kritische Auseinandersetzung mit den eigenen Traditionen und den westlichen Denk- und Lebensformen.«[40] Eine ausführlichere Darstellung solcher Positionen würde wohl das Bild vom überlegenen Westen stören.

Frauen im Islam

Harem, Schleier und die türkische Putzfrau mit dem Kopftuch, das sind die Klischees, die mit Frauen im Islam verbunden werden und die die Medien pflegen. Dort erscheinen orientalische Frauen vorzugsweise in schwarze bedrohliche Stoffmassen gehüllt, den Tschador, für den Westen *das* frauenfeindliche Repressionsmittel *par excellence*. Die bereits erwähnte »Kopftuchaffäre« wurde in den französischen Medien schnell zum »Tschador-Krieg«.[41]

Um es ganz klarzustellen: Eine von Männern erzwungene Verschleierung von Frauen zur Stützung patriarchalischer Strukturen kann nicht gerechtfertigt oder akzeptiert werden. Für westliche Frauen ist es fast unvorstellbar, daß Frauen sich freiwillig für ein Leben nach islamischen (Kleider-)Regeln entscheiden. Doch für viele Frauen in islamischen Ländern ist der Schleier auch Symbol der Achtung vor der Frau, in dem sie sich mehr oder weniger unbehelligt, und ohne zum Objekt degradiert zu sein, im öffentlichen Leben bewegen kann. Ebenso gilt er als ein Zeichen eigener Kultur und kann so auch zum Symbol gegen eine aufgezwungene Verwestlichung werden. Die Tatsache, daß die Verschleierung von Land zu Land und in verschiedenen sozialen Schichten in Form (es ist ein Unterschied, ob Frauen einen Ganzkörperschleier tragen, bei dem nur Augen und Hände unbedeckt bleiben, oder ein Kopftuch) und Ausmaß variiert, findet kaum Beachtung. Überhaupt bietet das Bild der islamischen Frau in der Öffentlichkeit wenig Variationen: Sie dient dem Mann und wird von ihm unterdrückt, sei es als eine unter mehreren Nebenfrauen, als Putzfrau hier bei uns, die immer drei Schritte hinter ihrem Mann zu gehen hat, oder als verwöhntes »Luxusweibchen« in arabischen Herrscherhäusern, aus denen die *yellow press* berichtet. Auch dort ist sie passiv und abhängig. Von *Spiegel* bis *EMMA* sind die islamischen Frauen vor allem eins: Opfer. Und als solche sind sie meist lediglich Objekte der Berichterstattung und kommen selbst nicht zu Wort.

Unter dem Titel »Knüppel im Kreuz, Kind im Bauch« beschrieb der *Spiegel* das »stille Martyrium im Verborgenen« der Türkinnen in der Bundesrepublik, »deren wallende Gewänder und altweiberhafte Kopftücher« sie zum Gespött der Leute machten.[42] »Sie werden terrorisiert und geschlagen, sie leben in ständiger Angst vor gewalttätigen Ehemännern, Brüdern oder männlichen Anverwandten, die die totale Macht haben über alles, was in der Familie Röcke trägt.« Sie müßten »zu Hause hocken, dürfen gerade noch zum Aldi an der Ecke und natürlich zur Arbeit. Ansonsten sind die Türkinnen vom öffentlichen Leben ausgesperrt.« Die zahlreichen jungen Türkinnen, die inzwischen in der Bundesrepublik ein eigenständiges Leben führen oder die, in deren Familien es vielleicht nicht wie in deutschen Wohnstuben zugeht, aber auch nicht »wie im wilden Kurdistan«, sind für den *Spiegel* nicht von Interesse. »Die westdeutschen Frauenhäuser«, heißt es dort, »sind voll von türkischen Frauen.« Dabei entgeht dem Autor offenbar, daß der größte Teil der Frauen in solchen Häusern vor der Gewalt deutscher Männer Zuflucht sucht. Statt der Türkinnen selbst klärt uns in dem Bericht »Türken-Kennerin König«,[43] eine Frankfurter Soziologin, über die Verhältnisse in den Familien auf. Den Titel des *EMMA*-Sonderbandes »Krieg. Was Männerwahn anrichtet und wie Frauen Widerstand leisten« ziert das Bild einer ganz und gar schwarz verhüllten Frau, auf deren Haupt per Fotomontage eine blutrote Dornenkrone plaziert wurde, das Symbol für Jesus also, der sich nach christlichem Glauben am Kreuz opferte.

Betty Mahmoodys Bestseller »Nicht ohne meine Tochter« (der sich übrigens in der Bundesrepublik fast zehnmal so häufig verkaufte wie in den USA)[44] zog eine ganze Reihe von Publikationen nach sich, die das Leben von Frauen in islamischen Ländern oder von solchen, die mit Moslems verheiratet waren, zum Thema haben. Je dramatischer und brutaler es dabei zugeht, desto besser. »Gefangene im eigenen Land«, »Vom eigenen Vater in die Sklaverei verkauft« oder »Von der eigenen Familie zum Tode verurteilt« müssen die Frauen schon sein, die dort berichten dürfen.

Der Islam wird meist als Hauptursache für die Unterdrückung orientalischer Frauen gesehen, auch wenn sich inzwischen herumgesprochen hat, daß der Koran, sowohl was Verschleierung als auch was die Mehrehe betrifft, die im übrigen in islamischen Ländern die Ausnahme und nicht die Regel bildet, verschiedene Interpretationen zuläßt.[45] Auch die

Beschneidung von Frauen ist keine Erfindung des Islams, sondern wurde schon im Ägypten der Pharaonen praktiziert, weshalb sie natürlich nicht weniger abzulehnen ist.

»Im Namen des Islam demonstrieren schwarzverhüllte Frauen gegen westliche Dekadenz – im Namen des Islam werden Frauen getötet. Was ist das für eine Religion, die Frauen dazu zwingt, sich hinter Schleiern und Mauern zu verstecken?« fragte die *Brigitte.*[46] Nach möglichen nicht-religiösen Gründen für die Situation von Frauen in islamischen Ländern oder gar einer möglichen Instrumentalisierung der Religion wird nicht geforscht.

Industrielle Unterentwicklung ist zum Beispiel in vielen islamischen Ländern ein großes Problem, das zu einer schlechten Wirtschaftslage mit angespannter Arbeitsmarktsituation führt, die wiederum die Berufsmöglichkeiten von Frauen beschneidet. Ähnlich wie westliche Länder versuchen sich auch arabische Staaten eine weibliche »Reserve« zu schaffen, die, je nach Bedarf, für die Erfordernisse des Arbeitsmarktes zur Verfügung steht oder an den heimischen Herd zurückgeschickt wird. Ein Blick in die Statistiken der ostdeutschen Bundesländer genügt, um festzustellen, daß auch bei uns die Frauen zu den ersten gehören, die in ökonomisch prekären Situationen vom Arbeitsmarkt verschwinden. Auch die insgesamt in islamischen Staaten hohen Geburtenraten behindern den Zugang vieler Frauen zum Berufsleben. Und schließlich leben Frauen dort in einer patriarchalen Wertestruktur, die sich sehr stark an der Familie orientiert, aber nicht allein oder vorwiegend religiöse Wurzeln hat. In den meisten Staaten des Orients gilt die *Schari'a*, das islamische Recht, zumindest formell und wird zum Teil von Regierungen oder radikal-islamistischen Gruppen instrumentalisiert, um eine gleichberechtigte Stellung von Frauen zu verhindern. Die *Schari'a* läßt sich, wie das Beispiel Tunesien zeigt, jedoch auch ganz anders auslegen: Es ist das einzige arabische Land, das eine Abtreibung bei Indikation erlaubt, und zwar unter Berufung auf ein Gutachten eines islamischen Rechtsgelehrten, eine *fatwa*.[47]

Es stellt sich die Frage, weshalb gerade Bezüge zwischen der Situation der Frauen in islamisch geprägten Ländern und wirtschaftlichen oder patriarchalischen Strukturen, also Bezüge, die auch in westlichen Gesellschaften eine Rolle spielen, in der Öffentlichkeit kaum erwähnt werden, der Islam aber immer wieder als Frauenfeind Nr. 1 ins Zentrum gerückt wird.

»In meinen Augen ist es oftmals nicht so sehr der Islam, sondern die westliche Sichtweise, die den Frauen in den islamischen Ländern eine Opferrolle zuschreibt«, meint Martina Sabra.[48] Auf Reisen durch islamische Länder trifft man/frau tatsächlich auf viele Frauen, die ganz und gar nicht in die Opferrolle passen und sich selbst auch durchaus nicht so sehen. Offenbar dient das Klischee von der unterdrückten islamischen Frau dazu, von Mißständen in unserer eigenen Gesellschaft abzulenken. Die eigenen Defizite scheinen akzeptabler, wenn es anderen noch schlechter geht. Und soweit es sich um den Islam als »Gegner« handelt, läßt sich das Problem leicht weit wegschieben, in andere, eben »islamische Länder«, die sich von unseren westlichen »säkularen Staaten« unterscheiden. Eine solche Sicht erlaubt, den Blick nach »unten« zu richten und sich so der eigenen Überlegenheit zu vergewissern. »In den für eine breite Öffentlichkeit gedachten Medien (fungiert) die Stilisierung der ›unterdrückten Frau hinter dem Schleier‹ als Ikone für die ›mittelalterliche Rückständigkeit‹ der islamischen Staaten und damit als Nahrung für den skizzierten Diskurs von der Überlegenheit des Westens«, schreibt Anne-Kathrin Reulecke.[49] Es soll hier nicht bestritten werden, daß religiöse Ideologie im Nahen Osten ein Faktor ist, der zur Unterdrückung von Frauen beiträgt. Bei uns hat das Christentum eine ähnlich negative Rolle gespielt, aber wie im christlichen Kulturkreis ist dieser religiöse Faktor auch in islamischen Ländern nur einer von mehreren, und nicht einmal der wichtigste.

Es geht keineswegs darum, »den Islam« zu verteidigen oder gar die Kritik an Unterdrückungsmechanismen gegenüber Frauen einzustellen. Es ist jedoch wichtig, ein weitaus differenzierteres Bild der Zustände in islamischen Ländern, der Ursachen von Repression, von Frauenunterdrückung zu zeigen. Vor allem sollten islamische Frauen selbst zu Wort kommen, wir sollten sie als Individuen wahrnehmen können. Wir werden der Situation so lange nicht gerecht, wie wir uns hinter dem Klischee von der islamischen Frau als bloßem Opfer verschanzen. Es geht darum, die Diskriminierung von Frauen wie bei uns von den realen gesellschaftlichen Umständen her zu analysieren, anstatt schon von vornherein zu »wissen«, daß sie allein oder überwiegend religiöse Ursachen hat. So könnte ein gleichberechtigter Dialog zustande kommen.

Feindbild – wozu?

Offenbar ist es ein besonderes öffentliches Anliegen, die Dominanz westlicher Staaten und westlicher Kultur gegenüber den islamischen Ländern immer wieder hervorzuheben. Welchen Zweck erfüllt dieses Feindbild eigentlich für unsere Gesellschaften?

Wie in islamischen Ländern finden sich auch im Westen Frauenfeindlichkeit, Aggressivität, Fanatismus und Irrationalität. Spätestens die ausländerfeindlichen Ausschreitungen der jüngsten Vergangenheit haben daran erinnert, was unter dem Lack unserer Zivilisation schlummert. Auch eine verstärkte Hinwendung zur Religion und sogar zum »Fundamentalismus« ist in Europa und vor allem in den USA zu beobachten. In Bayern zum Beispiel erregten fundamentalistische christliche Gruppen die Gemüter, als sie 1992 Otfried Preußlers bekanntes Kinderbuch »Die kleine Hexe« wegen Okkultismusverdachts verbieten lassen wollten und im Jahr darauf die Gründung eines fundamentalistisch-charismatischen Kindergartens anstrebten.[50] Solche Vorgänge betrachten wir jedoch offenbar nicht als Teil und Ausdruck unserer Kultur, sondern so, als fänden sie außerhalb davon statt, als hätten sie nichts damit zu tun, es sind »Ausnahmen«. Auch das Dritte Reich ist für viele eher ein historischer »Unfall« und steht nicht in Verbindung mit unserer Kultur. Ganz andere Maßstäbe wenden wir an, wenn uns ähnliche Phänomene in anderen Kulturen, vor allem in der islamischen begegnen. Dort betrachten wir sie nicht als »Auswüchse«, sondern als untrennbar mit diesen Kulturen verknüpft. Dabei hilft uns eine gewisse Unkenntnis. »Was immer wieder auffällt«, schreiben Irmgard Pinn und Marlies Wehner, »ist die große Diskrepanz zwischen den Kenntnissen über ›den Islam‹ und die ›islamischen Kulturen‹ einerseits und die Sicherheit im Urteil andererseits. Diese Unkenntnis wird nicht einmal geleugnet, ist aber kein Hemmnis für Kritik und Abwertung.«[51]

»Ich weiß nichts über den Islam, aber ...« ist tatsächlich eine der häufigsten Phrasen bei Diskussionen über den Islam. An diesem »Nicht-Wissen« soll auch nicht gerüttelt werden, denn es gestattet ja die Konstruktion einer anderen Welt, der islamischen, auch wenn diese Konstruktion mit deren Realität nicht übereinstimmt. Gerade deshalb erlaubt sie eine Trennung von »uns« und den »anderen«, von innen und außen, die nicht verwischt werden darf und eine Abgrenzung und Festigung der eigenen westlichen Identität sichert. »Diese Grenze muß kulturell in irgendeiner Weise definiert werden, und hier gibt es ein Zauberwort, das diese Grenze erklärt – nämlich das Wort Islam. Ein Wort, das aus fünf Buchstaben besteht und soviel Schrecken verbreitet.«[52] Ähnlichkeiten der Kulturen, Parallelen würden dieses Bild nur stören, sie bedeuteten, sich selbst im anderen wiederzuerkennen und die Konturen zu verwischen.

Deshalb wird die Andersartigkeit islamischer Länder und islamischer Kultur betont und der Orient als Antithese zum Westen stilisiert. So hat man sich einen Gegenpol geschaffen, an dem man sich seiner selbst und seiner Werte vergewissern und gegen den man das Konzept der westlichen Welt gestalten kann. »Die westlichen Industrieländer und besonders die BRD haben sich in den vergangenen vierzig Jahren als Antipoden zum ›realen Sozialismus‹ entwickelt und profiliert«, so der Politikwissenschaftler Franz Nuscheler. »Der Wegfall dieser identitätstiftenden Abgrenzung führt zur Suche nach Ersatz.

Der Islam bietet sich hierfür an. Zumal nach dem Golfkrieg, der ja auch als Krieg gegen den Westen gedeutet wurde.«[53] Gleichzeitig dient er als Projektionsfläche, als Ort, an den man negative Bestandteile der eigenen Kultur verbannen kann. Ein Beispiel dafür ist die Unterdrückung der Frauen. Die gibt es zwar auch hier, doch in den islamischen Ländern ist sie weitaus schlimmer und daher vordringlich zu kritisieren. Ein anderes Beispiel ist der Vergleich zwischen Saddam Hussein und Adolf Hitler, im Golfkrieg zunächst von US-Präsident George Bush geprägt, später auch von westlichen Intellektuellen übernommen. Saddam = Hitler, und schon ist unsere Vergangenheit relativiert.

Wenn hier die Betonung des »anderen« in islamischen Ländern kritisiert wird, so bedeutet das keineswegs, daß die Andersartigkeit islamischer Kultur oder islamischer Gesellschaften gegenüber der westlichen Kultur geleugnet wird. Kritisiert werden muß aber die ungleichgewichtige Darstellung von Parallelen und Unterschieden in den Medien und die fast automatische negative Wertung all dessen, was sich anders darstellt als in unserer Kultur. Diesem »anderen« wird nicht mit dem Wunsch begegnet, es zu begreifen, sondern es entsteht aus dem Vergleich, wobei naheliegt, daß die eigene Kultur verständlicher ist und daher meist auch für »besser« gehalten wird.

Die islamischen Länder erscheinen in unserer Öffentlichkeit, wie wir anhand einiger Beispiele gesehen haben, nicht als ein prinzipiell gleichwertiges kulturelles System. Dies würde erfordern, kulturelle Differenzen und Ähnlichkeiten wahrzunehmen und sich mit beidem auseinanderzusetzen, was einerseits gegenseitige Kritik, aber andererseits auch die Anerkennung von Gemeinsamkeiten bedeutete, und zwar von positiven und negativen. Damit könnten auch die eigenen Werte und das Bild der eigenen Kultur in Frage gestellt werden. Aber das idealisierend-positive Selbstbild des Westens soll auf keinen Fall zerstört werden. So wird das »Feindbild Islam« zur Krücke für die eigene kulturelle Identität.

Das Feindbild Islam ist eng verknüpft mit dem »Feindbild dritte Welt«. Auch vom »verarmten Süden« scheinen Gefahren und Bedrohungen auszugehen, die häufig eher sozialer, politischer oder kultureller als militärischer Natur sind. Das anti-islamische Feindbild gehört zu einer umfassenderen Angst vor der »dritten Welt«. Diese, und nicht nur der islamisch geprägte Nahe Osten, erscheint als Ort der Instabilität, der Unsicherheit, der Stammes- und Bürgerkriege, der unverständlichen Gewalt, der Krankheit und zahlloser anderer Übel. Diese Regionen des Elends und der Unruhe stehen dem geordnet, übersichtlich und geregelt erscheinenden »Westen« gegenüber. Der Wohlstand in Westeuropa und dem Westen insgesamt hebt sich von dieser Realität der Not in den »Entwicklungsländern« ab, er soll psychologisch (und notfalls auch materiell) verteidigt werden. Die Angst vor der »dritten Welt« ist in gewissem Sinne eine Angst vor der Armut, davor, sich wieder mit deren Übeln zu infizieren. Auch deshalb werden ImmigrantInnen aus der Türkei oder dem Maghreb als größere Bedrohung als die aus EG-Ländern betrachtet: Die »dritte Welt« kommt zu uns, bildet Brückenköpfe in unseren Städten. Vielleicht bringen diese Inseln auch deren Elend zu uns?

Eine der Voraussetzungen der Angst besteht darin, daß »der Westen« sich seiner Errungenschaften gar nicht so sicher ist, wie er es gerne wäre, und sich auch nicht so sicher sein kann. Das gilt nicht nur für den rationalen, aufgeklärten und säkularen Charakter der westlichen Gesellschaften, der immer wieder von Rassismus, fundamentalistischen Bischöfen oder »Stammes«- und Religionskriegen wie im ehemaligen Jugoslawien oder in Nordirland in Frage gestellt wird. Es gilt auch für den wirklich wichtigen zivilisatorischen Wert des Westens: den materiellen Reichtum. Auch der erscheint heute mehr als unsicher: Stichworte wie neue Obdachlosigkeit, Zweidrittelgesellschaft sowie Armut unter Alten oder im Osten (der BRD und Europas) deuten das nur an.

Der westliche Lebensstandard, der Reichtum ist bedroht, und auch deshalb ist die Angst vor der Armut ein wichtiger

Faktor. Repräsentiert wird sie durch die »dritte Welt«, deren Religion in der westlichen Wahrnehmung der Islam ist. Andere, etwa hinduistische oder naturreligiöse Kulte sind wohl geographisch und kulturell zu fern. Die Angst vor dem Islam ist auch die ideologisch-religiöse Version der Angst vor der eigenen Zukunft. Und die wird dann verknüpft und verdeutlicht mit tatsächlich destabilisierenden, bedrohlichen oder kostspieligen Entwicklungen, zum Beispiel Umweltkatastrophen, Flucht- und Wanderungsbewegungen und auch mit dem Anwachsen und der Radikalisierung politischer oder politisch-religiöser Bewegungen. »Die Neuartigkeit und Unberechenbarkeit solcher Gefahren verunsichert viele Menschen in den Industrieländern. So wird beispielsweise befürchtet, ›daß der 'Wandermensch' auch einmal als 'Waffe' eingesetzt werden könnte‹, und es verbreitet sich namentlich in Westeuropa die ›Furcht vor einer Invasion durch Außenseiter – moslemische Fundamentalisten und Terroristen, hungernde Afrikaner, Menschen, die vor Konflikten in der dritten Welt geflohen sind‹.«[54] So wie früher der Marxismus-Leninismus als die Ideologie des anti-westlichen Bedrohungsmodells galt, wird heute oft der Islam (bzw. der islamische Fundamentalismus) als solche aufgefaßt.

Der Islam funktioniert schon sehr lange als Antipode des Abendlands. Zwischen dem Westen und dem »Urfeind Islam« gibt es offenbar einen tiefer liegenden kulturellen Konflikt als zwischen Westen und »dritter Welt« insgesamt. »Seit fast dreihundert Jahren dient der Orient der Selbstdefinition des modernen Okzidents, also zunächst Europas und dann des Westens. Dabei kamen dem nahöstlichen Kulturkreis in der Entstehung der okzidentalen Ordnung ganz unterschiedliche ›Funktionen‹ zu.«[55] Klischees und Stereotype über den Islam haben sich über Jahrhunderte in unseren Gesellschaften gehalten, wurden von Generation zu Generation tradiert und fest verwurzelt. Sie sind als Potential vorhanden und können schnell aktiviert werden, wenn es politisch nützlich erscheint, wie zum Beispiel während des zweiten Golfkrieges.

Weshalb aber fühlen sich die Menschen im Westen vom Islam so bedroht, und das trotz aller Überlegenheit, derer sie sich so gerne vergewissern? Der Westen konzentriert sich auf den Islam *als Religion*. Und der Islam als Religion ist es offenbar auch, der in der westlichen Kultur solche Furcht auslöst, die Furcht vor der Religion, die man aus den aufgeklärten Gesellschaften verbannt zu haben meint. »Am Orient scheint der Westen seine eigene Aufklärung, seine eigene Unabhängigkeit von der Herrschaft der Religion erneut nachvollziehen, ja beweisen zu wollen, sicherlich auch deshalb, weil im Westen selbst Zweifel am Sieg der Welt über die Religion, der Vernunft über die Irrationalität aufgekommen sind«,[56] meint Reinhard Schulze.

Die eigene Furcht vor Religion wird auf die islamische Welt projiziert. Und vielleicht hegen wir im Westen tatsächlich Zweifel an den Errungenschaften unserer Zivilisation, an eigener Rationalität und Aufklärung und meinen sie besser bewahren zu können, wenn wir sie vor einer »Bedrohung« von außen verteidigen. Zumindest fühlen wir uns nicht so sicher und souverän, daß wir dem Islam und auch dem islamischen »Fundamentalismus« in aller Gelassenheit mit der notwendigen Kritik begegnen könnten.

Dieser ständig geschürten Angst vor der »islamischen Bedrohung« steht im Orient ein Feindbild »christliches Abendland« gegenüber, dessen sich vor allem die islamistische Rechte bedient. Dem Westen werden Aggressivität, Expansionsdrang und Intoleranz vorgeworfen, es herrsche geistige Dekadenz, ein Verfall der Sitten, Frauen würden zu Lustobjekten degradiert.

Das »Feindbild Abendland« weist also ganz erstaunliche Ähnlichkeiten zum »Feindbild Islam« auf. Auch für den Orient dient der Okzident als Projektionsfläche für alles, was mit der eigenen Gesellschaft als unvereinbar gilt. Der Unterschied liegt darin, daß in den islamischen Ländern vor allem der westliche Überlegenheitsanspruch als Bedrohung empfunden wird. Für viele Moslems entstand in den letzten Jahrzehnten das Gefühl, die eigene Kultur und den eigenen Glauben ständig gegen westliche Vorwürfe, die häufig einer undifferenzierten Sichtweise des Islams entspringen, verteidigen zu müssen. So trägt das westliche Feindbild in hohem Maße zu einer extremen Abwehrhaltung und zur Entstehung und Festigung eines Gegenfeindbildes bei. Dieses Wechselspiel birgt die Gefahr, daß eine Bereitschaft zum Dialog zwischen den beiden Kulturen immer weiter abnimmt. Das würde sowohl im Orient als auch im Okzident die Position derjenigen stärken, die eine unüberwindliche Kluft zwischen Morgenland und Abendland sehen.

Beide Feindbilder wurden und werden ideologisch benutzt. Bei wachsender Ausländerfeindlichkeit im Westen könnte das Feindbild Islam in Zukunft auch innenpolitisch stärker als bisher instrumentalisiert werden. Nicht zufällig tischt zum Beispiel der österreichische Rechtspopulist Jörg Haider den Zuhörern seiner Reden immer wieder die Geschichte von den Eltern moslemischer Schüler auf, die angeblich fordern, Kruzifixe aus Klassenzimmern zu entfernen, und fügt hinzu: »Wir haben nicht deswegen die Türkenkriege geführt, damit auf Umwegen korrigiert wird, was wir erkämpft haben.«[57] In einer solchen Verwendung des Feindbilds Islam liegt für die westlichen Gesellschaften in der Zukunft wohl ein größeres Problem als in der »islamischen Bedrohung«.

»Ich habe nicht so sehr Angst vor diesen neuen Bedrohungen, die da aufgebaut werden«, meint der Politikwissenschaftler Franz Nuscheler, »sondern vor den Reaktionen im Norden, in unseren eigenen Gesellschaften. Was uns in der Asyl- und Flüchtlingspolitik tagtäglich vor Augen geführt wird, macht mir mehr angst als der islamische Fundamentalismus oder die wachsende Zahl von Asylsuchenden. Das Feindbild Süden verstärkt nicht nur Vorurteile, sondern züchtet den Rassismus und leistet der Abschottung der Festung Europa breitenwirksamen Vorschub. Nicht die militärische Sicherheit, nicht der Wohlstand Europas ist bedroht, seine Humanität ist bedroht.«[58]

Die wechselseitigen negativen Wahrnehmungen und die

dahinterliegenden ideologischen Motive müssen transparent gemacht werden, um einerseits einer anti-westlichen Radikalisierung in islamischen Ländern und andererseits einer wachsenden anti-islamischen Hysterie im Westen entgegenzuwirken. Solange sich jedenfalls westliche Medien und »Experten« nicht von negativen Schematisierungen des Begriffs »Islam« lösen und Verwirrungen wie etwa die um den Terminus »Fundamentalismus« beenden, solange sie ihren Blick nur auf Haß und Gewalt und nicht auch einmal auf die weniger spektakulären Facetten islamischer Gesellschaften lenken, wird es beim alten Feindbild in der Öffentlichkeit bleiben und nicht zu einer realistischen Einschätzung kommen, die den Menschen ihre Angst nehmen könnte.

Petra Kappert
Europa und der Orient

»Europa und der Orient« war der Titel einer spektakulären Ausstellung im Berliner Gropius-Bau 1989, in der in einer Monumentalschau künstlerische Objekte aus 1100 Jahren von der Anziehungskraft des Orients auf die Phantasie des Abendlands kündeten.

In diesem Beitrag soll es in ganz beschränkter Akzentuierung ebenfalls um den Einfluß des Orients auf den Okzident – und umgekehrt – gehen. Stellt sich die Frage nach diesem engen, wenngleich ambivalenten Verhältnis doch bis in unsere Gegenwart, da man sich aus Anlaß des zweiten Golfkriegs oder des Zusammenbruchs des Kommunismus hierzulande neue Feindbilder sucht und konstruiert – und ein solches beispielsweise im islamischen Fundamentalismus bereits ausgemacht zu haben glaubt.

Wir wollen uns in unseren Ausführungen auf drei, wie uns scheint, wichtige und doch nicht gleichermaßen bekannte Aspekte beschränken; zum einen auf das europäische Konstrukt vom *imaginären* Orient als einer erträumten »Gegenwelt« zum Westen, das Dichter und Schwärmer vornehmlich des 19. Jahrhunderts erdacht haben und ihrer eigenen Realität entgegensetzten. Sodann soll, wohl weniger bekannt, am Beispiel der Rezeption von Ideen der Französischen Revolution im Osmanischen Reich und Ägypten – den beiden Ländern des islamischen Orients, die als erste im 19. Jahrhundert »Verwestlichungserscheinungen« erkennen ließen – dargestellt werden, auf welchem Wege zentrale Begriffe europäischen Denkens – etwa *Freiheit* – vorsichtig, gegen große Widerstände adaptiert wurden. Und schließlich drittens, wie gerade in Deutschland um die Jahrhundertwende die Schwärmerei vom »Traumorient« der teutonischen Wunschvorstellung weicht, »im Oriente endlich mit dabeizusein« – als Zuchtmeister, versteht sich.

»Es gibt keinen Orient«, hat der Islamkenner und Orientalist Maxime Rodinson einmal formuliert[1]. Es gibt, so könnte man hinzufügen, nicht *den* Orient, der sich bei heutiger wissenschaftlicher Betrachtung als eine Einheit von Völkern, Ländern, Regionen, Gesellschaften und Kulturen mit gemeinsamen (dauerhaften oder vorübergehenden) Merkmalen darstellte. Das Bild des Orients aus der Sicht des Okzidents war im Laufe der historischen Entwicklung der Beziehungen »zwischen Abendland und Morgenland« vielfachen Wandlungen und Akzentuierungen unterworfen und ist es bis heute. Seit der mediterrane Orient kulturell und politisch maßgeblich von der muslimischen Religion geprägt ist, also seit dem 8. Jahrhundert, gilt der Faktor *Islam* als das einigende, bestimmende Element, das die Europäer bei ihrer Einschätzung der Region als »einheitliches Ganzes« bestärkt hat.

Zwischen dem 10. und dem 14. Jahrhundert beeinflußte die islamische Welt das westliche Europa nachhaltig. Sie hatte, auch mit Hilfe von orient-christlichen und jüdischen Übersetzern und Gelehrten, das Wissen der Antike tradiert und weiterentwickelt. Europa sollte erst ab dem 10. Jahrhundert daran teilhaben und schließlich, darauf aufbauend, die moderne Natur- und Geisteswissenschaft begründen. Das in der arabischen Welt aufbewahrte Wissen der Antike gelangte durch die Vermittlung syrischer, arabischer und jüdischer Übersetzer und Kommentatoren zwischen dem 10. und 13. Jahrhundert nach Europa[2]. Aber auch Nachrichten vom sagenumwobenen Reichtum des Orients finden sich in den Quellen des christlichen Mittelalters.

Seit dem 15. Jahrhundert war die Bedeutung der islamischen Welt für Europa weniger von einer direkten kulturellen Beeinflussung als vielmehr von dem Bewußtsein einer politisch-militärischen Bedrohung gekennzeichnet. Mit dem Untergang des Byzantinischen Kaiserreiches und der Etablierung der Osmanenherrschaft auf seinen Trümmern im ehemaligen Konstantinopel 1453 sowie deren Ausweitung über den Balkan bis vor die Tore Wiens erhielt der Orient für Europa vornehmlich ein

»türkisches Gesicht«, das – von Luther so interpretiert – die Züge des apokalyptischen Antichristen trug und Schrecken, Barbarei und eine neue Religion »mit Feuer und Schwert« verbreitete. Eine Flut von Traktaten und Flugblättern kündet von Türkenfurcht und -feindbild bis tief in das 17. Jahrhundert – insbesondere im deutschsprachigen Mitteleuropa[3].

Von allen Ländern des Vorderen Orients hatte die Türkei über Jahrhunderte den unmittelbarsten politischen, militärischen und ökonomischen Kontakt mit dem Westen. Nach der Eroberung auch des arabischen und nordafrikanischen Raumes (über Syrien, Palästina und Ägypten durch Tunesien und Algerien) hatten die Osmanen im 16. Jahrhundert die Vormachtstellung im Mittelmeerraum erlangt und prägten der gesamten Region den Stempel ihrer Herrschaft auf (seit 1517 beanspruchte der Sultan in Istanbul auch die Kalifenwürde, d. h. den Titel des geistlichen Oberhaupts aller sunnitischen Muslime).

Der Orient als Traumwelt

In Europa konnte die Verklärung des Orients zu einer romantischen Traumwelt erst nach der Abwehr der zweiten Türkenbelagerung Wiens (1683) und der kontinuierlichen Zurückdrängung der Osmanenherrschaft im 17. und 18. Jahrhundert entstehen, als der einst übermächtige Gegner seinen Schrecken zu verlieren begann. Das düstere Bild vom bedrohlichen Orient des Mittelalters begann sich in den westlichen Vorstellungen des 18. Jahrhunderts, dem Zeitalter der Aufklärung, allmählich aufzuhellen, zum Teil zu verklären.

»Tout est galant, traitable et gracieux«, so beschreibt La Fontaine 1750 in einer Ballade das heitere Leben im fernen Osmanischen Reich, das er gekennzeichnet hält von Wohlleben und Luxus, märchenhafter Prachtentfaltung, schrankenlosem Genuß, blauem Himmel und mildem Klima[4] – der Orient als eine ferne Provinz des bucolischen Rokoko.

Zwischen 1704 und 1717 hatte der französische Orientalist

Jean-Antoine Galland seine Übersetzung der »Erzählungen aus Tausendundeiner Nacht« herausgegeben. Dieser Einblick in die orientalische Lebenswelt, auch hinter die verschlossenen Türen geheimnisvoller Frauengemächer, beflügelte fortan die Phantasie an europäischen Fürstenhöfen und in den Salons der Gebildeten. Aber auch der Gedanke von der »Gleichheit der natürlichen Anlagen aller Menschen«, der von einem »aktiven Optimismus, der wahren Religion der Aufklärung« verbreitet wurde, wie es Rodinson formuliert[5], führte zu einer teilweisen Revision der Vorbehalte gegenüber einer »barbarischen« islamischen Welt, wie sie noch das Mittelalter bestimmt hatten. Die Muslime waren für viele Europäer des 18. Jahrhunderts Menschen, deren Sitten und Gebräuche es zu entdecken galt und die den Christen »moralisch« durchaus ebenbürtig sein konnten.

Gleichzeitig entwarfen aber die Vertreter der Aufklärung auch das Gegenbild: die orientalische *Despotie*. Dieses sollte fortan genau wie das Phantasiegebilde von der märchenhaft-exotischen islamischen Welt im westlichen Denken Bestand haben. Montesquieu und Voltaire kritisierten den Orient als Ort der Gegenaufklärung, der, regiert von grausamen Despoten mit unumschränkter Gewalt über ihre Untertanen, das Bild eines sich wandelnden Okzidents um so vorteilhafter erstrahlen ließ. Die Vorstellung von der orientalischen Despotie trägt in dieser Definition die Züge eines »fremdartig-exotischen *männlichen Genres*«[6], eine Einschätzung, die im Europa des 19. Jahrhunderts einem grundlegenden Wandel unterzogen wurde.

Bereits seit seinen Jugendjahren – er entwarf mit 23 Jahren eine Tragödie, die das Leben des Propheten Muhammad zum Thema hatte – fühlte sich auch Johann Wolfgang von Goethe von der Fremdheit und gleichzeitigen Nähe der islamischen Kultur angezogen. Sein Interesse konzentrierte sich dabei vor allem auf die Frage nach dem Wesen der orientalischen Dichtung und nach den Bedingungen, unter denen sie hatte entstehen können.[7] 1814 hatte er das dichterische Gesamtwerk des mittelalterlichen persischen Dichters Hafis (st. 1389) in der Übersetzung des Orientalisten J. von Hammer-Purgstall kennengelernt und nahm sie zum Vorbild für sein eigenes Schaffen: 1819 erschien sein »West-östlicher Divan« mit einem »Noten und Abhandlungen« betitelten Prosateil, in dem sich Goethe mit seinen Studien zur orientalischen Poesie an die Öffentlichkeit wandte. Man hat immer wieder betont, wie sehr ihn die vielschichtige Dichterpersönlichkeit Hafis' interessiert habe. Darüber hinaus ist es aber sein Orientbild, das eine weitere Facette der europäischen Einschätzung der islamischen Welt im frühen 19. Jahrhundert bietet: Der Orient war in Goethes Augen eine »frische, einfache Region«, wobei ihm die längst vergangene Welt der Beduinen in ihrer »Ursprünglichkeit« als markantestes Beispiel diente[8]. Er bewunderte die ihm im Orient vorherrschend erscheinenden »sittlichen Grundsätze«, dargestellt an »fester Anhänglichkeit an Stammesgenossen, Ehrbegierde, Tapferkeit, unversöhnlicher Rachlust gemildert durch Liebestrauer, Wohltätigkeit, Aufopferung, sämtlich grenzenlos«. Die Forderungen des Propheten Muhammad, in dem er auch den Poeten schätzte, nötigten ihm bei genauerem Studium Verehrung ab: sie seien den praktischen Bedürfnissen einer Nation durchaus gemäß[9]. Demgegenüber empfand er seine europäische Gegenwart als »ausgebildet, überbildet, verbildet, vertrackt«. Sie erschien ihm »zu trocken, geregelt und prosaisch«.[10]

Auch seine Einschätzung der *Despotie* im Orient fiel durchaus nicht so düster aus wie bei vielen Autoren des 18. Jahrhunderts, vor allem erkannte er in ihr Vorteile für das Dasein des Dichters: »Am Hof, im Umgang mit Großen, eröffnet sich dem Dichter eine Weltübersicht, derer er bedarf, um zum Reichtum aller Stoffe zu langen.« So verteidigte er »die Despotie«, sie schaffe große Charaktere: »kluge, ruhige Übersicht, strenge Tätigkeit, Festigkeit, Entschlossenheit, alles Eigenschaften, die man braucht, um den Despoten zu dienen, entwickeln sich in fähigen Geistern und verschaffen ihnen die ersten Stellen des Staats, wo sie sich zu Herrschern ausbilden«[11].

Katharina Mommsen betont, seit Goethe sei es »in Europa üblich geworden, beide Welten, die der Antike und die des Orients, als gleichberechtigt nebeneinander zu sehen«. Allerdings entgeht dem heutigen Betrachter nicht, daß dem deutschen Dichterfürsten, ebenso wie vielen nachfolgenden Poeten der Romantik, die idealisierte, bereits lange vergangene Welt des »klassischen Orients« – der arabisch-beduinischen Frühzeit oder des persischen Mittelalters, in dem Hafis lebte – bedeutend näher war als der *reale Orient* ihrer Zeit. Die Verklärung der mythischen islamischen *Vergangenheit* äußerte sich bei ihnen in einer Schwärmerei für die »unverbrauchte Sittlichkeit« einer imaginären archaischen Frühzeit und kontrastierte darin lebhaft mit der eher negativen oder gleichgültigen Bewertung des *zeitgenössischen* Orients, das heißt der vorherrschenden politischen Macht des Osmanischen Reiches, das ja das »klassische arabische Erbe« in den Ursprungsgebieten des Islams im 19. Jahrhundert noch »unterjocht« hielt.

Keiner der von dem romantischen »Orientfieber« erfaßten europäischen Dichter richtete in der ersten Hälfte des 19. Jahrhunderts sein Augenmerk auf die poetischen Erzeugnisse seiner Gegenwart, die türkisch-osmanische Literatur. Übersetzt, nachempfunden und kommentiert wurden die »unverdorbenen« persischen und arabischen Werke der islamischen Frühzeit, deren »Konsum« man anscheinend erst aus einem größeren historischen Abstand für empfehlenswert hielt.

Ein guter Kenner aller drei »islamischen Literaturen«, der Orientalist G. Flügel, gab 1834 darüber hinaus aber noch einen weiteren plausiblen Grund für das nicht existierende Interesse der Abendländer an den kulturellen Leistungen der realen osmanischen Gegenwart an: »(für die türkische) fiel die die beiden anderen orientalischen Sprachen auffordernde Ursache zum Studium derselben weg: Man hatte nämlich keine alte türkische Übersetzung der *Heiligen Schrift* (die Bibel), konnte also für die Erklärung der letzteren nichts aus dem Verständnis des Türkischen gewinnen.«[12] Der Hinweis auf mangelnde Bibelübertragungen (sie fehlten im übrigen nicht gänzlich) als

Grund für das europäische Desinteresse an der türkisch-osmanischen Sprache und Dichtung mag durchaus als ein Motiv so manchen (Anfang des 19. Jahrhunderts) nachaufklärerisch christlich-frommen Romantikers ernst genommen werden.

Goethe hatte in seinen »Noten und Abhandlungen« seine universalistische Religionsauffassung noch mühelos auf den Islam ausdehnen können, indem er schrieb: »Das eigentliche, einzige und tiefste Thema der Welt- und Menschheitsgeschichte, dem alle übrigen untergeordnet sind, bleibt der Konflikt des Unglaubens und Glaubens. Alle Epochen, in welchen der Glaube herrscht, unter welcher Gestalt er auch wolle, sind glänzend, herzerhebend und fruchtbar für Mitwelt und Nachwelt. Alle Epochen dagegen, in welchen der Unglaube, in welcher Form es sei, einen kümmerlichen Sieg behauptet, und wenn sie auch einen Augenblick mit einem Scheinglanze prahlen sollten, verschwinden vor der Nachwelt, weil sich niemand gern mit Erkenntnis des Unfruchtbaren abquälen mag.« Er plädierte für eine Art »skeptischer Beweglichkeit« angesichts *aller* Dogmatik und Abgrenzung; wollte er doch, wie man ihn später interpretierte, »weder den Osten noch den Westen darstellen, sondern den Menschen, den er hier wie dort intuitiv entdeckte«.

Die nachfolgende Generation der europäischen orientinteressierten »Dichter und Denker« stand oftmals, wie zu zeigen sein wird, bei der Formulierung ihres Orientbildes viel stärker unter dem Einfluß der aktuellen Tagespolitik als die distanzierten Vertreter der Aufklärung im 18. Jahrhundert mit ihrem abgehobenen, idealisierenden Ansatz von Orient- oder Islamkritik.

Die französische Besetzung Ägyptens und ihre ideologischen Folgen in Europa

Am 2. Juli 1798 landete ein französisches Expeditionskorps von dreißigtausend Mann unter dem Kommando von Napoleon Bonaparte in Ägypten. Alexandria fiel nach geringem

Widerstand noch am selben Tag, und schon drei Wochen später besetzten Napoleons siegreiche Truppen die Hauptstadt Kairo. Den Franzosen ging es vor allem darum, das britische Empire im Zuge der Auseinandersetzungen der französischen Republik mit England an einem seiner empfindlichsten Punkte zu treffen: der Verbindung des Mutterlandes mit Indien. Doch Napoleons Ambitionen reichten weiter: Er träumte von der Errichtung eines großen orientalischen Reiches, unter Einschluß Indiens.

Dieser Feldzug bildete den Auftakt zu der Periode kolonialer Interessen in den Gebieten des Vorderen Orients und war eine zunächst erfolgreiche Attacke gegen das geschwächte Osmanische Reich, unter dessen nomineller Oberhoheit Ägypten noch stand. Zwar brachte kurz darauf die Landung der verbündeten anglo-osmanischen Streitkräfte die militärische Wende und den Sieg über die französische Flotte bei Abukir sowie 1801 den Abzug der Franzosen aus Ägypten, doch stellt dieses französische Abenteuer eine tiefe Zäsur in den politischen und kulturellen Beziehungen zwischen Europa und dem Orient dar. Aus abendländischer Sicht schien sich Napoleon – und damit das noch von den Umwälzungen der Revolution geprägte Frankreich – mit dem Griff nach Ägypten zu dem nach »der Weltherrschaft« entschlossen zu haben. Für die islamische Welt – in erster Linie natürlich für die Osmanenmacht – bedeutete dieser Übergriff einer westlichen Armee auf ein islamisches Kernland einen Schock und stiftete Panik und Verwirrung unter einer Bevölkerung, die sich während der gesamten Osmanenherrschaft nie einer europäischen Bedrohung ausgesetzt gesehen hatte.

»Die erste Kavallerie des Morgenlandes, vielleicht der ganzen Erde«, wie der französische Chronist des Unternehmens, Dominique Virant Denon, in seiner Beschreibung der »Schlacht bei den Pyramiden« triumphierend vermerkt: »der Stolz der Mamluken scheiterte an den Bajonetten unserer Infanterie. Ein kleiner Haufen Franzosen unter Führung eines Helden hatte soeben einen Erdteil erobert, ein Reich bekam einen anderen Herrn.«[13] Das politische Geschick General Bonapartes – er durchbrach im August 1799 heimlich, seine Truppen zurücklassend, die englische Seeblockade und kehrte wie ein Sieger nach Frankreich heim – und die bereits 1802 in luxuriösen Ausgaben[14] erscheinenden, prächtig illustrierten Darstellungen der militärischen Taten und der kulturellen Schätze des »eroberten« Landes durch Denon verhalfen dazu, daß die schließlich eindeutige Niederlage Napoleons propagandistisch »vor der Weltöffentlichkeit« Europas und des Orients zu einem glanzvollen Sieg umgemünzt und Bonaparte als der »Bezwinger Ägyptens« gefeiert wurde.

Zu den vielen enthusiastischen Bewunderern dieses Unternehmens zählte auch Heinrich Heine. Noch zwanzig Jahre nach diesem Ereignis packte ihn in seinen »Englischen Fragmenten« die begeisterte Erinnerung daran: »(Napoleons) Name schon klingt wie eine Kunde der Vorwelt und ebenso antik und heroisch wie die Namen Alexander und Cäsar. Er ist schon ein Losungswort geworden unter den Völkern, und wenn der Orient und der Occident sich begegnen, so verständigen sie sich durch diesen einzigen Namen.«[15] Er entnahm den Biographen des Kaisers, dieser habe sich »die Achtung und Bewunderung eines großen Teils der einheimischen (ägyptischen) Bevölkerung verschaffen können« und ging so weit, nach Napoleons Tod im Exil 1821 diesem den »Rang eines weltlichen Messias« zu verleihen, als er schrieb: »Und Sankt Helena ist das heilige Grab, wohin die Völker des Orients und Occidents wallfahrten in buntbewimpelten Schiffen und ihr Herz stärken durch große Erinnerung an die Thaten des weltlichen Heilands!« Der liberale Intellektuelle Heine, der sich als »Freiheitskämpfer« und als »Freund der Revolution« verstand, die politischen Verhältnisse im konservativen Deutschland kritisch verfolgte und dortigen Antisemitismus nimmermüde anprangerte, hing bis zu seinem Tod mit schwärmerischer und, wie es scheint, naiver Begeisterung an seinem Idealbild Napoleon als dem völkerverbindenden Heilsbringer aus dem Westen und Vermittler zwischen Orient und Okzident.

Angesichts des in der Nachfolge des französischen Orient-Abenteuers in Europa ausbrechenden Ägypten-Fiebers begann Heine ebenfalls, sich für dieses Land stärker zu interessieren. Er plante auch eine Reise dorthin (weil ihm »die Obelisken in Paris nicht genügten«), die er aber nie antrat. Nicht anders aber als die meisten seiner europäischen Zeitgenossen pflegte er – abgesehen von seiner Euphorie vor allem für das imaginäre »antike« Ägypten – ein recht konventionelles Orientbild, das sich durch stereotype Vorurteile gegenüber dem realen Orient (in Gestalt der Osmanenmacht) und vager Schwärmerei für eine vergangene, poetische, unverdorbene »islamische Klassik« auszeichnete – wie sie schon zu Zeiten Goethes gehegt wurden.

Der Dichter und Publizist begeisterte sich kaum für den in ganz Europa glühenden »Philhellenismus« angesichts der griechischen Unabhängigkeitsbestrebungen vom Osmanischen Reich in den zwanziger Jahren. Für Knittelverse von der Art: »Auf Stanbuls Wälle pflanzt das Glaubenszeichen!/ Der Halbmond muß dem Kreuze weichen./ Dem Griechen der Barbar«, die in den Tageszeitungen und Wochengazetten 1821 zuhauf erschienen, erwärmte sich der Jude Heine nicht, da er dem religiösen Aspekt der griechisch-türkischen Auseinandersetzungen indifferent gegenüberstand. Mit einer Tendenz, in der dem heiligen Kreuz, in dessen Namen die Andersgläubigen verachtet und nicht geduldet wurden, eine führende Rolle zugewiesen wurde und zu deren Anhängern sich Fanatiker und Demagogen aller Schattierungen rechneten, vermochte sich der junge, liberal gebildete und empfindliche Dichter nicht zu identifizieren, so der Heine-Forscher Fendri.[16]

Der griechisch-türkische Konflikt erschien dem Dichter eher als Teil des »Befreiungskrieges der Menschheit« im Rahmen von kosmopolitschen Fortschrittsideen. Der Gegner war für ihn selbstverständlich die Türkei: ein repressives, politisches Gebilde mit archaischen Herrschaftsstrukturen. Der religiöse Agnostiker beschränkte seine Türkenverachtung allerdings nicht auf die Verdammung der osmanischen Politik, sondern konstatierte bei »dem Türken« einen fanatischen Haß gegen Andersgläubige, ob Juden oder Christen: »Denn beide Sekten sind ihm verhaßt, er betrachtet sie beide wie Hunde und nennt sie auch mit diesem Ehrennamen ...« 1828, bei Ausbruch eines Krieges zwischen Rußland und den Osmanen, feierte er den russischen Zar Nikolaus I. als Rächer der Griechen, »Ritter von Europa, der die griechischen Witwen und Waisen schützt gegen asiatische Barbaren«. In dieser sehr zweifelhaften Einschätzung fehlt kein gängiges zeitgenössisches Klischee vom uneuropäischen, andersgläubigen Orient in realer türkischer Gestalt. Lediglich dem leicht nebulösen »Genius der Araber« bekundete Heine 1840 noch ein etwas herablassendes Wohlwollen, der sei »nie ganz erstorben, sondern nur im stillen Beduinenleben eingeschlafen. Diese Araber harren vielleicht nur des rechten Rufs, um schlafgestärkt wieder aus ihren schwülen Einöden hervorzustürmen wie ehemals«.

So wenig originell nun das Orientbild des Kosmopoliten Heine – im Vergleich mit seinen christlich-konservativ-romantischen Zeitgenossen – auch erscheinen mag, es sei doch ein gegenüber den älteren Vorstellungen des 18. Jahrhunderts auffallend veränderter Zug darin betont. So konnte man als Sinnbild jener früheren Auffassung vom Orient den *Despoten* nennen, den zwar exotischen, aber doch gleichwertigen *männlichen* Gegner. Jener imaginäre Orient aber, der im 19. Jahrhundert – bei Heine, aber auch bei den Romantikern und später den Symbolisten – Gestalt anzunehmen begann, hatte seine aggressiv-bedrohlichen Züge weitgehend verloren. In der Dichtung bildete sich die Konzeption eines *weiblichen* Orients heraus – einer Traumwelt des Rausches, der ekstatischen Visionen und des Sinnengenusses, in der sich vor allem die Phantasie der grenzenlosen Macht des Mannes über den weiblichen Körper auslebte[17].

Dieser Interpretation entsprechend ist Heines poetischer Oriententwurf »weiblich« und dessen Symbol die ideale Geliebte in Gestalt einer »schönen, liebenden, sinnlichen Rose«; zu ihren Attributen zählen »Schweigen, Passivität,

Kindlichkeit, Irrationalität und gefährliche Sinnlichkeit, zeitlose Ewigkeit und schließlich Leere, mit einem Wort Fremdheit«[18]. Den wirklichen Verhältnissen in den islamischen Ländern entsprachen diese Bilder vielleicht nicht, es sei denn in einem metaphorischen Sinne: Je ohnmächtiger sich der Orient seit dem 19. Jahrhundert, dem Zeitalter des Imperialismus, gegenüber den Expansionsbestrebungen des Okzidents zeigte, »desto mehr schien man geneigt, die Beziehung zwischen den beiden Hemisphären nach dem Modell vom *schwachen* und *starken Geschlecht* auffassen zu können«. Wenn es nach Hegel »das notwendige Schicksal der asiatischen Reiche« war, »den Europäern unterworfen zu sein ...«, erscheint damit bereits die Rolle des Orients als »passives Objekt der Eroberung« determiniert[19].

Ebenfalls von den Vorstellungen eines weiblichen Orients geprägt waren die Überlegungen der utopisch-sozialistischen Bewegung der Saint-Simonisten in den dreißiger Jahren des 19. Jahrhunderts, die sich von der »friedlichen Vereinigung des aktiven, rastlosen und dynamischen Okzidents mit dem passiven, in sich ruhenden Orient« allen Ernstes eine Art »Erlösung der Menschheit« versprachen. Zur Erfüllung dieser Zukunftsvision reisten einige von ihnen 1833 in den Orient (nach Istanbul und Ägypten), um dort nach einer »Mère suprême« oder einer weiblichen Inkarnation des Messias, einer »Femme-Messie« zu suchen, die an der Seite des »Père Suprême« Prosper Enfantin, dem quasi-religiösen Führer der Saint-Simonisten, thronen sollte, um mit ihm zusammen für das Heil der Menschheit in Ost und West zu wirken[20]. Der kuriose Plan scheiterte, da im Orient eine solche »Femme-Messie« nicht gefunden wurde, läßt aber den Grad der Obsession erkennen, den der auf den Orient projizierte exotische Weiblichkeitswahn selbst in einer sozial-politischen Bewegung angenommen hatte, die Heinrich Heine lange als »die fortschrittlichste Partei der Emanzipation des Menschen« gegolten hatte[21]. In der Literatur und der Kunst sowie Musik des 19. Jahrhunderts haben viele mythische oder pseudohistorische Heroinen, von Aida, Judith, Delilah bis zu Salome, die Faszination des imaginären Orients verkörpert, jeweils als ästhetische »Chiffre für die ›wilde‹, nicht domestizierte Menschheit«. Richteten Literaten, Maler und Musiker die traumhaften, phantastischen Wünsche und Erwartungen des Okzidents oft in eine ferne Vergangenheit, so gingen in der Tagespolitik (etwa der Saint-Simonisten) ähnliche Vorstellungen in »die Bestimmung der kolonialen Sphäre ein: Sie verfestigten sich zu einer am Modell des zeitgenössischen Geschlechterkampfes orientierten *Mythologie* des Imperialismus.«[22]

Bildungsreisende, Orientalisten und Archäologen des 19. Jahrhunderts hatten dennoch dem Bild der islamischen Länder »Elemente des Wahrscheinlichen« hinzugefügt, die neben den traumhaft-pittoresken Bilderwelten vermehrt auch Vorstellungen von einem authentischen und zeitgenössischen Orient beim europäischen Publikum nährten.

Als Meister der Gestaltung eines solchen trivialisierten, scheinbar »handfesten« Vorderen Orients ist Karl May (1842–1912) zu nennen, der in seinen vielbändigen Abenteuerromanen den »Wilden Westen« Amerikas ebenso wie den »Wilden islamischen Osten« der Türkei, Kurdistans und Arabiens unnachahmlich zu bannen wußte[23] – zwar bar aller Schwüle, Erotik und zweideutigen Sinnlichkeit, dafür aber eindeutig in der Schlichtheit seiner Vorurteile und seines wilhelminisch-teutonischen Imponiergehabes (mit nicht nur anti-islamischen, sondern auch antifranzösischen, antibritischen und antisemitischen Tendenzen). Mays fiktive Darstellungen sollten den Anschein des Wahrscheinlichen vermitteln. Und doch sind auch sie Bilder eines »Orients der europäischen Selbstdarstellung« (K. U. Syndram)[24], Orte, wo Träume zu verwirklichen sind, für die »daheim« kein Platz ist. Unverwechselbar erscheint sein Morgenland-Szenario vor allem, weil es die Staffage für Gründerzeit-deutsches Sendungsbewußtsein und Kraftmeierei abgibt. Auch hier fungiert der Orient »als Bühnenbild für europäische (d. h. deutsche) Akteure und damit als Spiegel abendländischer Auffassungen«.

Die weitgehende Unfähigkeit und Unlust europäischer Beobachter, sich mit dem islamischen Orient und seinen realen Gegebenheiten, seinem zeitgenössischen Erscheinungsbild genauso auseinanderzusetzen wie mit seiner schwärmerisch idealisierten »mythischen« Vergangenheit, lassen sich durch das gesamte 19. Jahrhundert verfolgen. Die Projizierung eigener geistiger und politischer Entwicklungsprozesse – sei es im positiven oder negativen Sinne – auf die »Gegenwelt« des Orients, der faszinierte, aber fremd blieb, »anders« schlechthin, markierte das widersprüchliche Verhältnis des Okzidents zum »Morgenland« seit dem 18. Jahrhundert; die Distanz gegenüber einer Region, die eben »nicht Europa« war, wurde nie aufgegeben. Die Selbstvergewisserung des Westens sei traditionell gegen den Osten, den Orient oder das Morgenland ausgerichtet und dort finde er bis heute seine Antithese, die ihm zu seiner Selbstbehauptung als führender Weltzivilisation verhelfe, so wurde diese europäische Grundhaltung noch kürzlich definiert[25]. Daß diese fundamentale westliche Konstruktion der Welt ihr analoges Gegenstück in der nahöstlichen Auffassung vom Abendland als »Gegen-Orient« findet, gilt als beinahe selbstverständliche Binsenweisheit. Auch hier nimmt man als gewiß an, daß die »orientalische« Identität nach eigenem Selbstverständnis hauptsächlich auf einer Antithese zum Westen basiere. Der in der islamischen Welt verspätete, im 19. Jahrhundert nur zögerlich einsetzende Modernisierungsprozeß sei erst der Konfrontation mit dem »aufgeklärten Westen« zu danken, einer oberflächlichen Verwestlichung der epochemachenden Invasion Napoleons und seiner Armee in Ägypten und ihren verheerenden Auswirkungen auf das Selbstverständnis des Osmanischen Reiches zuzuschreiben[26].

Die Modernisierungsphase des 19. Jahrhunderts

Der Islamforscher Bernard Lewis bezeichnet die *Französische Revolution* »als dasjenige Ereignis abendländischer Geschichte, in dessen Folge erstmals eine Flut europäischer Ideen die Barrieren zwischen dem Haus des Krieges – dem christlichen Europa – und dem Haus des Islams sprengen konnte, eine breite Aufnahme bei muslimischen Denkern und Führern fand und letztlich in mehr oder weniger starkem Maße alle Schichten der islamischen Gesellschaft erreicht hat«.[27]

Das 18. Jahrhundert war von einer Reihe von militärischen Reformversuchen im Osmanischen Reich gekennzeichnet (nach mehreren verheerenden Niederlagen in Kriegen mit Venedig, Österreich und Rußland), in denen mit französischer Unterstützung die Neuorganisation von Teilen der traditionellen Truppen unternommen wurde, etwa durch die Einführung neuer Trainingsmethoden für die Artillerie und die Einrichtung von Ingenieurschulen und mathematisch-naturwissenschaftlichen Ausbildungsstätten unter der Leitung französischer Instrukteure, die den Unterricht in ihrer Muttersprache mit Hilfe von Dolmetschern erteilten. Den allmählichen Zugang zu westlichen wissenschaftlichen Erkenntnissen und neuer Technologie erlangte man im Orient im Jahrhundert der europäischen Aufklärung vornehmlich durch die Vermittlung französischer Experten, Techniker und Militärs.

Es ist immer wieder betont worden, daß die verschiedenen Reformversuche in den Jahrhunderten des politischen und militärischen Niedergangs des Osmanischen Reichs nur »halbherzig« unternommen worden seien. Große Teile der staatstragenden Elite interpretierten die wachsende europäische Überlegenheit lediglich als eine des technischen Fortschritts und des Know-hows. Die geistig-ideologischen Wandlungsprozesse in den europäischen Staaten ignorierte man oder lehnte sie ab.

Als Ziel der Versuche, sich auf militärisch-technischem Gebiet mit westlichen Erkenntnissen und Methodik vertraut zu machen, wurde propagiert, mit wiedererlangten militärischen Kräften die Rückkehr zu dem »Goldenen Zeitalter« der Anfänge des Osmanenreiches und der ungebrochenen Überlegenheit eines islamischen theokratischen Staates zu bewirken.

So ist der Prozeß der technologischen Öffnung des Orients gegenüber Europa einerseits und der der geistig-politischen

Hinwendung andererseits bis zum Jahre 1789 nicht etwa parallel, sondern zeitlich stark (um fast 100 Jahre) verschoben verlaufen. Vor allem eine, zeitlich etwa mit den Ereignissen der Französischen Revolution zusammenfallende Reform ist dann allerdings als Ausdruck einer, wenn auch verspäteten, Bereitschaft der osmanischen Staatsführung zu interpretieren, sich mit den militärisch meist siegreichen europäischen Ländern auch kulturell-politisch auseinanderzusetzen: die Umgestaltung einer bis dahin *unilateralen* osmanischen Diplomatie zu einer *reziproken*. Aus dieser bedeutsamen Veränderung in den zwischenstaatlichen Beziehungen ergab sich für die osmanische Regierung die Möglichkeit direkter und ständiger Informationen über die politischen Ereignisse in Europa, an der es bis in die neunziger Jahre des Jahrhunderts gemangelt hatte.

Bis zu diesem Zeitpunkt hatte das osmanische Weltreich – wie auch früher alle anderen islamischen Staaten – auf die Einrichtung *ständiger* diplomatischer Vertretungen in den Hauptstädten auswärtiger Mächte verzichtet. Nach seinem durch das klassische islamische Staatskonzept geprägten Selbstverständnis empfand sich das Osmanische Reich – nach den Grundsätzen des religiösen Rechts in allen Bereichen bestmöglich geleitet – allen nichtislamischen Regierungsformen prinzipiell überlegen. Dauernde geregelte Beziehungen zwischen muslimischen und – so gesehen unterlegenen – nichtmuslimischen erschienen daher unnötig und der Anreiz für die Entwicklung ständiger diplomatischer Kontakte, wie sie in Europa seit der Renaissance üblich waren, gering. Aus gegebenen Anlässen gab es eine »Ad-hoc«-Diplomatie und einzelne Missionen nach Europa; der normale Verkehr wurde über die ständigen diplomatischen Vertretungen der auswärtigen Mächte in Istanbul abgewickelt; die sprachliche Vermittlung oblag den örtlichen christlichen Dolmetschern, kaum ein hoher osmanischer Beamter oder Würdenträger sprach bis dahin eine westliche Sprache oder hatte direkte Erfahrungen mit Europa.

Die Erkenntnis, daß ständige diplomatische Kontakte und

kompetente, sozusagen vor Ort gemachte Analysen politischer Entwicklungen in Europa den bedrohlichen Informations- und Wissensrückstand im Orient verringern helfen könnte, führten den Reformsultan Selim III. (1789–1808) 1792 zu der Entscheidung, in den wichtigsten westlichen Hauptstädten Botschaften einzurichten. Zuerst (1793) in London, mit einigem Abstand in Wien und Berlin und schließlich 1796 in Paris. Neben anderen Aufgaben waren die osmanischen Botschafter instruiert, »die Institutionen der Länder, in denen sie akkreditiert wurden, zu studieren und sich Sprachkenntnisse sowie allgemeines Wissen über die jeweiligen Länder anzueignen, die der heimatlichen Staatsverwaltung von Nutzen sein können«, wie es in einem Dekret heißt.

Man hat diese Reformmaßnahme Selims oft als verspätet und letztlich nicht effektiv genug kritisiert. So wurde der Wandel des diplomatischen Verkehrs gerade zu dem Zeitpunkt eingeführt, als es in Europa durch die Ereignisse der Französischen Revolution und die Wirren der Napoleonischen Kriege vorübergehend zu einem Zusammenbruch des diplomatischen Systems kam. Zudem erwies sich eine ineffiziente konfuse Bürokratie an der Hohen Pforte (Hohe Pforte = Sitz der osmanischen Regierung) als unfähig, die ganze Fülle der neuen Erkenntnisse und Eindrücke, die als Reports, Geheimdepeschen und Memoranden eingingen, hinreichend auszuwerten und zu archivieren.

Daß Sultan Selim 1793 die erste Botschaft in England und nicht in Frankreich etablierte, muß vor dem Hintergrund der Revolutionswirren und der folgenden instabilen politischen Verhältnisse in Frankreich verstanden werden. Mit den politischen Verhältnissen und den diplomatischen Gepflogenheiten auf dem europäischen Parkett über längere Zeit vertraute Beamte standen der Pforte nicht als Diplomaten zur Verfügung. Die meisten der ersten Botschafter waren Palast- oder Kanzleibeamte der alten Schule, stammten aus dem traditionellen Ulemastand, das heißt sie waren klassische islamische Gelehrte und hatten keinerlei westliche Sprachkenntnisse.

Während der Jahre 1797 bis 1811 schickte die Pforte drei »ständige Botschafter« nach Paris. Alle drei lernten kein Wort Französisch und waren für ihre Informationen auf die Vermittlung (meist griechischer) Dolmetscher angewiesen. Sie erläuterten in ihrer diplomatischen Korrespondenz neben der aktuellen napoleonischen Politik immer wieder auch deren Vorgeschichte, die Französische Revolution, deren Ziele nach ihrer Auffassung auch noch von Napoleon verfolgt wurden.

Wie es scheint, beginnt erst zu diesem Zeitpunkt eine wirkliche inhaltliche Auseinandersetzung in der islamischen Welt mit dem Phänomen der Revolution. Hatte man sie bis dahin jahrelang als interne französische Angelegenheit betrachtet, allenfalls noch – durch die Revolutionskriege – mit bedenklichen Auswirkungen für das christliche Europa, so ergab sich nun, verstärkt durch Napoleons Ägypteninvasion 1798, für die Länder des Islams eine Bedrohung der eigenen Interessen.

Die aufstörenden und befremdlichen Nachrichten der Diplomaten aus Paris führten dann zu einem die Vorfälle in Europa erläuternden Memorandum, das dem Reformsultan Selim III. 1798 von einem seiner Berater vorgelegt wurde und in dem es warnend hieß: »Die berüchtigten Atheisten Voltaire und Rousseau und andere ›Materialisten‹ hatten verschiedene Schriften verfaßt und publiziert, in denen sie die reinen Propheten und großen Herrscher beleidigten und verleumdeten und von der Beseitigung aller Religionen handelten und Anspielungen auf den Genuß von Gleichheit und Republikanismus machten. Durch den Reiz des Neuen verführt, hat sich ihnen viel Volks zugewandt, sogar Kinder und Frauen, ... so daß sich Häresie und Bosheit wie die Syphilis in ihren Köpfen ausbreiten und ihren Glauben verdorben haben. Als die Revolution weiter vorangeschritten war, sind die Frevler nicht davor zurückgeschreckt, Kirchen zu schließen, ihre Mönche zu töten oder zu vertreiben. Sie hängten ihr Herz an *Gleichheit* und *Freiheit*, von denen sie sich die Seligkeit in dieser Welt erhoffen... Dabei ist es wohl bekannt, daß Ordnung und Bestand eines jeden Staates auf dem Fundament des Gesetzes der Religion und ihrer Lehre basieren...«[28].

1802 berichtete der Botschafter aus Paris, die Aufrührer in Frankreich hätten beim Volk alle notwendige Gottesfurcht und die Achtung seiner Gebote beseitigt und statt dessen eine aufrührerische Deklaration, genannt »Menschenrechte«, in alle Sprachen übersetzen und überall drucken lassen, um die einfachen Leute aller Länder und Religionen zum Aufruhr gegen die Herrschenden anzustacheln.

Und 1808 heißt es: »Sie verkünden, daß die Bücher, die uns die Propheten brachten, großer Irrtum und daß der Koran, die Tora und die Psalmen Schwindel seien und unnützes Geschwätz... und daß alle als Menschen gleich seien; niemand sei dem anderen an Verdienst überlegen und jedermann solle für den eigenen Lebensunterhalt in diesem Leben sorgen. Sie machen jedermann leere Versprechungen... und haben sich vereinigt unter dem Banner des Satans...« In ihren wesentlichen Aussagen stimmen die Urteile der drei Diplomaten über Jahre hinweg überein: Sie kritisieren vor allem ein Element in der politischen Entwicklung Frankreichs seit 1798: den *Säkularismus.* Damit verbunden die Trennung von Kirche und Staat, die Preisgabe aller religiösen Lehren, den Kult der Vernunft, die Proklamation individueller Freiheit und Gleichheit.

Schnell fand die zuvor von den Gesandten in Frankreich einhellig formulierte Kritik auch offizielle Verbreitung, so etwa in der »Reichsgeschichtsschreibung« der Osmanen ab 1809: Zur Wiederherstellung der einstigen Glorie, vergangener politischer und militärischer Macht erscheine es zwar legitim für einen islamischen Staat, Erkenntnisse westlicher Wissenschaft und Technik zu übernehmen. So sei ja auch der Aufschwung des Russischen Reiches unter Peter dem Großen zustande gekommen. Doch habe man sich vor der Freundschaft der Christen, ihrer Falschheit und ihren tückischen Zielen in Acht zu nehmen. All ihr Streben sei auf *das Verderben des Islams*, die Aufhebung der Religionen und der wahren Lehren der Propheten gerichtet. Sie verwirrten Geist und Herz auch der jungen Leute mit dem Ziel, diesen ihre Sprache und Gewohnheiten beizubringen, in ihre Herzen die Saat der Gottlosigkeit zu pflanzen und die Grundsätze des religiösen Gesetzes *(Schari'a)* zu unterminieren. Dazu dienten ihnen die rebellischen Proklamationen von der Gleichheit von Arm und Reich und von *Freiheit*.

Das Scheitern des Reformsultans Selim III. begründet der Chronist Asim Efendi unter anderem mit dem schädlichen Einfluß Frankreichs auf dessen Politik und seinen »Neuerungseifer«. Indirekt kommt die Kritik an dem abgesetzten und ermordeten Herrscher zum Ausdruck, dieser habe die Trennung von »annehmbaren« westlichen Erkenntnissen (im Bereich Militär, Ingenieurwissenschaften etc.) und inakzeptablem (da gottlosem und anti-islamischem) Gedankengut nicht eingehalten.

In der erwähnten europakritischen diplomatischen Korrespondenz wie auch der offiziellen Geschichtsschreibung jener Jahre findet immer wieder ein zentraler Begriff Erwähnung: *Freiheit* (arabisch *hurriya*). Dieser Terminus erfährt gerade in der Zeit der Französischen Revolution und ihrer Nachwirkungen einen interessanten Bedeutungswechsel: Vor 1800 war dieses Wort in den islamischen Sprachen vor allem ein juristischer Terminus: die Abwesenheit oder das Gegenteil von Sklaverei. Im Verlauf des 19. Jahrhundert erhielt der Begriff dann, durch die Ereignisse in Europa, einen neuen politischen Inhalt, den aber viele zeitgenössische islamische Autoren nicht akzeptieren konnten. So wird bei ihnen das Wort nicht im Sinne von *Freiheit* verwendet, sondern von »Libertinage«, »Ausschweifung« oder »Anarchie«. So findet man es auch in den eingangs erwähnten Schriften gegen die Ziele der Revolution: Das gemeine Volk werde durch die Versprechungen von Libertinage und Gleichmacherei verdorben.

Erst viele Jahre später, 1815, findet der Begriff »Freiheit« in einer positiven islamischen Konnotation Verwendung, als ein früher osmanischer Reformgelehrter, Schanizade, ebenfalls Historiker und – durchaus ungewöhnlich – polyglott auch in westlichen Sprachen[29], in seinen Schriften die Vorzüge des europäischen Parlamentarismus diskutierte. Allerdings führte er seinem Publikum diese Institution als altüberkommene, islamische Einrichtung vor; ein Forum für die offene Diskussion mit anschließenden konstruktiven Entscheidungen: *freie* Debatten, Repräsentanten des Volkes, die an Entscheidungsprozessen argumentativ teilhaben – hierin muß man ein Echo auf die Ereignisse von 1789 und ihre Folgen sehen, in einer für den islamischen Leser aufbereiteten, modifizierten Formulierung. Denn Neuerungen, innovative Ideen hatten sich in der traditionellen islamischen Welt häufig auf zwei Wegen angekündigt: entweder durch ihre vehemente Widerlegung (bzw. Bekämpfung) oder dadurch, daß man sie auf vermeintlich urislamische Ursprünge zurückführte und so problemlos adaptieren konnte. Nicht anders war es im Osmanischen Reich.

Die Einrichtung »ständiger diplomatischer Vertretungen« in den Hauptstädten Europas bedeutete einen wesentlichen Schritt hin zur grundsätzlichen und institutionellen Öffnung der islamischen Welt gegenüber dem Westen, der sich allmählich auf strukturelle Umgestaltungsprozesse in Politik und Gesellschaft des Orients im 19. Jahrhundert auswirken sollte. Allerdings wurde aufgrund interner politischer Spannungen mit Reformgegnern nach 1811 kein weiterer Botschafter in Paris mehr akkreditiert. Auch in den übrigen europäischen Hauptstädten wurde die »ständige Diplomatie« praktisch eingefroren, die Residenzen lediglich auf der niedrigeren Ebene von *chargés d'affaires* (Geschäftsträgern) aufrechterhalten. Bei ihnen handelte es sich fast ausschließlich um griechische Untertanen des Osmanischen Reiches. Als Reaktion auf den hellenischen Aufstand 1821 und die Haltung der Europäer hierzu gab Sultan Mahmud II. dann auch diese Lösung auf und verzichtete für mehr als zehn Jahre (bis 1834) auf ständige diplomatische Vertretungen im Ausland.

In dieser Phase, in der die Kontakte zu Europa – jedenfalls die diplomatischen – gekappt waren, stagnierte jedoch keineswegs das Reforminteresse. Es kam vielmehr zu weiteren strukturellen Umorientierungsprozessen, die schließlich, 1839, zur Proklamation des Reformedikts von Gülhane führten, einer Erklärung bedingter bürgerlicher Rechte und Freiheiten für das gesamte Osmanische Reich. Wesentlichen Anteil daran hatte die Schaffung einer Institution von großer Tragweite für den späteren Modernisierungsprozeß: die 1821 gegründete »Kaiserliche Ausbildungsstätte für Übersetzung« – die erste dieser Art im gesamten islamischen Orient (in Ägypten wurde eine vergleichbare Institution 1837 ins Leben gerufen). Diese Einrichtung diente der reformorientierten Ausbildung des Beamtenapparates und der fremdsprachlichen Schulung eines neuen osmanischen diplomatischen Corps, das nicht mehr auf die Unterstützung durch griechische (oder andere nichtmuslimische) Dolmetscher angewiesen sein sollte. An der Organisation dieser Institution war auch der gelehrte und sprachkundige Historiker und Enzyklopädist Schanizade beteiligt. Seine neue Interpretation des Begriffs *»hurriya«* im Sinne von »individueller Freiheit« fand schließlich auch Eingang in das Reformedikt von 1839. Dieser zeitweilig, sicherlich vor dem Hintergrund des negativen Urteils über die Französische Revolution und ihre Ideale, in den islamischen Ländern negativ belegte Begriff erhielt in dem »Erlaß von Gülhane« seine vollständige Rehabilitierung. Zweimal findet er in dem Dekret, das den großen legislativen Umgestaltungsprozeß im Orient des 19. Jahrhunderts einleitete, Erwähnung: »Jedermann soll über sein Eigentum *frei* verfügen«; und: »Es sind Versammlungen zu schaffen, in denen jedermann seine Ideen und Beobachtungen *frei* und ohne Behinderung vertreten kann.«[30]

Dies ist die »bürgerlich«-osmanische Interpretation eines Begriffs, der ein halbes Jahrhundert zuvor, bei Ausbruch der Revolution, soviel Schrecken und Ressentiments ausgelöst hatte. Neben der Erkenntnis, eigens für den Aufenthalt in Europa ausgebildete Diplomaten mit westlichen Sprachkenntnissen seien die geeigneten Vermittler der dortigen politischen Entwicklungen, wurde es bald danach üblich, auch Gruppen junger Stipendiaten in den Westen zu senden, mit dem Ziel, sie möchten sich den Stand europäischer Technologie und Wissenschaft dort aneignen, um ihn dann in den jeweiligen Heimatländern an den nicht-religiösen Ausbildungsstätten weiterzuvermitteln. Der ehemals osmanische Gouverneur von Ägypten, Muhammad Ali Pascha, dem 1805 die Anerkennung als Vizekönig des Landes durch die Hohe Pforte in Istanbul gelungen war und der sich seither als ehrgeiziger Rivale des Osmanensultans im Modernisierungsprozeß nach westlichem Vorbild erwies, entsandte als erster islamischer Herrscher 1809 eine Studentendelegation nach Italien. Die Osmanen folgten seinem Beispiel 1827.

Von Rifa'a al-Tahtawi bis zur Vorherrschaft des europäischen Kolonialismus

»Was die Franzosen ›Freiheit‹ nennen und als solches anstreben, ist genau das, was bei uns, den Muslimen, mit ›Gerechtigkeit‹ und ›Billigkeit‹ bezeichnet wird, nämlich insofern, als die Verbindung von Herrschaft und Freiheit gleichbedeutend ist mit der Schaffung von Gleichheit in Gesetz und Recht, so daß der Herrscher niemanden unterdrücken kann. Die *Gesetze* sind es, die man in Frankreich zum Herrscher und zur Richtschnur gemacht hat.« Dieses bemerkenswert euphorische Urteil aus der Feder eines ägyptischen Autors gilt den Verhältnissen in Frankreich nach der Revolution – freilich nicht der von 1789, sondern der Juli-Revolution von 1830 – und findet sich in einem vier Jahre danach in Kairo gedruckten Reisebericht, der einen Meilenstein in der Geschichte der Modernisierung Ägyptens darstellt.[31]

Ihr Verfasser, der gelehrte, junge al-Azhar-Scheich Rifa'a al-Tahtawi (1801–73), hatte zu der ersten Delegation von Studenten gehört, die der Reformer Muhammad Ali nach der Loslösung Ägyptens vom Osmanischen Reich (1811) nach Frankreich geschickt hatte, zum Erwerb von Fremdsprachenkenntnissen und Fertigkeiten in europäischer Wissenschaft und Technologie. Fünf Jahre, 1826 bis 1831, hielten sich die vierundvierzig Stipendiaten im Auftrag des ägyptischen Herrschers in Paris auf, um sich dort, im Zentrum des europäischen Fortschritts, mit den neuesten Erkenntnissen vertraut zu machen.

Der junge Theologe Tahtawi, den sein reformerisch gesonnener Monarch für fünf Studienjahre nach Frankreich entsandte, ist bereits der Vertreter einer neuen Generation muslimischer Intellektueller.

Sowohl im Osmanischen Reich wie auch in Ägypten – denjenigen islamischen Ländern, die den Zusammenprall mit dem technisch und militärisch weit überlegenen Europa am schmerzhaftesten verspürt hatten – war die Führungsschicht in den ersten Jahrzehnten des 19. Jahrhunderts zu neuen Erkenntnissen und Strategien gelangt: Der Modernisierungs- und Erneuerungsprozeß in beiden – rivalisierenden – Staaten war nur mit der Heranziehung von im Westen ausgebildeten eigenen Kräften und Spezialisten zu befördern. Europäische Sprachkenntnisse galten als der Schlüssel zum Erfolg, mit dem sich auch westlicher Fortschritt erreichen ließ.

So wurde etwa Tahtawi, dessen große Sprachbegabung schnell hervortrat, vom Leiter der ersten Studentenmission nach Europa allein zum intensiven Spracherwerb des Französischen ausersehen, obwohl er ursprünglich, als Theologe, zum geistlichen Beistand der Delegation bestimmt worden war. Tahtawi widmete sich seiner neuen Aufgabe mit Hingabe, während seiner fünf Jahre in Paris und sein ganzes weiteres Leben. Er blieb der einzige »Geisteswissenschaftler« unter seinen Mitstudenten, die sich mit den neuesten Erkenntnissen der Militärtechnologie und den Naturwissenschaften befaßten. Seine große Leidenschaft für die Sprache und Literatur seines Gastlandes verschafften ihm einen intensiveren Zugang zu den Entwicklungen in Frankreich als seinen Kommilitonen; sein Interesse galt allen Bereichen des gesellschaftlichen, sozialen und politischen Lebens in Paris, die in seinem Bericht eine einfühlsame, nahezu objektive Schilderung erfuhren.

Mit einer für einen traditionell ausgebildeten Muslim erstaunlichen Gelassenheit, ja Heiterkeit, beschrieb er auch

Phänomene, die für die Leserschaft in seinem Heimatland zu den Tabus beziehungsweise stereotypen Vorurteilen gegenüber dem Westen zählten: die religiöse Indifferenz breiter Bevölkerungsschichten in Paris, ihre Verachtung für den bigotten französischen Klerus, aber auch den Alkoholkonsum der Franzosen, der nach seinen Beobachtungen weniger zu Exzessen als zu heiterer Behaglichkeit bei den verschiedenen gesellschaftlichen Zusammenkünften führte.

Mit feiner Ironie äußerte sich auch der – als islamischer Theologe erstaunlich genug – versierte orientalische Literaturkenner und -liebhaber Tahtawi: Die ihm, nach emsigem Studium leicht zugängliche französische Belletristik erschien ihm »nicht übel«, doch vermißte er in ihr gelegentlich das formale Raffinement, gepaart mit der inhaltlichen Hintergründigkeit und Doppelbödigkeit orientalischer Dichtung. Warum nur besangen die Franzosen den von ihnen so geschätzten Wein mit soviel kruder Direktheit und einfallsloser Schlichtheit? Warum fanden sie nur *einen* Namen für dieses Elixier; dieses Medium, für das der traditionelle Muslim – sei er nun mystischer Asket oder Epikuräer – so unendlich verschiedene Metaphern gefunden hat? Tahtawi konstatierte dies mit ein wenig herablassender Verwunderung.

Dennoch ist die gesamte Darstellung seines Paris-Aufenthaltes von der unbezweifelbaren Hochschätzung Tahtawis für die Franzosen geprägt. In einer gewissen Emphase hielt er sie gar für das den Arabern in den entscheidenden Dingen des Daseins verwandteste Volk: »in den Belangen der Ehre, der Freiheit und des Stolzes« – für den Ägypter das höchste Lob, das ihm zu Gebote stand.

Vor dem Hintergrund der jahrzehntelang einhelligen Verurteilung der revolutionären Umwälzungen in Europa durch die islamische Welt muß der vorsichtige Versuch einer differenzierten Interpretation, zum Beispiel der Tahtawis, in den dreißiger Jahren des 19. Jahrhunderts um so bemerkenswerter erscheinen. Der kontinuierliche Aufenthalt junger orientalischer Diplomaten und Studenten in Europa, Sprachkenntnisse und Vertrautheit mit den bis dahin als rätselhaft oder verabscheuungswürdig empfundenen Normen und Ideen des Westens bewirkten eine allmähliche Revision der zunächst total scheinenden Verdammung der Revolution im Morgenland.

Ganz wesentlich haben zu dieser behutsamen Neueinschätzung Äußerungen wie die aus dem Bericht Tahtawis von 1834 beigetragen. Das Buch erlebte viele Auflagen und wurde von dem Reformherrscher Muhammad Ali seinen Beamten und in den öffentlichen Schulen Ägyptens als Pflichtlektüre verordnet.

Tahtawi, als Kulturreformer hochgeehrt, erlebte kurz vor seinem Tode 1873 noch die Etablierung einer Institution, für die er lange gestritten hatte: die Einführung von Schulen auch für muslimische Mädchen in Ägypten. Sein Heimatland stand kurz vor der Konfrontation mit der Kehrseite der europäischen Ideale von der Revolution, dem Imperialismus. Für Ägypten bedeutete dies die britische Okkupation des Landes 1882.

In der 1837 nach dem Vorbild der osmanischen »Kaiserlichen Ausbildungsstätte für Übersetzung« in Kairo gegründeten »Madrasat al-alsun« (Sprachenschule) hatte al-Tahtawi als deren Leiter für einen Lehrplan gesorgt, der weit mehr umfaßte als den Unterricht in Sprachen: Er beinhaltete ebenfalls Geschichte, Geographie, Mathematik, dazu Islamisches und Französisches Recht. Die Kombination von europäischem und einheimischem Wissen machte die Schule – neben der in Istanbul – zur einzigen Institution im islamischen Orient, in der nicht nur enges, traditionelles Wissen unterrichtet, sondern auch weltliche »Bildung« vermittelt wurde. Während ihres 14jährigen Bestehens brachte sie eine große Zahl von Absolventen hervor, die als Lehrer und Übersetzer ihren Beitrag zur geistigen Erneuerung des Landes leisteten oder in der zweiten Hälfte des 19. Jahrhunderts selber zur intellektuellen Elite des neuen Ägypten zählen sollten.[32]

In Kairo wie in Istanbul, den Hauptzentren für Reformen nach westlichem Vorbild in den ersten Jahrzehnten des Jahrhunderts, erhielten die Übersetzung und Publikation westlicher Bücher eine zentrale Bedeutung. In Ägypten wurde dafür ein eigenes, staatlich finanziertes Programm geschaffen, in dessen Rahmen zwischen 1822 und 1842 über 240 Bücher gedruckt wurden, die meisten davon Übersetzungen ins Türkische. Denn in der Zeit von Muhammad Ali Paschas Regierung war dies noch die Sprache der herrschenden Elite im Lande, für die vor allem Werke über Militär und Navigation sowie Mathematik erschienen. Mehr als die Hälfte der Stipendiaten, die Muhammad Ali nach Europa entsandte, waren türkisch sprechende Osmanen. Auch die wenigen Bücher mit historischem Inhalt, die aus europäischen Sprachen übersetzt wurden und in Ägypten herauskamen, waren der osmanisch-sprachigen Schicht vorbehalten. Hingegen erschienen Werke über Human- und Veterinärmedizin sowie Landwirtschaft auf arabisch, da ihr Inhalt nicht nur für die herrschende Schicht bestimmt war.

Die Übersetzungen ins Türkische aus Ägypten wurden natürlich im Osmanischen Reich ebenfalls verbreitet und in Istanbul nachgedruckt. Bis etwa zur Jahrhundertmitte war das dortige osmanische Übersetzungsprogramm auf wissenschaftliche Werke beschränkt, Publikationen historischen oder literarischen Inhalts wurden erst viel später als in Ägypten berücksichtigt.[33]

Gleichwohl waren die Zeit der »bürgerlichen« Reformen im Osmanischen Reich (die *Tanzimat-i hayriyye* – die »Wohltuenden Ordnungen«) 1839 bis 1876 wie auch die Herrschaftsjahre Muhammad Ali Paschas und seiner Nachfolger bis zur britischen Besetzung Ägyptens 1882 ähnlich nachhaltig von der intellektuellen Öffnung beider Länder gegenüber wissenschaftlichen Erkenntnissen und technologischen Neuerungen des Westens wie von aktuellen geistig-politischen Strömungen geprägt. Debatten über Parlamentarismus und konstitutionelle Monarchie, individuelle Grundrechte und Pressefreiheit zählten dazu und wirkten sich durchaus ambivalent aus. Denn, so formuliert es Bernard Lewis, der Prozeß des orientalisch-westlichen Ideenaustausches und -einflusses war unumkehrbar geworden, die Zahl der von den europäischen Hauptstädten angezogenen Muslime wuchs – aus den unterschiedlichsten Gründen – in der zweiten Hälfte des Jahrhunderts beständig: Zunächst waren es die Diplomaten, es folgten die Stipendiaten und Studenten und nach einiger Zeit bereits die politischen Flüchtlinge[34], aus dem Reich der osmanischen Sultane ebenso wie aus Ägypten.

Denn die Nachfolger Muhammad Alis hielten zwar an dessen Devise fest, das Land am Nil »zu einem Teil Europas« machen zu wollen; doch die ehrgeizigen Reformpläne, unter anderem der 1869 mit großem Pomp und Gepränge eröffnete Suez-Kanal, langfristige, überaus schuldenträchtige Investitionen, die das Land 1876 mit nahezu 100 Millionen Pfund gegenüber dem westlichen Ausland in Abhängigkeit brachten, machten die innere Lage durch rücksichtslose Steuererhöhungen und andere repressive Maßnahmen unter dem Khediven Ismail immer prekärer. In dem verzweifelten Versuch, den Staatsbankrott abzuwehren, suchte Ismail die Hauptgläubigerländer, England und Frankreich, mit einem Schuldenkontrollsystem (*Dual control*) für eine hinhaltende Überwachung des Staatshaushaltes zu gewinnen. Dies scheiterte und führte schließlich zu seiner Absetzung 1879 und zur britischen Besetzung Ägyptens drei Jahre später, einer diktatorischen Herrschaft, die siebzig Jahre dauern sollte.

Andererseits verschärften sich durch die innenpolitischen Spannungen im Lande die Konflikte zwischen der Staatsgewalt und der Presse sowie Vertretern des Konstitutionalismus, gegen die Zensur und Einschränkungen verhängt wurden, so daß auch diese Auseinandersetzungen zu einem Grund für das »Hilfegesuch« des Khediven an die Briten wurde und viele der politischen Oppositionellen ins europäische Exil getrieben wurden.

In noch stärkerem Maße galt dies für die Entwicklung im Osmanischen Reich der sechziger und siebziger Jahre. Die Absolventen der neuen Bildungsstätten, die aus den Tanzimat-

Reformen hervorgegangen waren, formierten sich zur Opposition. Sie forderten, daß die Modernisierung des Staates von einer generellen Gesellschaftsreform begleitet sein müsse und daß die traditionell autokratische Position des Sultans und seiner herrschenden Klasse durch ein neu zu schaffendes konstitutionelles System zu ersetzen sei, das den Untertanen die Teilnahme an der Herrschaft ermögliche und die Macht der Regierenden durch ein Parlament und eine Verfassung begrenze. Diese Oppositionsbewegung, überwiegend von Literaten und Intellektuellen getragen, war unter dem Namen »Jung Osmanen« aktiv.[35] Viele ihrer Publikationen konnten nur im Ausland gedruckt werden, wohin etliche ihrer Vertreter ins Exil geflohen waren, darunter später so berühmt und einflußreich gewordene Dichter und Publizisten wie Ziya Pascha und Namik Kemal. Ihre Kritik erschien dort auf englisch und französisch und erreichte im Osmanenstaat zunächst nur eine kleine Zahl Gebildeter in geringen Auflagen in türkischer Sprache.

Wilhelm II. als »Schutzherr der Mohammedaner«

Die enttäuschten Reformer der ersten und zweiten Generation mußten erkennen, daß die Ideale einer neuen, von westlichen Vorstellungen mitgeprägten Erziehung in Staaten wie Ägypten oder dem Osmanischen Reich häufig angesichts einer repressiven, unter den Bedingungen eines europäischen Imperialismus bedrängten politischen Realität bloße Makulatur blieben. Sie wählten häufig verbittert den Weg in das europäische Exil. Bevorzugte Ziele waren dabei Paris und London, auch Genf war für frankophone, liberale Oppositionelle immer wieder ein Anziehungspunkt.

Wenige zog es in den deutschsprachigen Raum. Dies entsprach bis in die siebziger Jahre des 19. Jahrhunderts dem Stand und Charakter der preußisch-osmanischen Beziehungen. Seit den dreißiger Jahren hatten deutsche Militärberater die Neuorganisation des osmanischen Heeres von Zeit zu Zeit mitbetrieben, die kulturellen und wirtschaftlichen Beziehungen standen in diesen Jahren hinter denen der europäischen Großmächte weit zurück.

Wilhelm II., der in den achtziger Jahren den deutschen Nachholbedarf an aktiver Orientpolitik kompensieren zu müssen meinte, führte dann sein Sendungsbewußtsein gleich zweimal in das Osmanische Reich: 1889 und 1898, wobei er sich im November 1898 in Damaskus »als Schutzherr von 300 Millionen Mohammedanern« ausersehen sah, sowie »allzeit zum Freund des Sultans, ihres Kalifen«.

Der deutschen Politik schien mit einer angestrebten politischen Annäherung an das Osmanische Reich vor allem die Möglichkeit einer immensen wirtschaftlichen Einflußnahme verbunden zu sein. Als Paradeobjekt der neuen Zusammenarbeit wurde beiderseits das Unternehmen der *Bagdadbahn* angesehen, das die Verbindung von Mitteleuropa über Istanbul – Ankara – nach Syrien und in den Irak vorsah und 1888 und 1903 zwei deutschen Konzessionären (unter der Kontrolle der Deutschen Bank) übertragen wurde.

Eine Fülle von Publikationen ist dem Bagdadbahn-Projekt gewidmet worden. In dieser Flut fehlt es nicht an zeitgenössischen deutschen Darstellungen, die ganz explizit den unpolitischen, rein kommerziellen Charakter dieses gigantischen Unternehmens herausstellen wollten, allerdings sprechen Argumentation und Wortwahl für sich und künden kaum verhohlen vom Gegenteil:[36]

»Deutschland verlangt aber im Oriente nicht nach Eroberungen, nicht nach Gebietszuwachs, es will mit der Türkei und in Türkisch-Asien Geschäfte machen, Bahnen und Straßen bauen, Arbeit geben und nehmen, Güter austauschen, erwerben, verdienen, Nutznießung und Wohlstand erlangen und verbreiten helfen. Wohl aber wird der deutsche Eisenbahnbetrieb, wird die Lokomotive zum wirksamsten ›Erzieher‹ im fernen Oriente werden.

Sie braust, ein Ruf des Erwachens, wie Donnerhall, durch das Morgenland. Wie Schwertgeklirr dröhnen ihre Erzmassen.

Wie Wogenprall schlägt ihr Dampfgewölk zum glühenden Firmament empor. Sturmeseile vollendet ihren Weg. Visionär, pünktlich wie den Lauf der Gestirne, sieht der Asiate den Locomotivtrain Tag um Tag aus dem fernsten Bereiche seines Horizontes hervorbrechen, im fernsten Horizonte seinem Blick entschwinden. Woher kommen diese rollenden Häuser, vollbesetzt mit fremdartigen Menschen? Wohin gehen sie? Wozu diese rasende Flucht? *Alla franca* ist das nicht, denn der große ›Napliun‹, auf den seit einem Jahrhundert das bißchen europäischer Zuschnitt im Oriente sich beruft, hat solches nie vermocht. ›*Min Alemannia*‹ – Aus Deutschland! sagen die Türken und die Araber dann ehrfürchtig. Und eine Ahnung steigt in dem Asiaten empor, daß er eine ganze Welt verschlafen und verträumt hat und daß nun auch ihm die Stunde schlägt, die trügerische Binde des Fatalismus von den Augen zu reißen und einzutreten in den Kreis der großen Nationen des Abendlandes, die an die Freiheit, an die Macht der Selbstbestimmung ihres Schicksals glauben und dadurch zu solcher Herrschaft über den weiten Erdkreis hinausgewachsen sind. Von dieser Stunde der Erkenntnis an ist aber der Sieg über den Asiatismus errungen, erweitert der Culturkreis Europas sich um zwanzig Millionen Menschen, liegt das einstige Paradies weit erschlossen da für eine neue germanische Völkerwanderung!

Schon rüttelt der Dampfverkehr unsanft, aber unwiderstehlich die Anatolioten aus ihrem tödtlichen Schlendrian und wie lange noch, und sein gellendes Gepfiff jagt auch den Araber und Kurden aus seinem nichts durchbohrenden Keif empor: *Karavapor beklemes!* Die Eisenbahn wartet nicht! *Tschabuk gitmeli!* Vorwärts!«.[37]

Wenden wir uns einmal etwas genauer dem zeitgenössischen deutschen Orientbild, besser dem des Osmanischen Reiches zu, wie es um die Jahrhundertwende (kurz davor und kurz danach) kolportiert wurde. In der Presse, der mehr oder weniger anspruchsvollen historischen oder geographischen Publizistik, die dem deutschen Leser einen »erweiterten Horizont«

vermitteln sollte und das Verständnis für neue politische und wirtschaftliche Konstellationen – durchaus unter Inkaufnahme überkommener gesellschaftlicher und sozialer Strukturen – konnte man zum Beispiel folgendes lesen:

»Wenn ich also zu der bei uns geläufigen Ansicht von der gesellschaftlichen und staatlichen Schädlichkeit der *Polygamie* Stellung nehmen soll, so muß ich bekennen, daß diese mir weit überschätzt zu werden scheint... Sie befördert den wünschenswerten Nachwuchs gerade tüchtiger Individuen, sie bildet (in Verbindung mit frühzeitigem Heiraten) einen wertvollen Damm gegen das Umsichgreifen der Geschlechtskrankheiten, macht den häßlichen, bei uns so verbreiteten Typus der alten Jungfer fast unmöglich, und erhöht das Wohlergehen des Mannes, also jenes Teiles der Menschheit, welcher in der Regel den Erwerb der Familie besorgt und den geistigen wie werklichen Fortschritt auf Erden betätigt, mithin also größere Förderung beanspruchen darf.

Um die ersten und oben aufgeworfenen Fragen also kurz und bündig zu beantworten, so sehe ich mich zu dem Bekenntnis gezwungen, daß die orientalische Gesellschaft von der gegenwärtigen Stellung der Frau *günstig* beeinflußt wird.

Kurz, ich komme notgedrungen zu dem Schlusse, daß die gesellschaftliche Stellung der orientalischen Frau durchaus angemessen ist, daß sie die Festigkeit des dortigen Familienlebens wesentlich mitbedingt und daß sie der bei uns unter *englisch-amerikanischem Einflusse* immer weiterschreitenden Überschätzung des Weibes unzweifelhaft vorzuziehen ist.

Ich bin mir wohl bewußt, mit meinen Anschauungen Wege zu gehen, die von denen der meisten Bearbeiter dieses Gegenstandes nicht unwesentlich abweichen und manchen Widerspruch erfahren werden. Doch kann ich nicht umhin, auszurufen: *Es gibt im Oriente eigentlich keine Frauenfrage, sondern eine Frauenantwort.* Die Frage ist dort längst gelöst, und zwar in dem Sinne, daß die Frau ins Haus gehört und unter dem Manne steht.«[38]

1916, bereits im Weltkrieg, bringt Elsa Marquardsen, besser

bekannt unter ihrem Geburtsnamen Elsa Sophia von Kamphövener, Verfasserin pseudo-türkischer Märchen, die widersprüchlichen Gefühle angesichts des aktuellen deutschen Orient-Engagements zum Ausdruck: »*Enttäuschung!* Das ist das Leitmotiv, das in tausend Varianten zurückklingt aus dem begeisterten Erfassen des Orientgedankens, aus dem gewaltsamen, stark gefühlsmäßigen Drange nach Verschmelzung okzidentaler Bestrebungen mit orientalischen... Enttäuschung, wohin der Kaufmann, der Forscher, der Politiker, der Soldat sich wendet... Und doch, die Hand des Türken fest zu fassen und zu halten ist der deutschen Schwertfaust würdig.«[39]

So weist die Diktion der deutschen »Orientkenner« um die Jahrhundertwende eine erfrischende Eindeutigkeit und Zielstrebigkeit auf: Gut konnte man sich die ehedem phantastisch verklärte islamische Welt nun als wirtschaftlichen »Beute-Orient« vorstellen, unzweideutig ausgedrückt in der durchaus rüden Sprache des 20. Jahrhunderts.

Der Ausgang des Ersten Weltkriegs hat diese Träume zerstört oder zunächst anderen überlassen. Was nicht bedeutet, daß hierzulande die »Imagérie vom Orient« heute und zukünftig nicht um weitere Varianten – Wunschvorstellungen oder Feindbilder – bereichert wird.

Reinhard Schulze

Muslimische Intellektuelle und die Moderne

Islamische Intellektuelle haben sich oft als die wahren »Modernisierer der Moderne« verstanden. Damit wollen sie ausdrücken, daß die Moderne keine Antithese zur islamischen Identität darstellen muß. Tatsächlich haben sozialgeschichtliche Untersuchungen zeigen können, daß die islamischen Gesellschaften über eine eigene Modernität verfügen, die in vielen Bereichen die Universalität der Moderne teilt, in anderen Bereichen aber auch spezifische Ausprägungen im Rahmen der islamischen kulturellen Traditionen hat. In diesem Beitrag sollen die intellektuellen Auseinandersetzungen um das »Projekt« Moderne in islamischen Kreisen erörtert werden. Es soll deutlich gemacht werden, daß in der innerislamischen Debatte um Moderne und Ursprünglichkeit (Authentizität) eine Vielfalt politischer Positionen und Weltsichten verborgen ist, die die Diskurse einer heterogenen islamischen zivilen Gesellschaft prägen. Der sogenannte »islamische Fundamentalismus« ist nur ein Teil dieser Auseinandersetzungen; er soll daher nicht als »Antwort auf eine Verwestlichung« gedeutet, sondern dem widersprüchlichen Charakter der Moderne selbst zugeordnet werden.

Zu den vielen allgemeinen Aussagen über die islamische Kultur gehört die Feststellung, daß die islamische, insbesondere die arabische Welt seit der Besetzung Ägyptens durch Napoleon Bonaparte 1798 in eine kulturelle Abhängigkeit vom Westen geraten sei. Das Hauptmerkmal der Abhängigkeit sei, daß die arabische Welt fortgesetzt politische Begriffe, philosophische Konzepte und wissenschaftliche Ideen aus Europa entliehen habe.[1] Diese Grundsatzaussage hat schwerwiegende Konsequenzen für die Interpretationen der zeitgenössischen islamischen Welt. Denn jedwede kulturelle, politische oder soziale Erscheinung, welche die islamische Welt mit dem

Westen teilt, wird sowohl von Okzidentalen wie von Orientalen als Fremdkörper interpretiert, der Ausdruck eines langwierigen Prozesses der Verwestlichung sei. Das Konzept der Verwestlichung ist so in hohem Maße politisch. Es erlaubt, alle Attribute der Moderne als europäisch zu definieren und Europa beziehungsweise den Westen als Schöpfer der Moderne zu beschreiben. Der nichteuropäischen Welt, und hier insbesondere der islamischen Welt, bleibt nur die Rolle eines Erleiders übrig, der von der Moderne des Westens infiziert worden sei und nun mit der Moderne nicht mehr fertig werde.[2]

Modernität wird folglich nicht als Eigentümlichkeit der islamischen Gesellschaften verstanden. Zwar wird sie als Bestandteil eines universellen zivilisatorischen Prozesses gesehen; die Identifizierung Europas mit dem »Projekt der Moderne« aber verhindert eine gleichberechtigte Zuordnung der Moderne zu islamischen Kulturen.[3] Den nahöstlichen Gesellschaften bleibt so nichts als die nachrangige Modernisierung, also eine auf den Westen ausgerichtete, politisch bewußt durchgeführte kulturelle und soziale Umstrukturierung, die den Verlust eigener kultureller Identitäten fast zwangsläufig zur Folge hat.

Die europäische Herrschaft über die Moderne macht es auch muslimischen Intellektuellen schwer, ihre eigene Zivilisation anders zu interpretieren als aus dieser europäischen Sicht. Das europäische Primat der Moderne fordert so islamische Intellektuelle heraus, entweder ihre Übernahme des Projekts Moderne zu rechtfertigen oder eben diese Übernahme vehement zu kritisieren. Sie scheinen nachgerade dazu sozial determiniert, da doch, so die gängige Theorie, die Intellektuellen als Gruppe selbst wieder ein Produkt der Großen Entlehnung aus Europa seien und mithin »europäisch«, also im Gegensatz zur eigenen Kultur denken müßten.[4]

Diese beiden Rezeptionsmöglichkeiten der europäischen Moderne finden sich im Konflikt zweier intellektueller Lager wieder, der seit etwa zehn Jahren mit aller Schärfe ausgetragen wird: Das eine Lager bestimmen die muslimischen Intellektuellen, die sich als Sachwalter der Moderne *(hadata / mu'asara)* verstehen.[5] Sie akzeptieren die Moderne als universelle Kultur, an der auch die islamischen Gesellschaften teilhaben sollten; die europäische Identität der Moderne wird aber nicht in Frage gestellt. Sie erweitern die napoleonische Besetzung Ägyptens zu einem Bruch, der jede Neubegründung der islamischen Kultur im Islam selbst auf immer verhindert habe. Bereitwillig greifen sie die zeitgenössische Debatte um die Postmoderne *(ma bada l-hadata)* auf, da sie darin ein gemeinsames Anliegen aller Intellektuellen und aller modernen Kulturen sehen.[6] In dieser vor allem in Nordafrika schon länger populären Debatte[7] meinen sie einen Ausweg aus dem Dilemma zu sehen, das durch die Negation der eigenen Geschichte und der anrüchigen positiven Beurteilung der westlichen Moderne bestehe.

Das andere Lager teilen sich die Vertreter der Authentizität *(asala)*, die eine Modernitätskritik allein aus der Fundamentalbegründung der islamischen Geschichte herleiten wollen.[8] Sie sehen in den historisch idealisierten »Fundamenten« der islamischen Zivilisation – und nicht notwendigerweise der islamischen Religion – den Bezugspunkt für eine Kollektividentität[9], die radikal gedacht als Negation der Moderne wirken soll. Ziel eines kulturellen Emanzipationsprozesses sei die Wiedererlangung der kulturellen Autonomie vom Westen und die Zurückweisung der Moderne auf Europa. Europa solle – so könnte man die Position dieses Lagers umschreiben – selbst für die Entsorgung der Moderne verantwortlich sein. Die Debatte um die Postmoderne wird konsequent als eine europäische Debatte um die gescheiterte Moderne verstanden. Hier treffen sich islamische Intellektuelle des authentizistischen Lagers mit manchen neokonservativen Kritikern der Moderne in Europa: Beide Seiten betrachten sich als Teil einer postmodernen Kritik an der Moderne.

Die Auseinandersetzung um Moderne und Authentizität wird mit spitzer Feder geführt; politisch ist sie bislang nur kaum wirksam geworden. Auf verschiedenen Schriftstellerkongressen und sogenannten Konferenzen über das islamische Denken prallten beide Lager aufeinander.[10]

Kritik an der Tradition

Der Diskurs über die Moderne stärkte zwei Axiome, die auch im Westen als Grundaussagen über die islamische Welt angesehen werden. Das erste Axiom besagt, daß die Moderne außerhalb Europas beziehungsweise des Westens immer nur als eine Brüche und Verwerfungen verursachende Modernisierung der Tradition verstanden werden kann. Der kulturelle Bruch zwischen Tradition und Moderne sei folglich ein von Europa induzierter Prozeß gewesen. Das zweite Axiom ist der Baustein für die Beurteilung der islamischen Tradition selbst. Es besagt, daß die islamische Tradition nichts anderes sei als der Islam selbst, der in der islamischen Frühzeit, also etwa zwischen 610 und 850 Wirklichkeit geworden sei. In dieser Zeit seien die Fundamente der islamischen Zivilisation gelegt worden, die je nach politischem Standort positiv oder negativ bewertet werden. Beide Axiome konstruieren folglich ein polares Gefüge, das Kritikern wie Apologeten des einen oder anderen Lagers gemein ist. Lediglich die Wertbesetzung ist unterschiedlich.[11]

Diese Konstruktion der islamischen Geschichte reicht bis in die vierziger und fünfziger Jahre des 19. Jahrhunderts. Seitdem hat sich der Diskurs über Moderne und Authentizität so stark verfestigt, daß die Erzählungen über den Ursprung beider Positionen, also bezüglich der europäischen kulturellen Lehensherrschaft über den Orient und die Determinierung des Islams aus der Frühzeit, zur historischen Wahrheit geworden sind. Die seit Jahrzehnten sowohl in akademischen wie in publizistischen Kreisen geführte Auseinandersetzung um diese Axiome haben zu deren faktischer Bewahrheitung geführt. Sie strukturieren die zeitgenössischen kulturellen und politischen Auseinandersetzungen genauso wie die westliche Sicht der islamischen Gesellschaften. Der Diskurs über den Islam und die Moderne hat so eine historische Wahrheit geschaffen, an der kaum noch jemand zweifelt, eben weil sie zur Zeit sehr zweckdienlich ist. Kaum jemand stellt etwa den Tatbestand der kulturellen Lehensabhängigkeit des Orients vom Okzident in

Frage. Die Geschichte islamischer Gesellschaften im 19. Jahrhundert wird nur noch in Ausnahmefällen an die des 18. Jahrhunderts angebunden, sondern nur noch als Ergebnis der europäischen Intervention gewertet.[12] Und kaum jemand fragt sich, wie denn die napoleonische Expedition nach Ägypten zum Symbol und zum Faktor eines epistemischen Bruchs geraten konnte, der die islamische Welt heute in zwei Lager teilt.

Islamische Intellektuelle[13] im engeren Sinne, also diejenigen, die in einem islamischen politischen Kontext wirken, haben sich schon recht früh darum bemüht, zwischen Authentizität und Moderne zu vermitteln. Die Vermittlung gründete auf einer einfachen Annahme: Der Islam sei die eigentliche Moderne. Oder überspitzt gesagt: Der Islam vollende die Moderne. Eine solche Phrase mag zunächst paradox erscheinen, meinen doch gerade die Kritiker der islamischen Politik, daß der Islam unvereinbar mit der Moderne sei. Hinter dieser Phrase aber verbirgt sich eine sehr islamische Denktradition, die das Fundament des islamischen Selbstverständnisses berührt. Schon koranisch wird der Islam als Vollstrecker eines historischen Prozesses verstanden: »Heute habe ich euch eure Religion vervollständigt« heißt es in einem Vers[14], der gemeinhin als die letzte Offenbarung an den Propheten Muhammad angesehen wird. Darin wird die historische Mission des Islams deutlich: Im Islam sollen sich alle anderen Religionen auflösen, da der Islam den definitiven Abschluß der göttlichen Offenbarung bedeute. Der Islam hebt somit jede andere Religion auf, er ist Religion an sich.

Diese Eigentümlichkeit teilt der Islam natürlich mit jeder anderen Offenbarungsreligion, die sich ja immer als die letzte der Religionen versteht. Der Islam, der die jüngste und radikalste Offenbarungsreligion darstellt, akzentuiert diesen Anspruch besonders: Er versteht andere Religionen nicht als falsche Religionen, sondern nur als Verfälschungen der göttlichen Offenbarung. Er negiert frühere Religionen nicht, sondern löst sie in sich selbst auf.

Diese Sicht wurde in den letzten Jahrzehnten auch auf neue Formen islamischer Identität bezogen.

Seit dem 18. Jahrhundert sind auch die islamischen Kulturen einem starken Ideologisierungsprozeß unterworfen, der zu einer tiefgreifenden Veränderung des Verständnisses vom Islam geführt hat. Als Ideologie – und das ist die grundsätzliche Gemeinsamkeit aller islamischen Politik – konkurriert der Islam nicht mehr mit Religionen, sondern mit Ideologien, also zum Beispiel mit dem bürgerlichen Liberalismus oder mit sozialistischen und kommunistischen Ideologien. So wie schon früher die religiöse Konkurrenz Islam – Christentum – Judentum als ein hierarchisches System von göttlicher Offenbarung, die im Islam ihren Abschluß gefunden habe, gedeutet wurde, verstehen die meisten islamischen Intellektuellen den Islam als Abschluß eines ideologischen Prozesses, der in Europa nur unvollständig durchgeführt worden sei. Der Islam vervollständige die Ideologien und mache sie überflüssig. Das heißt aber auch, daß der Islam (als Ideologie) andere Ideologien nicht negiert, sondern in sich aufnimmt: Der Islam wird zur Ideologie an sich.

Mit dem Niedergang der ideologischen Weltsichten in den achtziger Jahren gaben auch islamische Intellektuelle den Anspruch auf, die islamische Ideologie als Vervollkommnung aller Ideologien überhaupt zu propagieren. In Analogie zur generalisierenden Debatte um die Moderne schufen sie eine neue Konkurrenzebene: Islam und Moderne stünden sich jetzt so gegenüber wie früher Islam und Sozialismus oder vordem Islam und Christentum. Und wieder wird die Moderne nicht als Negation des Islams gesehen, sondern als dessen Vorläufer. Alles Nichtislamische sei notwendig modern, alles wahrhaft Islamische hingegen vervollkommne die Moderne. Islam und Moderne bildeten mithin keine Antithese, sondern nur eine historische Kette: Die Moderne werde zwangsläufig im Islam münden.[15]

Eine solche Sicht verlangt, daß der Diskurs über den Islam an den über die Moderne angeglichen wird. Folglich wird der Islam ebenso generalisiert wie das Konzept der Moderne. Das religiöse wie das neuere ideologische Moment des Islams treten in den Hintergrund zugunsten eines universalistischen Verständnisses, das den Islam zum Zivilisationsprojekt machen soll.

Die Zuordnung des Islams zur Moderne ist keineswegs homogen. So wird die Rolle der Religion in der Moderne sehr unterschiedlich bewertet. Viele islamische Intellektuelle sehen die Gefahr, daß der Islam als Religion hinter dem Zivilisationsanspruch zurücktrete und so für die breitere Bevölkerung nicht mehr zugänglich werde. Durch eine Überbetonung des Zivilisationsgedankens *(tamaddun islami)* werde eine Bresche zwischen dem Bedürfnis nach Religiosität in der Bevölkerung und dem elitären Denken der Intellektuellen geschaffen. Die kulturellen Eliten müßten weiterhin auch als Anwälte der Religion auftreten, so der bekannte indische Gelehrte Abu l-Hasan Ali an-Nadwi. Religion sei immer eine Privatsache zwischen Mensch und Gott, die durch die Gelehrten beschützt werden müsse. Durch eine Überspitzung des Zivilisationsgedankens werde die private Religiosität des Muslims vergesellschaftet und damit aufgehoben.

Radikale Verfechter des Zivilisationsgedankens – hier seien als Beispiele der 1977 verstorbene iranische Soziologe Ali Schari'ati und der ägyptische Philosoph Hasan Hanafi genannt – kritisieren aus einer geschichtsphilosophischen Sicht die Wertigkeit des Religiösen als eigenständigen Sinn des Islams. Dies würde, so etwa Schari'ati, dem islamischen Konzept der absoluten Einheit alles Seienden zuwiderlaufen. Den Islam radikal als Einheit zu denken verlange, auf eine Unterscheidung zwischen Religion und Zivilisation zu verzichten. Der Islam sei der Wille der Geschichte zur Vervollkommnung des Menschen in der Gesellschaft. Mit der islamischen Vervollkommnung ende die Geschichte. In diesem endgültigen Zustand sei die Trennung zwischen dem Göttlichen und dem Irdischen aufgehoben, und Gott werde sich in der Gesellschaft selbst manifestieren.

Islamische Kultur in der zivilen Gesellschaft

Diese spezifische teleologische Bestimmung des Islams wird nur von wenigen islamischen Intellektuellen kritiklos geteilt. Allgemein wird die Gefahr gesehen, daß eine solche hegelianische Interpretation der islamischen Moderne in den islamischen Gesellschaften nicht rezipiert werden könne, da sie zu elitär sei und zu wenig die realen Diskurse über den Islam berücksichtige. Um Öffentlichkeit und damit Einfluß zu erlangen, sei es notwendig, die Art des Sprechens über den Islam an die gesellschaftlichen Kulturen anzupassen. Der islamische Diskurs wiederum sei durch die politischen Gegebenheiten bestimmt; um also Einfluß auf die Politik nehmen zu können, sei es notwendig, die gängigen Weisen, über den Islam zu sprechen, zu akzeptieren. Diese pragmatische Lösung ist heute sicherlich auch die prominenteste. Mit ihr wird die Tatsache akzeptiert, daß in der politischen Öffentlichkeit heute diejenigen das Sagen haben, die in populistischer Weise ideologische Kategorien propagieren, die den Islam zu einer alles umfassenden Lösung machen sollen. Unter der Parole »Der Islam ist die Lösung« *(al-Islam huwa al-hall)* können Kategorien ausformuliert werden, welche die Bewahrheitung der gesellschaftlichen Entwicklung bestimmen. Zu diesen Kategorien zählen unter anderem:

- die symbolische Verwendung des Begriffs *schari'a* (islamisches Recht),
- die Bewahrheitung des gesellschaftlichen Ideals durch den Verweis auf die islamische Frühzeit,
- die Konstruktion des Korans wie der »reinen muhammadanischen Prophetentradition« *(as-sunna al-nabawiya al-muhammadiya al-mutahhara)* als außerzeitliche textlich verbürgte Wahrheit,
- die Wertigkeit des Religiösen allein dann, wenn sie in der Öffentlichkeit praktiziert wird, wenn Religion also politisch ist.

Durch die rhetorische Verzahnung solcher Kategorien entsteht ein neues sinnstiftendes Konzept »Islam«, das sich kulturell den Bedingungen in bestimmten Teilen der nahöstlichen Gesellschaften eingepaßt hat. Der Islam bleibt auch hier eine Kultur, die ein Netzwerk sozialer Beziehungen bestimmt, das wiederum über Kommunikation vermittelt wird und über das in gewissem Umfang Einigkeit besteht. Das Netzwerk, das ein solcher Islam ausdrückt, verbindet jene gesellschaftlichen Gruppen, denen in den letzten Jahrzehnten jede Partizipation an gesellschaftlichen Entscheidungsprozessen vorenthalten wurde. Unter der Herrschaft von Einparteienregimes und Militärdiktaturen, die nicht von ungefähr einen großen bürokratischen Apparat aufgebaut hatten, waren große Teile der Bevölkerung zwar funktional in den Staat integriert, nicht aber sozial oder kulturell. Die Menschen, die in den Bürokratien arbeiteten, konnten in keiner Weise eine ihrer funktionalen Stellung entsprechende soziale Stellung erringen. Was blieb, war ihre eigene Traditionslosigkeit, die ihr Leben in den funktionalen Betonghettos kennzeichnete. Ohne jede kulturelle oder soziale Infrastruktur ausgestattet, lebten sie getrennt von jedem Entscheidungsprozeß.

Es war daher ein Merkmal aller islamischen Bewegungen, die funktionale Bestimmung des Menschen durch eine entsprechende politische Hoheit ergänzen zu wollen. Die soziale Realität verlangte, ideologisch die Tatsache zu berücksichtigen, daß dem funktionalen Dasein in den Verwaltungen, Schulen und Universitäten ein neuer symbolischer Sinn zugeordnet werden muß. Dieser kann gerade dadurch erlangt werden, daß sich die Betroffenen selbst den funktionalen Zusammenhang ihrer Lebenswelt aneignen und kulturell auszudrücken versuchen. Aus der Schule soll so eine islamische Schule, aus der Universität eine islamische Universität werden. Das Attribut »islamisch« drückt den Anspruch auf Aneignung deutlich aus. Denn die reale staatliche Hoheit über den Ausbildungssektor wird als anonym verstanden; bekannt dagegen scheint die tradierte islamische Symbolik, die nun funktional eingesetzt wird. Durch die Islamisierung des sozialen Netzwerks wird eine neue Kommunikation hergestellt, die sehr symbolisch erscheint. Hierzu gehören sowohl die neue islamische Kleidung wie eine spezifische islamische Sprache und die öffentlichen Bekundungen der kollektiven Zugehörigkeit zum Netzwerk, das als Gemeinschaft *(dschama'a)* gesehen wird. Wichtig ist hierbei der Konsens, der unter den Mitgliedern der Gemeinschaft erzielt wird. Er beschränkt sich meist auf einige wenige Kategorien, deren intellektuelle Interpretation eben schon angesprochen worden ist.

Zur Geschichte islamischer Politik

Islamische Politik im weitesten Sinn des Wortes hat so deutlich einen zivilen Charakter. Sie ist der Protest gegen ein funktionales Dasein und fordert Partizipation oder, noch radikaler, die herrschaftliche Hoheit über den Staat, der das funktionale Dasein bestimmt. Es geht also um die Wiederaneignung von Souveränität und Geschichte durch islamische Citoyens, die damit die politische Trennung von Gesellschaft und Staat aufheben wollen. Daher betonen fast alle islamischen Intellektuellen das Konzept der Souveränität *(hakimiya)*[16], die den Citoyens zurückgegeben werden solle. Die Legitimität zur Souveränität erreichen sie durch den Verweis der *hakimiya* auf Gott, der seinerseits den Bürger als seinen Stellvertreter *(halifa)* eingesetzt habe. Theoretisch wird der Unterschied zwischen Gott als Souverän und den Bürgern als dessen Stellvertretern bei den meisten islamischen Intellektuellen strikt eingehalten. Gemeint ist sicherlich zuvorderst die Aufwertung des Bürgers gegenüber dem Staat, legitimiert durch die Aneignung des historischen islamischen Willens, der den Menschen zur politischen Führung bestimmt habe.

Innerhalb der islamischen politischen Öffentlichkeit hat sich bislang kein allgemeiner Konsens über die Frage herausgebildet, wie die Souveränität beschaffen sei und welche Folgen hieraus für die gesellschaftliche und staatliche Ordnung abzuleiten seien. Die Debatte um die islamische Souveränität hatte schon im 18. Jahrhundert die islamischen Bürger bewegt. Sie leiteten die hoheitlichen Rechte des Menschen aus den Grundidentitäten Gottes als »Schöpfer« (Legislative), Herrscher (Exekutive) und Richter (Judikative) ab und definierten eine analoge Identität des Menschen.[17] Offen blieb, wie die herrschaftliche Gewalt in der Gesellschaft zu verteilen sei. Im 19. Jahrhundert betonten islamische Intellektuelle das Prinzip der Gewaltenteilung, auch wenn einzelne Gelehrte wie der bekannte ägyptische Autor Rifa'a Rafi' al-Tahtawi (gestorben 1873) die Gewaltenteilung dem aufgeklärten Absolutismus unterordnen wollten.[18]

Nach 1870 schuf die koloniale Situation in den meisten islamischen Ländern völlig neue Verhältnisse: Viele islamische Bürger fühlten sich von »ihrem« Staat kulturell getrennt. Zunächst in Teilbereichen der Herrschaft wie etwa im Recht oder in der Erziehung versuchten sie, Hoheit zurückzuerlangen oder bestehende Hoheit zu verteidigen. Nach 1900 konstruierten sie einen islamischen Makrokosmos, in dem sie ihre bürgerliche Identität gegenüber den kolonialen Staaten aufrechtzuerhalten suchten. Hier, im virtuellen Raum des Islams, fanden sie die Möglichkeit, ihre bürgerliche Identität zu artikulieren, auch wenn die Einflußnahme auf reale staatliche Herrschaft gering war. Ein Merkmal dieses Makrokosmos war der Bezug auf die Gesamtheit der islamischen Gemeinde *(umma)*, welche die islamischen Intellektuellen politisch vertreten wollten. Hier konnten sie die Souveränität ausüben, die ihnen in den kolonialen Staaten vorenthalten war.

Der islamische Makrokosmos, der in der sogenannten islamischen Kongreßbewegung bewahrheitet wurde[19], war ganz entsprechend der bürgerlichen Tradition der Gewaltenteilung konstruiert: die Versammlungen als Ort der (moralischen) Gesetzgebung, die lokalen Vertretungen als Organe einer Exekutive und das islamische Gelehrtentum als Judikative. Als in den zwanziger und dreißiger Jahren islamische Gruppen außerhalb der Kongreßbewegung politisch aktiv wurden (seit etwa 1928 die ägyptischen Muslimbrüder), waren islamische

Intellektuelle gezwungen, innerhalb der realen Staaten politische Positionen zu beziehen, die den Prozeß des Auseinanderdriftens von Staat und Gesellschaft ausdrücken konnten. Je fortgeschrittener dieser Prozeß war, desto radikaler wurde die politische und kulturelle Reintegration gefordert. Die Radikalität bestimmte schließlich, ob das bürgerliche Prinzip der Gewaltenteilung noch aufrechtzuerhalten war. In den dreißiger Jahren konnten populistische Programme, die die Aufhebung der Gewaltenteilung zugunsten eines islamischen Führerstaates forderten, weit mehr Anhänger mobilisieren als bürgerlich-demokratische Programme. In diesen islamischen Formen des Faschismus wurde der Islam zu einer Erlösungsideologie, zu einer »Bewegung« *(haraka)*, die den einzelnen Parteigängern Macht, Herrschaft und Gewalt versprach. Die theoretischen Grundlagen der islamischen Rechten waren – wie nicht anders zu erwarten – von geringem Niveau. Intellektuelle Debatten waren nicht gefragt, sondern Aktion und Propaganda. Erst nach dem Zweiten Weltkrieg fand die islamische Debatte um Staat, Gesellschaft und Herrschaft zu dem Niveau zurück, das zu Beginn des 20. Jahrhunderts geherrscht hatte. Das Scheitern des islamischen Populismus der Rechten erlaubte islamischen Intellektuellen, erneut die Frage der Herrschaft aufzugreifen. Allmählich wurde ein breites Spektrum politischer Positionen entworfen, das von anarchistischen Aktionsprogrammen über sozialistische Interpretationen und bürgerliche Konzepte bis zu rechtsradikalen und rassistischen Ideologien reichte.

Eine islamische Citoyenneté

Zu Beginn der siebziger Jahre gelang den islamischen Gruppen der große Durchbruch. Immer deutlicher profilierten sie sich als die einzigen wirklichen politischen Vertreter der zivilen Gesellschaft und konnten nach und nach andere ideologische Richtungen in sich aufnehmen. Unter anderem gestützt auf saudi-arabisches Ölgeld schufen sie sich eine eigene journalistische Öffentlichkeit, welche die Profilierung darüber hinaus vorantrieb. Der zivile Protest richtete sich weiterhin gegen die Trennung von Staat und Gesellschaft, die symbolisch in der Formel »Trennung von Religion und Staat« aufgegriffen wurde. Der Anspruch der zivilen Gesellschaft auf Integration in den Staat fand eine ebenso symbolische Entsprechung in der beliebten Floskel »Islam ist Religion und Staat« *(al-Islam din wa-daula)*.[20] Religion *(din)* steht hier für den Souveränitätsanspruch der islamischen Citoyens, der aus der islamischen Dogmatik selbst abgeleitet wird. Ein solcher Religionsbegriff steht den amerikanischen Konzepten einer »Zivilreligion«[21] recht nah.

Der Rekurs auf das Religionssymbol hatte zwei schwerwiegende Folgen für die islamischen Citoyens gehabt: Zum einen verhinderte er eine kritische Anerkennung der zivilen Gesellschaften in nahöstlichen Staaten durch westliche Betrachter, die eine bürgerliche Opposition innerhalb islamischer Kulturen aus eingangs genannten Gründen nicht für möglich hielten. Die Nichtanerkennung der islamischen Citoyenneté durch den Westen als Avantgarde einer jeden Citoyenneté führte dazu, daß islamische Intellektuelle sich immer deutlicher gegen die internationale Souveränität des Westens aussprachen und für eine kulturelle Trennung vom Westen plädierten.

Zum anderen wurde durch den Rekurs auf die Religion ein neuer religiöser Diskurs des Islams geschaffen, der die Religion tatsächlich zum bestimmenden ideologischen Inhalt machte. Der islamische Glaube wurde zum Bestandteil des politischen Programms, obwohl sich Glauben und bürgerliche Rationalität gegenseitig auszuschließen scheinen. Der neue religiöse Diskurs rekonstruierte den Islam als Religion, gleichwohl jetzt Religion etwas völlig anderes bedeutete als noch zum Beispiel vor dreihundert Jahren. Jetzt dominierte der politische Vollzug der Religion. Der symbolische Rahmen der Religion, selbst ihr transzendentaler Bezug unterlagen dem Interesse der Bürger, die Abtrennung vom Staat aufzuheben. Die Macht des

Wortes Religion erwies sich nun als Hindernis in zweifacher Hinsicht: Zum einen untergrub er die Anerkennung durch den »nichtreligiösen« Westen, zum anderen erlagen islamische Gruppen der Macht der Religion selbst. Da Religion als unabänderliche Tatsache der islamischen Citoyenneté angesehen wurde, trat die Möglichkeit der Religionskritik in den Hintergrund. Kritik als wichtigste Konstante intellektuellen Daseins wurde einer wichtigen Selbstbeschränkung unterworfen. Dadurch spaltete sich islamische Politik wieder in zwei Bereiche auf: in den der Gesellschaftlichkeit, die der eingehenden Kritik unterzogen werden sollte, und in den der Religion, deren unabänderlicher Charakter festgeschrieben wurde. Zu der religiösen Identität gehörte jetzt auch wieder die idealistische Vorstellung, daß islamische Politik als Vollstrecker der Geschichte zu wirken habe.

Das Fehlen der Religionskritik führt zwangsläufig zu einer Beschränkung der Wirkungskraft der islamischen Citoyenneté.[22] So verwundert es nicht, daß im Rahmen der Debatte um Moderne und Authentizität auch die Frage der Religionskritik neu gestellt wurde. Islamische Intellektuelle wie der Marokkaner Muhammad Abid al-Gabiri oder der in Frankreich lehrende Islamwissenschaftler algerisch-berberischer Herkunft Muhammad Arkoun vollzogen die Neubewertung der Religion im Rahmen der französischen Debatte um die Postmoderne nach und verlangten, von der anachronistischen Religionskritik der Aufklärungstradition Abstand zu nehmen und Religion als kulturellen Diskurs völlig neu zu bewerten.[23] Hier paßte sich die Diskussion um den Islam als Religion wieder der neuen Kritik der Moderne an.

Die Mannigfaltigkeit der politischen, philosophischen und religionsgeschichtlichen Kritiken islamischer Intellektueller an dem Zustand der zeitgenössischen islamischen Citoyenneté ist beeindruckend. Es ist aber gleichzeitig bedrückend zu sehen, daß diese Kritik kaum Eingang in die wirklichen politischen Auseinandersetzungen findet. Die islamische Öffentlichkeit wird mehr denn je von solchen politischen Gruppen beherrscht, die kein Interesse an einer Kritik der islamischen bürgerlichen Identität haben, da sie jede Kritik als Machteinbuße interpretieren müssen. Die von diesen islamischen Gruppen konstituierte Öffentlichkeit ist nicht nur finanziell von potenten Staaten wie Saudi-Arabien oder Iran abhängig und daher zensuranfällig, sondern übt einen bestimmenden Einfluß auf den islamischen Diskurs aus. Der Islam erscheint hier flach, intellektuell niveaulos und dogmatisiert. Die Stärke einer solchen Öffentlichkeit rührt auch von der Tatsache her, daß die Nichtanerkennung der islamischen Citoyenneté durch die westliche Öffentlichkeit die Selbstaffirmation islamischer Intellektueller bestärkt hat, die oft darin mündet, daß jede nominelle Analogie zum Westen ausgemerzt werden müsse, seien es Demokratie, Menschenrechte, Gewaltenteilung oder die Moderne selbst. Das Scheitern westlicher Politik und westlicher Anerkennungsbereitschaft hatte einen Höhepunkt im zweiten Golfkrieg erreicht, als islamische Intellektuelle scharenweise zu populistischen islamischen Positionen überwechselten und dabei sogar auf Grundbausteine ihrer eigenen intellektuellen Identität wie Kritik und Ethik verzichteten.

Ob sich islamische Intellektuelle wieder als kritische gesellschaftliche Instanz durchzusetzen vermögen, hängt auch in starkem Maße davon ab, in welchem Umfang eine islamische Citoyenneté, die sich in völlig heterogenen islamischen Bürgerbewegungen darstellt, vom Westen auch publizistisch anerkannt wird. Die Pauschalisierung der islamischen intellektuellen Kultur als »Fundamentalismus« oder ihre Identifizierung mit anachronistischen Bezügen zum Frühislam durch den Westen dagegen drohen die Unabhängigkeit der intellektuellen Kritik in islamischen Gesellschaften zu ersticken.

Azmi Bishara

Religion und Politik im Nahen und Mittleren Osten

Die westliche Wahrnehmung islamisch geprägter Gesellschaften lebt von Schematisierung. Komplizierte soziale Phänomene – wie die politische Religiosität – werden mit einfachen Etiketten bedacht (»Fundamentalismus«) und brauchen dann nicht mehr untersucht zu werden. Gängige Formeln – etwa: »Politik und Religion sind im Islam identisch« – werden kritiklos ständig wiederholt, ohne sie im sozialen und historischen Kontext zu interpretieren. Überhaupt wird über den Islam und den islamischen »Fundamentalismus« fast ausschließlich geistes- und religionsgeschichtlich gesprochen. Damit werden sie aus realhistorischen Zusammenhängen herausgelöst und enthistorisiert, zugleich aus ihren gesellschaftlichen Bezügen und Existenzbedingungen gelöst und damit ideologisiert.

Es soll in diesem Beitrag nicht darum gehen, die einzelnen Elemente des westlichen Feindbildes vom Islam zu identifizieren, sondern vielmehr darum, bestimmte Argumentationsmuster einer kritischen Würdigung zu unterziehen. Dabei werden die Entstehungs- und Existenzbedingungen von »Fundamentalismus« – des politischen Islams – und allgemein das Verhältnis von Religion und Politik im Nahen Osten im Mittelpunkt stehen. Zuerst werde ich eher theoretisch vorgehen, im zweiten Teil stärker den gesellschaftlichen Kontext betonen.

Das Konzept des Fundamentalismus hat seine historische Wurzel in einer Gruppe protestantischer Kirchen, die in den Vereinigten Staaten der zwanziger Jahre gegründet wurden. Chiliastische Bewegungen, die dort in den dreißiger Jahren des 19. Jahrhunderts entstanden, bilden deren historischen Hintergrund. Die »Encyclopedia Britannica« beschreibt diese Sekten als »eine bunte Gruppe theologisch konservativer Gemeinden, die die völlige und wörtliche Inspiration durch die Heilige

Schrift als auch ihre absolute Autorität in Sachen Glaube und Tat betonen. Sie predigen, daß es allein durch radikale Bekehrung und Verpflichtung zu Jesus, dem Erlöser, möglich sei, das ewige Leben zu erreichen.«

Dieser Begriff des »Fundamentalismus« veränderte mehrmals seine Bedeutung. Schließlich wurde er zur populären Bezeichnung für alle religiösen Bewegungen, die eine Rückkehr zu fundamentalen Prinzipien ihrer jeweiligen Religion suchen. Außerdem wird der Fundamentalismusbegriff oft benutzt, um politisch-religiöse Bewegungen zu bezeichnen, die ihr Land nach religiösen Vorstellungen regieren möchten. Hier ist nicht der Ort, die umgangssprachlichen und wissenschaftlichen Verwendungen des Begriffes zu untersuchen. Aber es kann kein Zweifel daran bestehen, daß er inzwischen als Erklärung für derartig viele Phänomene dient, daß er gar nichts mehr erklärt – vor allem da es sich um Phänomene in verschiedenen Gesellschaften mit ganz verschiedenen historischen Hintergründen handelt.

In einer Aufsatzsammlung mit dem Titel »Fundamentalismus in der modernen Welt« stellt der Herausgeber, Thomas Meyer, die Konzepte von Fundamentalismus und Aufklärung gegenüber und definiert den Fundamentalismus als Ablehnung von Aufklärung und Modernisierung.[1] Er unterscheidet zwischen vier Arten des Fundamentalismus und schließt einen »wissenschaftlichen Fundamentalismus« ein. Weiter ist er der Meinung, daß Fundamentalismus und die Furcht vor der Modernisierung universale Phänomene seien. Auf diese Weise wird der »Fundamentalismus« zweifellos zu einem Sammelbegriff für sehr verschiedene Phänomene wie Romantizismus, politische Religiosität, religiöser Konservatismus, religiös gefärbte Politik etc. Ein anderer Autor teilt die ganze Welt in einen »aufgeklärten« und in einen »fundamentalistischen« Teil ein. Die islamischen Nationen wären danach fundamentalistisch.[2]

Demgegenüber will ich folgende Erscheinungen deutlich voneinander trennen:

- Politik, die sich religiöser Begriffe oder Mythen zu politischen Zwecken bedient, also religiös verbrämte Politik;

- religiösen Konservativismus, der sozial oft von einem religiösen Establishment getragen wird;
- Volksreligion oder Volksreligiosität, die man auch als Alltagsreligiosität bezeichnen könnte und die weitgehend unabhängig von politischen oder theologischen Debatten existiert; und
- politische Religiosität, die in gewissem Sinne die Umkehrung der religiös gefärbten Politik ist.

Nur in bezug auf diesen letzten Punkt, den der *politischen Religiosität*, würde die Verwendung des Fundamentalismusbegriffs überhaupt Sinn machen.

Im Gegensatz zur vorherrschenden Tendenz meine ich, daß politische Religiosität bzw. politisch-religiöse Bewegungen zweifellos *moderne* Bewegungen sind. Sie sollten nicht nur als Reaktion oder Antwort auf »die Moderne« (die selbst nicht so klar definiert ist) gesehen werden, sondern auch als ein kulturelles und soziales Phänomen, das selbst »modern« ist. Außerdem sollte politische Religiosität nicht mit einem Romantizismus verwechselt werden, der die Wiederherstellung der verlorenen Harmonie zwischen dem Individuum und dem Kollektiv oder zwischen dem Kollektiv und der Natur anstrebt, einer Harmonie, die durch den Individualisierungsprozeß, durch kapitalistische Industrialisierung und andere Faktoren für immer zerstört wurde.

Politische Religiosität sollte nicht mit Volksreligion, Volks- oder Alltagsreligiosität verwechselt werden, auch nicht im Kontext islamisch geprägter Länder. Beide über einen Kamm zu scheren verwischt nicht nur deren Unterschiede, sondern behindert auch die Analyse all dessen, was interessant und eigenartig an ihrem Zusammentreffen ist. Mit anderen Worten: Die historischen und sozialen Bedingungen sollten von Interesse sein, die das Zusammentreffen von politischer Religiosität – einem normalerweise doktrinären, elitären Phänomen – und Volksreligion herbeiführen. Ein solches Zusammentreffen kann die politische Stabilität in Ländern, die sich in einem Modernisierungsprozeß befinden, gefährden. Das ist aber nicht unvermeidlich, im Gegenteil. In der Regel besteht ein Antagonismus zwischen den elitären politisch-religiösen Bewegungen und dem Alltagsglauben der einfachen Menschen. Die Aussage des Gründers der Moslembruderschaft in Ägypten, Hassan al-Banna, kann nur in diesem Kontext verstanden werden: »Unsere Aufgabe ist tatsächlich nichts anderes als eine Offensive gegen weitverbreitete Sitten und die Überwindung traditioneller Bräuche.«[3]

Die häufig zu beobachtende Tendenz, unterschiedliche Phänomene zu verwechseln oder begrifflich zusammenzufassen, entsteht aus dem Wunsch nach einfachen Lösungen. Sie trübt den Blick und führt dazu, daß diejenigen historischen, sozialen und politischen Prozesse nicht verstanden werden können, die im Zusammenhang mit dem stehen, was oft »islamischer Fundamentalismus« genannt wird. Nicht selten gewinnt man sogar den Eindruck, daß manche Autoren einem Verständnis dieser Prozesse ausweichen.

Für den an der Sache Interessierten nicht weniger fatal ist der ahistorische Ansatz, der in vielen Beschreibungen des »politischen Islams« in halbjournalistischen Büchern gepflegt wird. Dieser Ansatz lenkt die Aufmerksamkeit auf die »Geschichte« – oft in der Form, viele Geschichten zu erzählen –, während die Historisierung von Konzepten oder die Historisierung der Gegenwart vermieden wird. Nicht die historischen Entstehungsbedingungen der Gegenwart werden untersucht, sondern die Geschichte als fertig und abgeschlossen betrachtet und gegen die Gegenwart gekehrt, so daß sich deren Analyse erübrigt.

Rigide Dogmen gibt es selbst in den Studien von Orientalisten. Es handelt sich um festgefügte Vorstellungen, die außerhalb jedes historischen Bezugs belassen werden und so Vorurteile gegenüber dem Islam schaffen. Ein Beispiel dafür ist die These, daß der Islam automatisch und notwendigerweise ein gemeinsames System von »Religion und Staat« sei, Religion und Politik seien untrennbar verbunden, eigentlich identisch. Der Islam würde sich von anderen monotheistischen Religionen dadurch unterscheiden, daß er ein umfassendes System von Verhaltensregeln und Gesetzen festlege, das jeden Aspekt des politischen und sozialen Lebens nach den Regeln der Verehrung Gottes ordne. So schreibt zum Beispiel ein Wissenschaftler, daß »Islamismus – der aus konzeptueller Sicht dem Fundamentalismus gleichkommt – kein völlig neues Phänomen in der moslemischen Welt (sei). Er war unterschwellig schon immer vorhanden.« Und das ist natürlich deshalb wahr, weil der Islam »anders« ist. Schließlich verbinde er Religion immer mit dem Staat, erhebe Anspruch auf Allgemeingültigkeit und darauf, das menschliche und gesellschaftliche Leben ordnen zu wollen.[4]

In einem typischen Buch des weitverbreiteten Genres halbjournalistischer Literatur über Fundamentalismus, das im Westen seit den späten siebziger und frühen achtziger Jahren zur Mode wurde, behauptet ein anderer Autor, daß »es in der Natur jeder Hauptreligion liegt, sich periodisch zu erneuern. Der Islam aber ist etwas Besonderes, weil er mehr als eine Religion ist. Er bildet ein vollständiges soziales System, das alle umfaßt, die den Islam akzeptiert haben. Er ist tatsächlich Zivilisation, die für alle Zeiten und Orte gilt.«[5] Dieser Autor argumentiert meist allgemein und ahistorisch. So ist auch seine Definition von »Fundamentalismus«: »der Begriff für die Bemühungen, die Grundsätze eines religiösen Systems zu definieren und ihnen zu folgen«.[6]

Interessanterweise sind solche Einstellungen und Aussagen auch typisch für die Literatur der heutigen islamistischen politischen Bewegungen. Hassan al-Thurabi, der Führer der Moslembruderschaft im Sudan, hält den Tag in der ersten Hälfte des 7. Jahrhunderts, an dem der Islam gegründet wurde, für den Ausgangspunkt der islamischen politischen Bewegung. Es gibt so gut wie keine Gruppe oder Untergruppe des politischen Islams, die nicht an den Glaubenssätzen der Religion festhält und sich nicht als die Weiterführung des ursprünglichen, reinen Islams des Propheten Mohammed sieht, so als wäre der Prophet der Anführer einer modernen religiösen Partei. Es gibt so gut wie keinen politisch-islamischen Philosophen, der nicht die »Verschiedenheit« und »Besonderheit« des Islams aufgrund seines Gesamtsystems sozialer Regelungen vertritt. Gegen solche Auffassungen führen Kritiker im Westen ebenso wie liberale islamische Denker und säkulare Moslems einen zähen Kampf. Ihr Hauptargument ist, daß Fundamentalismus nicht mit dem Islam identifiziert werden darf und daß beide nur in ihren sozialen und historischen Bezügen verstanden werden können.

Der politische Islam ist ein *modernes* politisch-religiöses Phänomen, das den Säkularisierungsprozeß und die Modernisierung der islamischen Gesellschaft seit dem Ende des 19. Jahrhunderts begleitet. Er verbindet authentische lokale Elemente und Modernismus, um Identität und Sinn zu stiften. Das ist nicht einfach ein Festhalten an Tradition oder eine Reaktion auf die Modernisierung. Die politisch-religiösen Bewegungen haben sich mit der Zeit weiterentwickelt und verändert, angefangen mit dem Kampf um die Politisierung des Islams und dessen Anpassung an die Modernität über ein Stadium des Kampfes gegen die »korrumpierenden« Einflüsse des Modernismus im Schatten des westlichen Kolonialismus bis zum Kampf gegen die modernen säkularen Ideologien in postkolonialen, unabhängigen Staaten. Innerhalb der politisch-religiösen Bewegungen gibt es große Meinungsunterschiede und Konflikte. Dabei geht es um die Definition und die Bedeutung des Islams, die Definition und Bedeutung des modernen Staates und die Methoden der politischen Aktion, die zu einer Vereinigung von Religion und Staat führen sollen. Also Meinungsverschiedenheiten, die das gemeinsame Ziel einer Einheit von Religion und Staat überschatten.

Der Wunsch nach einer solchen Einheit – zumindest im Kopf derer, die für den politischen Islam eintreten – entstand, *nachdem* die Trennung von Religion und Staat vollzogen war. Diese Trennung hat es gegeben, auch wenn sie dem Modell der europäischen Säkularisierung nicht präzise entsprach. Das Verhältnis zur Modernität unterscheidet die politische Religiosität von religiösem Konservatismus, der nicht unter dieser Trennung leidet. Der konservative Ansatz vertritt entweder die bewußte Erhaltung der Einheit von Religion und Staat oder hat freiwillig oder gezwungenermaßen deren Trennung akzeptiert. In beiden Fällen ist er im wesentlichen defensiv und folgt einer Strategie des Rückzugs und der Umgruppierung. Seine Methode (als Verteidigungsmechanismus) ist, die Realität als gespalten zu betrachten und zu akzeptieren, die Einheit des konservativen Bewußtseins bleibt so bewahrt. Man zieht sich auf die stabilen Grundsätze der religiösen Tradition zurück und verbindet das mit einer neutralen Betrachtung oder sogar aktiven Kooperation mit der gespaltenen Realität.

Maxime Rodinsons Kampf gegen den traditionellen philologischen Orientalismus und seinem Eintreten für eine historische Islamwissenschaft[7] haben sich viele andere Wissenschaftler angeschlossen, vor allem solche, die mit moslemischem oder arabischem Hintergrund an westlichen Universitäten aktiv waren. Ein Beispiel ist Edward Said mit seinem Buch »Orientalism«.[8] Mit dem Versuch zu beweisen, daß der Aufstieg und Niedergang des Islams nicht deduktiv aus seinen Doktrinen abgeleitet werden kann und daß es keine eindeutige islamische Entwicklungsrichtung gibt – keinen *Homo islamicus* –, leistete Rodinson eine wichtige Arbeit. Selbstverständlich kann man ebensowenig von einer einzigen universalen Einheit »islamische Welt« sprechen wie von der »christlichen Welt«. Der heutige Islam ist ein ganz anderes soziales Phänomen als der Islam des Mittelalters – selbst wenn der moderne politische Islam das Gegenteil behauptet. Die kulturellen, politischen und sozialen Elemente der Religion verändern sich noch mehr als ihre Glaubenssätze. Selbst diese sind ja nicht so beständig, wie man zu »glauben« meint. Politische Ideologie kann nur innerhalb eines konkreten sozialen Kontextes erklärt werden. In der europäischen Geschichte war es meistens so, daß Ideologie zu einem wesentlichen Teil der *inneren* sozialen Dynamik wurde. Im Orient stehen Ideologien im Grunde genommen immer in Wechselwirkung mit ausländischen Ideologien und können deshalb nicht als reine Funktion lokaler gesellschaftlicher Prozesse in Vergangenheit und Gegenwart erklärt werden.

Diese Feststellung gilt nicht nur im Hinblick auf säkulare Ideologien im Osten wie den arabischen oder afrikanischen Nationalismus oder Sozialismus. Der moderne Islam, einschließlich des politischen Islams, ist nicht ausschließlich ein lokales Produkt, sondern auch das Resultat eines andauernden Konfliktes und Dialogs mit sich selbst und mit dem »anderen«, mit dem Westen und insbesondere mit dem westlichen Kolonialismus in allen seinen Formen.[9] Ein wichtiger Unterschied zwischen Islam und säkularen Ideologien liegt in der Tatsache, daß der Islam eine feste traditionelle und soziale Basis in der Volksreligion, in der Alltagsreligiosität hat. Trotzdem ist die vorhandene soziale Basis des traditionellen Islams kaum mehr als eine potentielle Grundlage für den politischen Islam. Sie dient auch nicht nur ihm. Sie kann ebenso säkulare, nationalistische Bewegungen untermauern, die islamische Mythen ausnutzen, um die Unterstützung der Massen zu gewinnen. Nasser, Qaddafi, Saddam Hussein und sogar Assad haben den politischen Islam auf die eine oder andere Weise bekämpft, während sie die islamisch geprägte Alltagsreligiosität für ihre Zwecke benutzten. Es ist möglich, daß der moderne arabische Nationalismus gescheitert ist, weil es ihm nicht gelungen ist, eine feste Brücke zu den Ideologien der Volkstradition zu bilden. Doch die Aufklärung dieses Zusammenhangs kann nur durch die Untersuchung des konkreten Entwicklungsweges des arabischen Nationalismus sowie durch eine Analyse des ökonomischen und sozialen Scheiterns der arabischen Regimes gelingen. Auf jeden Fall ist es unmöglich, die Beschreibung einer politisch-religiösen Ideologie – etwa des Islamismus – direkt aus der Religion abzuleiten.

Die politisch-religiöse Ideologie des Islamismus ist das Ergebnis des Zusammenspiels von vier Faktoren:

– der Religion und Tradition;
– der konkreten sozio-politischen Situation;

– dem Ausmaß und dem Typ der Säkularisierung; und
– der Interaktion mit anderen Kulturen – im Falle des Islams der Begegnung mit der kolonialen Kultur des Westens als einem Ausdruck der Moderne.

Der Göttinger Politikprofessor Bassam Tibi wendet zwei Hauptkonzepte an, um das Aufeinandertreffen der westlichen und der islamischen Kultur zu analysieren, ein Zusammentreffen, das zum Grundelement des politischen Islams als modernem Phänomen geworden ist. Das erste Konzept ist das der *Anomie*, das er von Durkheim via Maria Mies übernahm, die es zur kulturellen Anomie erweiterte. Mies beschreibt kulturelle Anomie als ein Phänomen, das entsteht, wenn zwei kulturelle Systeme miteinander in Konflikt geraten, eines der beiden Systeme dominant wird, die Mitglieder des unterlegenen Systems dies erkennen und ihrerseits Dominanz anstreben, aber durch strukturelle Faktoren daran gehindert sind.[10]

Das zweite Konzept ist das der *Akkulturation* oder der Kultur, die aus dem Zusammentreffen zweier Kulturen entsteht, wobei eine unter Anomie leidet. Nach Bassam Tibi ist politischer Islam eine Gegen-Akkulturation oder ein kulturelles Zurückblicken, das heißt, eine moderne islamische Reaktion auf die Synthese zweier Kulturen, die aufgrund besonderer ökonomischer und kultureller Gründe gescheitert ist.[11] Allerdings ist Bassam Tibi entgangen, daß die kulturelle Anomie eine weitere mögliche Folge hat, die er selbst repräsentiert: einen Haß auf die eigene kulturelle Identität und das damit verbundene, übersteigerte Bedürfnis, im hegemonialen akademischen Diskurs im Westen akzeptiert zu werden.

Tibi unterscheidet zwei Hauptgründe für die erneute Politisierung des Islams: »die Identitätskrise, unter der die islamischen Völker leiden,« und »die sozio-ökonomische Krise und ihre unvermeidbare Begleiterscheinung der Verarmung, die einen fruchtbaren Boden für religiöse Ideologien der Erlösung liefert. Der Islam bietet sich als Identität und wegen des Versprechens zukünftigen Wohlstandes als Rettung an.«[12]

Meiner Meinung nach entstand die erneute Politisierung des

Islams jedoch in erster Linie im Zusammenhang mit seiner Trennung von der Politik, in dem Moment, in dem die Spaltung zwischen dem Sozio-politischen und dem Privaten innerhalb der Religion aufkam. Tibi und viele andere Wissenschaftler beschreiben die Bedingungen, die das Zusammentreffen zwischen dem elitären politischen Islam und der Volksreligion, das heißt, zwischen der islamistischen Elite und den »einfachen Gläubigen« oder »den Massen« herbeiführen. Sie konzentrieren sich auf dieses Zusammentreffen und übersehen die erstaunliche Dauerhaftigkeit der einfachen Glaubenssätze der Alltagsreligiosität. Diese widerstehen in erstaunlichem Maße der Assimilation oder der Durchdringung durch die moderne Kultur (Akkulturation). Die Stabilität der Alltagsreligiosität führt dazu, daß die einfachen Leute, selbst wenn sie mit dem politischen Islam oder dem arabischen Nationalismus in Berührung kommen, nicht »fundamentalistisch« werden.

Ein weiterer, wenn auch weniger häufiger Irrtum entsteht durch eine zu allgemein gefaßte und vereinfachte Definition des »Fundamentalismus«. Er besteht darin, daß die konservativen Ulema (Experten in Sachen der Religion; der Islam gibt vor, keinen institutionalisierten Klerus zu haben) mit dem modernen politischen Islam verwechselt werden. So definiert beispielsweise H. Munson den Fundamentalismus als einen Begriff, der »mittlerweile jeden einschließt, der darauf besteht, alle Aspekte des Lebens, auch die sozialen und politischen, einer Reihe heiliger Schriften unterzuordnen, die als unfehlbar und unveränderlich gelten.«[13] Folgte man einer solchen Definition, dann müßten alle religiösen Konservativen und jedes religiöse Establishment, im Christentum, Judentum wie im Islam, mit allen religiös-politischen Bewegungen über einen Kamm geschoren werden.

Aber wie schon bemerkt, nimmt der religiöse Konservatismus eine defensive Haltung gegenüber der Modernität ein. Das religiöse Establishment kann mit dem Regime, das Religion und Staat praktisch getrennt hat, kooperieren oder sich ihm widersetzen. Es wird erst in dem Moment politisch-religiös, wenn es zur Offensive übergeht, das heißt, wenn es danach strebt, die Macht zu ergreifen oder das Regime auf irgendeine Art zu verändern. Konservative, die die Trennung von Religion und Staat, die gespaltene Realität akzeptieren, stellen keine politisch-religiöse Bewegung dar.

Außerdem sind wirklich islamistische Bewegungen normalerweise in unterschiedlichem Maße dem religiösen Establishment gegenüber feindselig eingestellt, und manchmal auch gegenüber dessen Theologie. Sie predigen die Rückkehr zur Schrift ohne die Vermittlung der Theologie. Ihre Feindseligkeit nimmt zu, wenn das religiöse Establishment die Regierung zum Beispiel durch religiöse Entscheidungen legitimiert. So bezeichnet beispielsweise ein Wissenschaftler die Reaktion der ägyptischen Ulema auf die Modernisierung als defensives Verhalten, das dem Überlebensinstinkt entspringt. Ohne Zustimmung der herrschenden Elite akzeptieren die Ulema keine Veränderungen. Sie sind unfähig, welche einzuleiten oder zu propagieren. Entscheidungen über Fragen, die Veränderungen begünstigen, treffen die Ulema widerwillig.[14] Aber dieses Verhalten gilt eben nur für den traditionellen Islam der Ulema, nicht für die politische Religiosität der Islamisten.

An dieser Stelle soll betont werden, daß diese Arbeit sich nicht mit dem *schiitischen* politischen Islam befaßt oder mit dessen politischer Konsolidierung im Iran. Der iranische schiitische Islam wird von einem Klerus und den Ulema geführt, und zwar vor dem besonderen Hintergrund des Schiitentums und den speziellen Bedingungen im Iran, wo der Schah in direkte Konfrontation zum religiösen Establishment geriet.

Es soll auch darauf hingewiesen werden, daß vieles von dem Verhältnis zwischen den politischen und den religiösen Eliten abhängt. Im Schatten des Kolonialismus war das religiöse Establishment oft gezwungen, sowohl mit dem politischen Islam als auch mit der nationalistischen Bewegung zusammenzuarbeiten. Das war der Fall in Ägypten und in Algerien vor der Unabhängigkeit. Aber in der Zeit Nassers machte das religiöse Establishment absichtlich oder gezwungenermaßen gemeinsame Sache mit dem Regime gegen den politischen Islam. Trotz dieser Einschränkungen könnte man sagen, daß fast jede moderne politisch-islamische Bewegung mit dem religiösen Establishment – wenn auch unterschiedlich stark – in Konflikt geraten ist, genauso wie mit der Volksreligion. Dasselbe trifft übrigens auch für jüdische politisch-religiöse Bewegungen in Israel zu, die weder mit der Volksreligiosität noch mit konservativer Orthodoxie übereinstimmen. Nach den weitverbreiteten und sehr allgemeinen Definitionen des Fundamentalismus gehören *Gush Emunim* (extremistische Bewegung israelischer Siedler in den besetzten Gebieten) und die Ultraorthodoxen zum selben Lager. Tatsächlich aber ist *Gush Emunim* eine politisch-religiöse Bewegung, während die ultraorthodoxen Strömungen konservative Religion repräsentieren. Sowohl im Islam als auch im Judentum kann es aber durchaus ein Zusammentreffen zwischen der Alltagsreligiosität, dem religiösen Establishment und politischer Religiosität geben.

Zusammenfassend läßt sich folgendes festhalten: Erstens: Als Folge der Trennung zwischen Religion und Staat entstanden zwei extreme Tendenzen – eine Form von Religion, die eine Rückkehr zur Politik anstrebt, und eine Art Politik, die auf eine Rückkehr zur Heiligkeit ausgerichtet ist. Zweitens: Diese beiden Phänomene sind modern und stehen im Gegensatz zueinander. Drittens: Politische Religiosität darf weder mit Religion verwechselt noch kann sie daraus abgeleitet werden. Viertens: Politische Religiosität sollte einerseits von der Volks- oder Alltagsreligiosität und auf der anderen Seite vom religiösen Establishment und von religiösem Konservatismus unterschieden werden. Dies ist unter anderem deshalb sinnvoll, weil es nur so möglich ist, ihr eventuelles Zusammen- oder Nicht-Zusammentreffen näher zu untersuchen. Fünftens: Die Modernität politisch-religiöser Bewegungen im Islam drückt sich in der besonderen Weise aus, mit der sie auf das Zusammentreffen mit moderner Kultur reagieren.

Ich werde nun versuchen, die Bedeutung der Konzepte zu klären, die im politischem Islam sowie von einigen Orientalisten verwendet werden und die den Islam im wesentlichen als eine *politische Religion* darstellen. Nach diesen Annahmen wären Politik und Religion im Islam nicht zu trennen oder sogar identisch. Ich will die historische Entwicklung einiger dieser Begriffe untersuchen, ohne den Anspruch zu erheben, einen Überblick über die Geschichte des Islams zu liefern.

Die Historisierung der Konzepte

Angesichts der sturen Ablehnung vieler Orientalisten und politisch-islamischer Bewegungen, den Islam in seiner historischen Perspektive zu sehen, kam Reinhard Schulze zu dem Schluß, daß eine historische Perspektive sich negativ auf die Ideologie oder den ideologischen Hintergrund dieser beiden Gruppen ausgewirkt hätte.[15] Einige Wissenschaftler beginnen ihre Untersuchung der Entwicklung der politisch-religiösen Doktrinen der modernen islamistischen Bewegungen mit den Arbeiten des pakistanischen moslemischen Philosophen Sajid Abul-Ala Maududi (1903–1979). Von besonderer Bedeutung ist sein erstes Buch »Der islamische Dschihad«, aber auch »Islamische Regierung«, sein wichtigstes Werk, das in den Jahren 1939–1941 veröffentlicht wurde. In beiden kristallisierte sich sein religiös-politisches Denken heraus. Der israelische Wissenschaftler Emmanuel Sivan widmet einen großen Teil seines Buches »Islamische Eiferer«[16] den Ideen Maududis. So wie es Sivan beschreibt, hatten die Ideen Maududis tatsächlich einen tiefgreifenden Einfluß. Sie gelangten durch Sayyid Qutb nach Ägypten.

Ich kann mich in diesem Beitrag nicht näher mit dem politischen Denken Maududis und Qutbs befassen. Aber um die Beziehung zwischen Religion und Staat im islamischen Denken besser zu verstehen, soll der Historisierung ihrer Grundkonzepte besondere Aufmerksamkeit geschenkt werden. Ein solches Verständnis wird helfen, die Beziehung zwischen Nationalismus und Islam besser zu begreifen, insbesondere im arabischen Kontext. Der Ausgangspunkt Maududis ist die neue

Jahiliya – ein dunkles Zeitalter, bzw. ein Zustand der Unwissenheit. In der islamischen Geschichte ist dieses Konzept verwendet worden, um die Situation auf der arabischen Halbinsel vor der Entstehung des Islams unter der Führung des Propheten Mohammed zu beschreiben. Nach Maududi ist die *Jahiliya* keine historische Periode, sondern eine besondere kulturelle, soziale und psychische Situation, die dann gegeben ist, wenn Menschen sich vom Wege Gottes entfernen. So kann die *Jahiliya* auch heute existieren und eine viel größere Gefahr mit sich bringen als während der Entstehungszeit des Islams. Denn heute ist die Ignoranz innerhalb der moslemischen Gesellschaft vorhanden und somit unsichtbar, hinter dem formalen Islam verborgen. Die neue *Jahiliya* ist komplexer als die alte. Sie beinhaltet sowohl überkommenen Aberglauben und abergläubische Bräuche, die aus Jahrhunderten der Entfremdung vom ursprünglichen Glauben stammen, als auch die importierte *Jahiliya*, die sich aus säkularen Ideen des Westens und moralischer Degeneration ableitet – mit einem Wort: aus der Situation kultureller Anomie.

Maududi sieht den Ausweg aus dieser Situation in einer Rückkehr zur *Hakimiya Allah*, zur Herrschaft Gottes, die die Quelle jeder politischen und sozialen Ordnung in der moslemischen Gesellschaft darstelle. Die *Schari'a*, die islamischen religiösen Gesetze des Korans, und die *Sunna*, die Worte und Taten des Propheten Mohammed, sollen die Quelle der sozialen Ordnung sein. Diese Konzepte wurden Schlüsselworte der modernen politisch-islamischen Ideologie. Die vielen Bücher Maududis wurden ins Arabische übersetzt und seine Ideen weiterentwickelt, vor allem im Hinblick auf den Übergang von der *Jahiliya* zur *Hakimiya* und der Frage, ob dieser evolutionär oder revolutionär sein solle. Dabei kam es zu beträchtlichen Meinungsverschiedenheiten. Erlaubt die *Schari'a* eine Rebellion gegen einen moslemischen Herrscher? Was ist der *Dschihad*? Welche Rolle spielt er im Übergang zu einer Gesellschaft der Gläubigen, die auf dem Modell der idealen islamischen Gesellschaft basiert, die in der Periode des Propheten und der ersten vier Kalifen existierte? Diese und andere Fragen stehen im Mittelpunkt der Debatte, in der der Islam – zumindest für Maududi, Qutb und ihre Schüler – zu einer rückwärtsgewandten Utopie wird, einer Orientierung am verlorenen Goldenen Zeitalter, das nicht nur von Harmonie und Gerechtigkeit zeugt, sondern von göttlicher Harmonie und Gerechtigkeit.

Eine hervorstechende Tatsache ist allerdings einigen Gelehrten des politischen Islams entgangen. Maududis Ausgangspunkt war die Situation der moslemischen Minderheit in Indien, die sich zugleich von Indien trennen und vom britischen Kolonialismus befreien wollte. Diese politische und soziale Voraussetzung war nicht weniger entscheidend bei der Herausbildung seiner Gedanken als die Idee einer neuen *Jahiliya*. Für meine Argumentation reicht diese Tatsache aus. Auf die tatsächliche sozioökonomische Situation im Pakistan (bzw. im Indien) der dreißiger und vierziger Jahre brauche ich nicht einzugehen. Selbstverständlich hätte die Herausbildung einer neuen Nation, die sich von der indischen unterscheidet, auf dem basieren können, was den Moslems eigen war, das heißt auf dem Islam. Aber selbst dies hätte aus dem Islam nicht *per se* ein vollständiges sozio-politisches System gemacht.

Bevor die Arbeiten Maududis von Qutb in Ägypten aufgegriffen wurden, herrschte dort eine andere Art des politischen Islams, vor allem in der Moslembruderschaft. Sie wurde durch eine dritte Variante politischen Islams inspiriert, dessen Wurzel im 19. Jahrhundert liegt. Das Konzept der neuen *Jahiliya* war noch unbekannt, ebenso das Konzept der *Hakimiya*. Die Ideen Maududis wurden erst während der grausamen Auseinandersetzungen zwischen der Moslembruderschaft und dem nationalistischen Regime Präsident Nassers übernommen, das nicht zögerte, ausgewählte religiöse Vorschriften und Entscheidungen der Ulema gegen sie zu benutzen.

Als 1929 Hassan al-Banna in Ägypten die Moslembruderschaft gründete, sprach er vom Islam sowohl als Religion als auch als Staat, aber er befürwortete eine evolutionäre Form der

Erziehung und eine allmähliche soziale Veränderung (was ihn nicht davon abhielt, auf Gewalt zurückzugreifen, wenn er sie für angemessen hielt). Er verzichtete darauf, die moslemisch geprägte Gesellschaft als eine *Jahiliya* zu bezeichnen. Er sprach vom religiösen Gesetz als einer Quelle der Gesetzgebung und rief zur Wiederherstellung der Herrschaft der Kalifen auf. Diese war in der Türkei vier Jahre vor der Gründung seiner Bewegung zusammengebrochen. Aber er verwendete nicht den Begriff der Herrschaft Gottes, *Hakimiya*. In seinem Denken mußte die Nation eine islamische Nation, aber sie sollte kein Ersatz für die lokale nationale Identität sein. Al-Banna betonte die Wichtigkeit der arabischen Einheit als ein Mittel zur islamischen Einheit. Somit begleitete ein »moderater« Nationalismus seine »moderate« politische Religiosität.

Der moderne politische Islam bezieht sich immer wieder positiv auf die Zeit der ersten Kalifen. *Nizam al-Kilafa* (die Herrschaft des Kalifats) ist ein Begriff, der häufig in politisch-religiösen Bewegungen gebraucht wird. Die Geschichte der Institution des Kalifats ist aus zwei Gründen von besonderem Interesse für unser Thema. Erstens: Ihre Abschaffung nach der Revolution Atatürks in der Türkei nach dem Ersten Weltkrieg brachte Bewegungen hervor, die zu ihrer Wiederherstellung aufriefen, das heißt, für eine Rückkehr zur »Harmonie« zwischen Religion und Staat waren. Zweitens: In den Augen des politischen Islams war diese Abschaffung der Beginn einer neuen Ära von Nationalstaaten, die an die Stelle der islamischen Nation trat, die unter der osmanischen Herrschaft bestanden hatte.

Das erste Kalifat der islamischen Geschichte war als Nachfolge des Propheten und nicht Gottes gedacht. Der Vers im Koran, der das Wort *Kalif* beinhaltet, bezieht es auf Adam, den Gott als seinen Erben auf Erden bezeichnet hatte. Danach sind also die Menschen Gottes Erben auf dieser Welt. Dieser Koranvers bietet tatsächlich eine Möglichkeit für humanistische Islaminterpretationen. Auf der anderen Seite gibt es weder im Koran noch in der *Sunna* eine Vorschrift zur Regelung der

Wahl des Kalifen oder über die Funktionen des Kalifats als Regierungsinstitution. Von den ersten vier Kalifen (im politischen Islam das Goldene Zeitalter) starb nur einer eines natürlichen Todes, die Herrschaft der beiden letzten war durch soziale und politische Unruhen gekennzeichnet. Der dritte Kalif, Othman ibn Afan, der während seiner Herrschaft die erste Revolte der Provinzen erlebte (vor allem in Ägypten), war der erste, der erklärte, die Institution des Kalifats sei mit göttlichem Recht verbunden. Als eine Delegation seiner Gegner aus Ägypten ihn darum bat zurückzutreten, antwortete er (so die Überlieferung): »Ich werde dieses Gewand, mit dem mich Gott gekleidet hat, nicht abwerfen.«[17]

Trotz alledem erscheint die Zeit der ersten vier Kalifen, einschließlich Othmans, im kollektiven Gedächtnis des Islams als Periode der Harmonie, einer Identität zwischen Religion und Staat – als eine Periode, in der göttliche Gerechtigkeit vorherrschte. Diese Kalifen benutzten den Islam nicht als politische Theorie; sie schufen ihn. Der Islam als Rechtfertigung der Regierenden beginnt mit dem Bruch der moslemischen Gemeinschaft und dem Kampf um die Macht. Als das moslemische Reich sich später in einen Staat verwandelt, der von einem König (dem Kalifen) regiert wurde, der sein Amt seinen Nachkommen übergab, bemerkte Moawija I., der erste omajjadische Kalif: »Die Erde ist Gottes Eigentum... und ich bin der Kalif Gottes. Was ich nehme, gehört mir, und was ich dem Volk lasse, bleibt meine Entscheidung.«

Auf diese Weise beginnt auch im Islam das Gottesgnadentum mit der Einführung der Monarchie. Als »Harmonie« vorherrschte, war eine Herrschaft Gottes *(Hakimiya Allah)*, deren einzige politische Bedeutung tatsächlich die von Gott ermächtigte Herrschaft ist, nicht notwendig. Auch unter der Bedingung der Einheit von Staat und Religion liegt bereits im Gebrauch der Religion als Instrument des Staates der Keim der Säkularisierung.

Seit 929 – christlicher Zeitrechnung – und für einen relativ langen Zeitraum danach wurde die moslemische Welt gleichzeitig von drei Dynastien regiert, die alle das Kalifat für sich beanspruchten: den Abbasiden in Bagdad, den Fatimiden in Ägypten und den Omajjaden in Andalus (Spanien). Ab 935 war die Kompetenz der Kalifen auf die Bestätigung der Vollmachten der tatsächlichen Herrscher der Provinzen beschränkt, in denen die Institution des Sultanats entstanden war. In diesen Provinzen übernahm der jeweilige Sultan den Status des wahren Königs, wogegen der Kalif nur dem Namen nach ein König und ohne wirkliche Macht war. Das blieb so, bis die Mongolen 1258 Bagdad eroberten und das Kalifat zerstörten. Nach dem Sieg der Mongolen wurde der Kalif zu einer Art Papst, der den Sultanen, den wirklichen Herrschern, Legitimation verlieh. Das soll die einzigartige Natur des Kalifats, das Religion und Staat miteinander verschmolz, nicht negieren. Vielmehr möchte ich das Allgemeine in der Identität von Religion und Staat im Islam hervorheben. Das Besondere und das Allgemeine sind Momente eines einzigen konkreten historischen Phänomens. Eine Betonung der einzigartigen Charakteristika des Kalifats, sowohl als es reale Macht besaß als auch nachdem es sie verloren hatte, verwandelt es aber in einen Mythos. Tatsächlich war es die konkrete islamische Verkörperung der institutionellen Identität von Religion und Staat.

Die Mameluken Ägyptens versuchten das Kalifat zu übernehmen. Die Osmanen, die die Nachfolge des abbasidischen Reiches antraten, forderten, daß die gesamte »moslemische Nation« dem Kalifat Istanbuls Loyalität erweisen sollte. 1922 setzte der Nationalrat der Türkei den Sultan Mohammed VI. ab; zwei Jahre später wurde die Institution des Kalifats vollständig abgeschafft.

Seit der Beseitigung dieses Symbols der Identität von Religion und Staat hat der politische Islam nie aufgehört, die Wiederherstellung dieser Regierungsform zu fordern – und somit auch die Einheit der islamischen Nation. Ja'afer al-Numeiri im Sudan, Zia ul-Haq in Pakistan und das saudische Regime sind offensichtlich an der Wiederherstellung der verlorenen »Harmonie« zwischen Religion und Staat gescheitert. Es sind oder waren despotische Regimes, die sich religiöser Ideologie bedienten. Besonders interessant ist die Bewertung der Beziehung zwischen Religion und Staat in Saudi-Arabien durch einen moslemischen Wissenschaftler: »Trotz seiner fundamentalistischen Neigungen verwandelt sich Saudi-Arabien in einen Staat mit einer Zivilregierung. Der Staat hat seine Zuständigkeit auf Bereiche ausgedehnt, die vorher mit Religion und dem religiösen Establishment verbunden waren. Selbst die Ulema sind Anhängsel des öffentlichen Dienstes geworden; die Gesetze des Landes regeln ihre Arbeit. Aufgrund der exklusiven Natur der Regierung und ihrer vollständigen Kontrolle des nationalen Reichtums sowie wegen ihres Bestrebens, die eigene Unabhängigkeit zu sichern, darf keine unabhängige religiöse Autorität existieren oder mit der Regierung um die Loyalität der Bürger konkurrieren. Deshalb hat der Staat seine Autorität auf den religiösen Sektor ausgedehnt und bedient sich der Ulema zu Legitimationszwecken.«[18]

Saudi-Arabien war und bleibt der wichtigste Unterstützer und Finanzier der nicht-radikalen politisch-islamischen Bewegungen (wie der Moslembruderschaft), insbesondere derer, die gegen Nationalismus oder »arabischen Sozialismus« des nasseristischen Typs kämpfen.

In diesem Kontext finde ich die Behauptungen des bekannten Orientalisten Bernard Lewis sehr merkwürdig, daß der Islam eine Trennung zwischen Religion und Staat nicht akzeptieren kann und daß für moslemische Konservative Gott allein der Herrscher sei.[19] Ahmad Ibn Hanbal, der führende Vertreter der strengsten der vier islamischen Rechtsschulen, zitierte den folgenden Spruch des Propheten: »Alles, was mit eurer Religion zu tun hat, bringt zu mir, aber in euren weltlichen Angelegenheiten seid ihr die Experten.«[20]

Das Wiederaufleben der Forderung nach Untrennbarkeit von Regierung und religiösem Gesetz im Islam begann mit der Repolitisierung religiöser Symbole durch die modernen politisch-religiösen Bewegungen als Teil ihrer Suche nach Identität in einer Welt, die sich in einem rasantem Tempo veränderte.

Die Konfrontation mit der Moderne erzeugte Konzepte und Konnotationen, die auf Formeln der Vergangenheit projiziert und in den Wassern der Harmonie des verlorenen Goldenen Zeitalters gereinigt wurden. Auf diesem Weg verwandelte sich der politische Islam in eine retrospektive Utopie.

Ein weiterer wichtiger Bezugspunkt des politischen Islams ist die Ableitung der angestrebten »Herrschaft Gottes« aus dem Koran. Eine Betonung der Heiligen Schriften ist in entsprechenden Kreisen im Islam, im Judentum und im Christentum üblich, wie Hava Lazarus-Yafeh bemerkt hat[21], aber die erste Verwendung des Konzepts durch eine islamische politische Gruppe wird der *Hawarej* Sekte zugeschrieben (im siebten Jahrhundert war eine politische Gruppe auch eine religiöse). Die *Hawarej* prägten die Devise *»La hukm illa lilla«* (es gibt keine *Hukm* außer Gott). Im modernen Arabischen hat *Hukm* die Bedeutung »Regime« oder »Verwaltung« angenommen, und dies hat rückwirkend die entsprechenden Passagen im Koran gefärbt. Deshalb wird, wenn im Koran das Wort *Hukm* benutzt wird, dieses immer als »Regierung« gedeutet. Im Arabisch des Korans hat das Wort *Hukm* ursprünglich keinerlei Bedeutung oder Konnotation von »Regierung«.

Der liberale moslemische Richter und Denker, der Ägypter Mohammed Sa'id al-Ashmawi, hat anhand vieler *Suwwar* (Abschnitte des Korans)[22] nachgewiesen, daß im Koran *Hukm* »Prozeß« oder »Schlichtung« bedeutet. Er griff zu einem uralten Interpretationsprinzip des Korans zurück: dem Kontext oder der Ursache bzw. dem Anlaß einer Sure. Es geht um die Antwort auf die Frage: Warum hat Gott seinen Propheten mit dieser Sure inspiriert? Erst später entstand ein Interpretationsprinzip, das den Kontext ignorierte: »Der Sinn liegt in der Allgemeinheit des Ausdrucks und nicht in der Konkretheit seiner Ursache.«

Al-Ashmawi und andere Exegeten fanden, daß der Kontext in fast allen *Suwwar*, in denen der Begriff *Hukm* erscheint, ein Urteil oder eine Schlichtung ist. In der Haltung des modernen politischen Islams gegenüber dem Wort *Hukm* ist nicht nur die

Bedeutung falsch, auch die Gründe für seine Verwendung im Koran werden außer acht gelassen. Bemerkenswerterweise bedeutet im gesprochenen Arabisch *Hakim* bis heute »Richter«.

Das zweite Wort, das im modernen Arabisch »Regierung« oder »Regime« bezeichnet, ist *Nizam* (Ordnung, System). Dieses Wort kommt im Koran nicht vor. Mit anderen Worten, wenn die islamischen politischen Bewegungen heute von *Nizam Hukm Islami* (islamisches Regierungssystem) sprechen, beziehen sie sich auf eine Ordnung, die nie existierte, weder im Koran noch in der *Sunna*. Die ausdrückliche Forderung nach sozialem und politischem Leben im Sinne des *Nizam Islami* ist modernen Ursprungs[23] und spiegelt eine Spaltung zwischen Bewußtsein und Realität, die den frühen Moslems gänzlich fremd war.

Der Richter Ashmawi und andere liberale religiöse Denker in heutigen moslemischen Ländern treten in die Fußstapfen des Scheichs Ali Abdul Razeq der al-Azhar Universität (eines Zentrums des theologischen Denkens). Insbesondere beziehen sie sich auf sein Buch »Al-Islam wa-asul al-hukm« (»Der Islam und die Prinzipien der Regierung«), 1928, das von politisch-islamischen Kreisen sehr verleumdet wurde. Dieses Buch stellt die erste systematische Formulierung einer umfassend säkularen Sicht des Verhältnisses zwischen Religion und Staat durch einen moslemischen Kleriker im modernen Zeitalter dar. Seine Hauptpunkte sind folgende:

1. Es gibt keine dem Islam eigene Methode der Regierung.
2. Für die Herrschaft des Kalifats gibt es in den religiösen Bestimmungen keine Grundlage; weder im Koran noch in den *Sunna*. Das bedeutet, daß sich religiöse Glaubenssätze nicht auf politische Herrschaft anwenden lassen.
3. In der islamischen Geschichte wurde die »Wahl« der Kalifen normalerweise mit Gewalt oder durch erbliche Nachfolge vollzogen.
4. Der Islam ist eine universale Religion und kann deshalb weder die Grundlage für eine regionale Regierung bilden

noch in einer regionalen Regierung seine Grundlage haben.

5. Die Verwaltungs- und Regierungsfunktionen des Propheten Mohammeds waren keine integralen Bestandteile seiner prophetischen Mission.[24]

Es ist kein Zufall, daß das säkulare Buch dieses Klerikers zur Zeit der Gründung der Moslembruderschaft veröffentlicht wurde. Zur selben Zeit prägte ein ägyptischer Gelehrter den Ausdruck *al-Islam din wa-dawla* (»der Islam ist Religion und Staat«).[25] Säkularität und politische Religiosität sind verschiedene Resultate desselben Prozesses. Der Säkularisierungsprozeß hatte die religiöse Sphäre schon damals gespalten: in einen Teil, der über die Repolitisierung des Islams zur Politik zurückkehren wollte, und einen anderen, der der Verpflichtung treu blieb, den Islam als eine Religion zu leben, die die Angelegenheiten von Gesellschaft und Staat nicht regeln kann.

In der moslemischen und vor allem in der arabischen Welt und in Pakistan hat eine komplexe und erbitterte Debatte über die Verwendung religiöser Gesetze *(Schari'a)* als Hauptquelle der Gesetzgebung Säkularisten, Liberale (religiöse und andere) und Linke gegen die politisch-islamischen Bewegungen aufgebracht. In diesem Punkt haben die politisch-religiösen Bewegungen es geschafft, die Unterstützung des religiösen Establishments zu gewinnen. Aber auch hier existiert ein Konflikt innerhalb der islamischen Bewegungen im Bezug auf die Verwendung der *Schari'a*: Soll sie wörtlich genommen werden oder nur als eine Quelle für die Gesetzgebung? Welche der vier Schulen der Auslegung der *Schari'a* soll verwendet werden? Über solche und ähnliche Fragen bestehen Meinungsverschiedenheiten.

Seit dem Beginn der islamischen Geschichte hat der Begriff der *Schari'a* weitreichende Veränderungen durchgemacht. Im Koran bedeutet er »Weg« oder »Pfad«, später »Prinzipien des Korans und der *Sunna*, die die Angelegenheiten der moslemischen Gesellschaft regeln«. Heute wird *Schari'a* aber in der Praxis meist verwendet, um alle islamischen *Fiqh* zu bezeichnen, das heißt alle Auslegungen und Theologien, die sich um den Koran und die *Sunna* entwickelt haben. Im Gegensatz zum Koran und zur *Sunna* wird *Fiqh* als Produkt des Menschen betrachtet, als ein kulturelles Unternehmen, das sich als eine Funktion historischer Gegebenheiten in verschiedenen sozialen Kontexten entwickelte.

Liberale ägyptische Wissenschaftler, selbst solche, die religiöse Bestimmungen als Quelle der Gesetzgebung oder als besonderes Erbe unterstützen, das eine Rolle in der Formierung der Gesellschaft zu spielen hat, argumentieren, daß die moslemische Religion keine der Gesetzgebung und des Gesetzes sei, im Gegensatz zum Beispiel zum Judentum, in dem *Halakhah* die kulturellen Beziehungen bis ins kleinste Detail regelt. Der Koran hat 6000 *Ayah* (Verse). Davon befassen sich 700 mit religiösen Vorschriften, die das *Ubadat* und das *Mu'amalat* (d. h. die Angelegenheiten zwischen Mensch und Gott und zwischen den Menschen untereinander) regeln. Nur 200 davon sind wirkliche Gesetze. Sie gelten für die Bereiche des Ehelebens, des Erbrechts und des Strafgesetzes. Die Gültigkeit einiger dieser Koranstellen wird durch andere aufgehoben, so daß insgesamt nicht mehr als 80 Verse existieren, die tatsächlich Gesetzesbestimmungen enthalten. Aus diesen 80 Textstellen muß sich das islamische Recht ableiten und seine Inspiration beziehen, die moderne Gesellschaft und ihre Probleme zu regeln.

Was passierte, als der Staat versuchte die *Schari'a* anzuwenden, nachdem die beiden Sphären von Politik und Religion schon getrennt waren? Neben dem schiitischen Iran haben auch andere Länder die *Schari'a* als Hauptquelle der Gesetzgebung übernommen. Im Sudan wurde sie vom Diktator Ja'afer al-Numeiri angeblich wörtlich übernommen, genau zu der Zeit, in der das sozio-ökonomische Regime im Sudan die Bevölkerung an den Rand des Verhungerns gebracht hatte. In Pakistan wurde die *Schari'a* ebenfalls als die Hauptquelle der Gesetzgebung genommen, insbesondere während der Diktatur Zia ul-Haqs. Dort waren auch Strafen vorgeschrieben, die in der Tat keine Verbindung zum Koran oder zur *Sunna* haben, sondern aus späteren Perioden des moslemischen Reiches abgeleitet sind. In Saudi-Arabien wurde die *Schari'a* von Anfang an zum einzigen Gesetz erklärt, aber auch dort ist es für islamische Gruppen schwierig, die *Hakimiya Allah* auszumachen. Besonders irritierend ist das luxuriöse Leben der Herrscher, die im Grunde die Anführer der herrschenden Clans sind.

Selbst in Ägypten, das eine moderne und aufgeklärte Regierungstradition hat, besagt Artikel 2 der Verfassung von 1971, daß die Prinzipien der islamischen *Schari'a* »eine Hauptquelle der Gesetzgebung« sind. Zu dieser Zeit versuchte Sadat seine mangelnde Legitimation zu verstärken, eine Massenbasis für sein Regime gegen die Nasseristen aufzubauen und dazu islamistische Kräfte zu instrumentalisieren. Als 1980 eine neue Verfassung in Kraft gesetzt wurde, war es schwierig geworden, diesen Prozeß zu stoppen. Der Artikel wurde dahingehend modifiziert, daß die Prinzipien der islamischen *Schari'a* »*die* Hauptquelle der Gesetzgebung« seien. Die *Schari'a* ist nicht das Wesen der islamischen Religion, sondern ein historisches Produkt der nicht vollzogenen Trennung von Religion und Staat im moslemischem Reich, also eines Zusammenspiels zweier Momente in einer Einheit. Der Versuch, sie als überhistorisches Phänomen in der Gegenwart anzuwenden, hat zu dramatischen Fehlschlägen und sogar Katastrophen geführt, zum Beispiel im Sudan und in Pakistan.[26]

Die *Schari'a* beinhaltet keine definierte politische oder konstitutionelle Theorie. Während der Geschichte des Islams waren die Ulema in zwei Hauptrichtungen geteilt: Die einen erarbeiteten *Fatwas* (religiöse Entscheidungen), um die Handlungen des jeweiligen Herrschers zu rechtfertigen, meistens rückwirkend. Ein anderer Zweig distanzierte sich von den Angelegenheiten des Staates und befaßte sich mit den Gesetzen des Ehelebens und ähnlichem. Die ersten Anzeichen dafür, daß die Religion zur Privatsache wurde, sind zu dem Zeitpunkt zu finden, als religiöse Gesetze auf den Bereich von Ehefragen beschränkt wurden. Sogar das häufig zitierte Buch von al-Mawirdi aus der Schlußphase der abbasidischen Periode, »Al-Ahkam al-Sultaniyah«, enthält keine politische Theorie, sondern eine Beschreibung der Situation zur Zeit der abbasidischen Herrschaft. Diese Beschreibungen bieten Verallgemeinerungen, die das Vorgehen der Abbasiden sowie die Art ihrer »Wahl« rückwirkend rechtfertigen. Der Theologietypus dieser Periode ist durch die Ablehnung von Rebellion *(Fitna)* und das Bevorzugen eines schlechten Herrschers anstelle gesellschaftlicher Anarchie, die *Fitna* mit sich bringt, gekennzeichnet.

»Theorien« dieser Art sind zur Zeit der Umwandlung des Kalifats in eine Vielfalt dynastischer Regime entstanden. Schon zu Beginn der omajjadischen Periode entstand eine islamische Ideologie, die ungerechte oder sogar sündhafte Regime rechtfertigte: *al-Miarjaa* (die Verschiebung). Nach diesem Konzept besteht Religion aus Glaube und aus Handlungen. Der moslemische Gläubige bleibt Teil der moslemischen Gemeinschaft, selbst wenn er Sünden begeht. Für seine Sünden wird er in der nächsten Welt büßen. Das gilt ebenso für einen sündigen Herrscher; er ist der Gemeinde der Gläubigen (der Nation) nicht rechenschaftspflichtig, sondern nur dem Ewigen Richter am Tag des Jüngsten Gerichts.

Die islamische Theologie vermittelte so zwischen Gott und der weltlichen Macht; darin unterschied sie sich nicht von anderen Theologien. Zu Lebzeiten des Propheten Mohammed und während der Periode der ersten vier Kalifen war eine solche Vermittlung nicht notwendig, da der Herrscher die Theologie schuf: Es war sein Verhalten, das die Theologie bildete, oder diese war eine Erklärung seines Verhaltens (zumindest im Gedächtnis der moslemischen Gemeinschaft – aber für unsere These ist es irrelevant, ob es historisch so war oder nicht). Als sich die islamische Gesellschaft unter dem dritten Kalifen, Othman, spaltete, fing die abstrakte Identität zwischen Religion und Staat an, sich in eine »konkrete Identität« (Hegel) zu verwandeln. Identität ist dadurch konkret, daß sie eine Unterscheidung enthält, die einen potentiellen Widerspruch in sich birgt. Religion im Dienste des Staates ist keine zufällige, sondern konkrete Identität, da sie schon einige Risse vorweist. Die Privatisierung von Religion war schon in ihrer Verbannung in den Ehebereich enthalten, genauso wie das ideologische Potential der Theologie bereits die Trennung von Religion und Staat in sich birgt.

Die islamische Nation und der arabische Nationalismus

Wie hat sich die Beziehung zwischen dem politischen Islam und dem arabischen Nationalismus entwickelt? Ich werde mit einigen kurzen Bemerkungen über das Konzept der *al-Umma* (Nation) im Islam beginnen. Die ursprüngliche Bedeutung von *al-Umma al-Islamlya* ist »Gesellschaft/Gemeinschaft von Gläubigen«, wobei dies eher den Sinn von Gemeinschaft als von Gesellschaft hat. Erst in der modernen Zeit, als *Umma* im Arabischen in der Bedeutung von »Nation« verwendet wurde, erhielt es diese Konnotation. Sie wurde dem Begriff dann auch in der klassischen islamischen Literatur übergestülpt, als wäre die Gemeinschaft der Gläubigen in Medina oder im islamischem Reich ein Nationalstaat im modernen Sinne gewesen. Diese Denkrichtung erfuhr unerwartete Unterstützung, als Pakistan 1947 als erster moderner Staat auf der Basis religiöser Zugehörigkeit gegründet wurde. Ein Jahr später, bei der Gründung des Staates Israel, war der politische Islam von der Selbstdarstellung des Zionismus als einer säkularen Nationalbewegung nicht besonders beeindruckt. Israel war für sie ein zweites Beispiel der politischen Einheit einer religiösen Nation oder *Umma*.

Der moderne arabische Nationalismus entwickelte sich im 19. Jahrhundert im Osmanischen Reich. Er begann seinen Kurs als eine organisierte arabische Nationalbewegung mit dem Kampf gegen das Osmanische Reich in der Revolte von 1916. Als Resultat der internationalen Kräfteverhältnisse nach dem Ersten Weltkrieg entstand aber kein Nationalstaat, er konnte sich also nicht im europäischen Sinne des Wortes als politische Einheit organisieren.

Stellen die Araber eine Nation dar? Macht sie ihr Streben nach politischer, nach staatlicher Einheit – ein Traum, der nie verwirklicht wurde – zu einer Nation? Unzählige wissenschaftliche Debatten sind um diese Frage geführt worden, ähnlich den Debatten, ob es eine deutsche Nation gebe und welcher Natur sie sei. Dabei ist die Existenz eines arabischen Nationalismus nicht umstritten, eines Nationalismus, der sich auf der Basis einer gemeinsamen Sprache und territorialer Kontinuität entwickelt hat, einer kollektiven Geschichte, die im Gedächtnis weiterlebt. Und es gibt einen gemeinsamen Glauben an die Existenz einer arabischen Nation. Am 12. März 1945 wurde der postkolonialen Realität in der Gründung der Arabischen Liga eine Form gegeben, die sowohl die Teilung der arabischen Welt durch englische und französische Kolonialisten als auch ihre Einheit aufrechterhielt.

Die Konfrontation zwischen dem Arabismus und dem Islam in seinen offenen und versteckten Formen existiert seit den ersten Eroberungen arabischer Moslems außerhalb der arabischen Halbinsel und der Bekehrung nicht-arabischer Völker, die Teil des Reiches wurden, zum Islam. Diese Konfrontation hat sich auf sehr verschiedene Art und Weise manifestiert. In der islamisch-arabischen Kultur existierte ein Widerspruch zwischen den universalistischen Ansprüchen des Islams und seiner arabischen Eigenheit und Herkunft sowie seinem Beitrag zur Herausbildung der arabischen Identität. Die Dynamik, die dieser Widerspruch entwickelte, brachte eine äußerst kreative kulturelle Synthese neben harten Kämpfen und Konflikten hervor, in denen die verschiedenen nicht-arabischen Moslems im Namen der Gleichheit für alle Moslems gegen die arabische Herrschaft im Reich kämpften.

Der irakisch-iranische Krieg der achtziger Jahre restaurierte ein Bewußtsein über den Konflikt zwischen »Arabismus« und *Schu'ubiya* (einer Vielzahl anti-arabischer Bewegungen und Philosophien, die in Persien während des islamisch imperialen Zeitalters entstanden), da beide Regierungen zu Zwecken der politischen Propaganda alte Mythen aus den Tiefen kollektiver

Erinnerung benutzten. Der Kampf zwischen den beiden Ländern um die Kontrolle der Golfregion, in der zwei Drittel der gesamten Ölreserven der Welt liegen, ist offensichtlich etwas völlig anderes als der Kampf zwischen Arabismus und den *Schu'ubiya* im Kontext des islamischen Reichs. In der Regel benutzen arabisch-nationalistische Führer islamische Mythen, weil das islamische Reich als das Goldene Zeitalter der arabischen Nation angesehen wird. Der Konflikt mit Israel – insbesondere nach der Eroberung Ost-Jerusalems – beflügelte den Gebrauch islamischer Mythen. Aber selbst ohne die Palästina-Frage zu berücksichtigen, ist es offensichtlich, daß es sogar säkularen arabischen Spitzenpolitikern schwerfällt, sich als säkular zu bezeichnen, so wie es sich Kemal Atatürk, der Gründer der modernen Türkei, in seinem Kampf gegen das Kalifat und das islamische Establishment erlaubt hatte.

Wie sieht die Beziehung zwischen Arabismus und Islam im modernen Zeitalter also aus? Arabische Historiker halten es für schwierig, die Quelle des modernen arabischen Nationalismus zu bestimmen. Ist er in der ganzen arabischen Welt zur gleichen Zeit als Resultat der Konsolidierung einer städtischen Mittelschicht entstanden, die aus den Kontakten mit dem Westen und dem Modernismus hervorging? Oder hatte er spezifischere Ursprünge: *Bilad al-Scham* (Syrien, Libanon, Palästina)?

Die ersten Konfrontationen zwischen Arabern und dem Osmanischen Reich, die als solche gesehen wurden, brachen in Großsyrien gegen die Veränderungen aus, die im Osmanischen Reich nach der türkisch-nationalistischen Revolte von 1908 stattfanden. Sie richteten sich gegen den Versuch, dem Reich eine unverkennbar türkische Färbung zu geben (*tatrik*).

In ihrer modernen Form sind türkischer und arabischer Nationalismus in der Tat Zwillinge; sie wurden in derselben Zeit geboren: als sich eine moderne städtische Mittelschicht in beiden Völkern herausbildete, die lokale Interessen und eine Tendenz zur westlichen Bildung entwickelte und der europäische Nationalismus einflußreich wurde. Beide Nationen entwickelten ihre nationalistischen politischen Bewegungen, während die islamische Einheit sich auflöste und die islamische *Umma* geleugnet wurde. Der arabisch-nationale Kampf begann mit der Forderung nach lokaler Autonomie, entwickelte sich aber rasch zu Positionen, die zur Abspaltung vom Reich und zur Etablierung eines arabischen Staates aufriefen.

Moslemische Historiker, die dem politischen Islam auf die eine oder andere Art nahestehen, geben christlichen Denkern in Syrien die »Schuld« an der Geburt des arabischen Nationalismus. Sicherlich liegt in dieser Behauptung ein wahrer Kern; die christliche Intelligenz in Syrien suchte tatsächlich eine Gemeinsamkeit mit der moslemischen Mehrheit, um den Kampf gegen das islamisch-osmanische Reich voranzutreiben. Die christlichen Intellektuellen waren außerdem dem westlichen Einfluß stärker ausgesetzt, auch dessen nationalistischen Ideologien. Trotzdem gab es unter den Gründern des arabischen Nationalismus auch viele Moslems. Darunter waren sogar Geistliche, wie Abdul Rahman al-Kawakbi, und später auch säkulare Persönlichkeiten wie Sat'a al-Husri. Die moslemischen wie die christlichen Intellektuellen machten denselben Prozeß durch, aber bei den Christen manifestierte er sich aufgrund besonderer Umstände deutlicher.

Zwei klare Strömungen können in der arabischen Ideologie unterschieden werden. Die erste entwickelte eine nationalistische Richtung, die vom Islam unabhängig ist und sich höchstens als kulturelles Erbe auf ihn bezieht. Die zweite betrachtet demgegenüber die Religion als ein wichtiges Element der arabisch-nationalistischen Ideologie. Die frühen Befürworter des arabischen Nationalismus wurden wesentlich von der westlichen liberalen Tradition (die sie ins Arabische übersetzten) beeinflußt und erarbeiteten ihre eigene liberale, nationalistisch-politische Sichtweise. Erst nach dem Beginn der Konfrontation mit dem »demokratischen Westen« und nachdem diese als eine Konfrontation mit dem Kolonialismus wahrgenommen wurde, entwickelte sich das arabisch-nationalistische Denken in die Richtung eines romantischen Nationalismus im Sinne al-Husris.[27]

Bis zum Ausbruch des Konflikts mit den Kolonialmächten – Frankreich in Nordafrika, Syrien und dem Libanon; England in Ägypten, Palästina und im Irak – hatte sich der arabische Nationalismus schon in eine Ideologie mit verschiedenen Strömungen entwickelt. Ab diesem Zeitpunkt kam er mit der Volksreligiosität und dem religiösen Establishment in Berührung. In Nordafrika, wo es weder große christliche Minderheiten noch einen Kampf gegen das moderne Osmanische Reich gab, entstand eine interessante Beziehung zwischen dem arabischem Nationalismus und dem Islam, bei der der Islam eine wichtige Rolle spielt. In Ägypten hingegen finden wir ein ausgeglicheneres Bild. Das Land genoß formale Unabhängigkeit. Die nationalistische Bewegung behielt während der Periode des anti-britischen Kampfes ihren liberal-demokratischen Charakter.

Zwei Strömungen des politischen Islams entwickelten sich parallel dazu. Die erste rief zu Reform und Modernisierung des Islams auf und kooperierte mit der nationalistischen Bewegung, wohingegen die zweite einen politischen Islam außerhalb der nationalistischen Bewegung entwickelte und für die Wiederherstellung islamischer Einheit und ihres Symbols – des Kalifats – einzutreten begann. Aber selbst diese Strömung betrachtete die nationale Unabhängigkeit als einen notwendigen Schritt auf dem Weg zum islamischen Staat.

Die säkular-nationale Ideologie verbreitete sich in den arabischen Ländern nach der Befreiung vom Kolonialismus vor allem in den fünfziger und sechziger Jahren, als Regime an die Macht kamen, die den arabischen Nationalismus offensiv vertraten und die Idee der arabischen Einheit auf ihre Fahne schrieben.

Es ist nicht meine Absicht, hier eine ausführliche Analyse der arabisch-nationalistischen Ideologie vorzunehmen oder die Wandlungen dieser Regimes zu untersuchen. Ich will lediglich feststellen, daß der neue arabische Nationalstaat seine Haltung gegenüber der Religion verändert hat. Militante Regimes betrachteten organisierte religiöse Kräfte als eine potentielle

Bedrohung der neuen staatlichen Institutionen, die unter der Kontrolle der Offizierskaste entstanden waren und sich unter der Führung der neuen Mittelschichtseliten konsolidierten. »Der Staat versuchte, den Islam zugleich vom politischen Feld fernzuhalten und ihn in der Sphäre der Gemeinde, der Bildung und des Privaten zu erhalten. Auf diese Weise sollte seine breite öffentliche ideologische Beziehung zum Staat selbst, als auch zu sozialer Erfahrung auf nationaler Ebene blockiert werden.«[28]

Der arabische Nationalismus stand während kurzer Zeiträume seiner Geschichte den religiösen Angelegenheiten neutral gegenüber. Er trennte Religion vom Staat – aber ohne das klassische europäische Modell zu übernehmen. Es besteht allerdings kein Zweifel daran, daß das Konzept der »arabischen Nation« (und selbst der arabische Nationalismus) einen Säkularisierungsprozeß durchlaufen hat. Dieser Prozeß vollzog sich auf drei Ebenen: der

- des historischen Ursprungs des Konzepts im Kampf gegen das moslemische Osmanische Reich;
- des sozialen Subjekts, das den abstrakten Begriff in konkrete soziale Kämpfe umsetzte: die Bourgeoisie und die Intellektuellen mit ihren Bestrebungen nach nationaler Unabhängigkeit;
- des politischen Subjekts selbst: Araber, sowohl Moslems als auch Christen, wurden von anderen Moslems durch die nationalistische Ideologie getrennt; der Islam wurde zu einem Bestandteil ihrer nationalen Identität – und nicht umgekehrt.

Die Säkularisierung des Begriffs *»Umma«* trug zur Tendenz der politischen Religiosität bei, das Konzept der »islamischen Nation« zu repolitisieren und als ein politisch-religiöses Ganzes zu sehen, das im Widerspruch zur arabischen Nation als einer politisch-nationalen Einheit steht. Das führt zu Zusammenstößen zwischen extremistischer politischer Religiosität und extremistischem Nationalismus: die »Heiligsprechung« von Werten in der säkularen Politik – wenn sich etwa säkulare

Politiker religiöser Mythen bedienen – prallt mit der Repolitisierung der Werte in der religiösen Sphäre zusammen. Die verschiedensten Formen des Konflikts zwischen modernem arabischen Nationalismus und politischem Islam, von vorsichtigem Mißtrauen bis zur offenen Feindseligkeit, sind möglich. Al-Bishri, ein wichtiger ägyptischer moslemischer Philosoph, griff die Säkularität als wesentlichen Unterschied zwischen den beiden Ideologien heraus: »Man kann sagen, daß der Hauptunterschied zwischen politischem Islam und arabischem Nationalismus (...) die ›Säkularität‹ ist; meiner Meinung nach gibt es keinen wichtigeren Unterschied zwischen den beiden Strömungen.«[29]

Der Widerstand gegen den arabischen Nationalismus, als dieser zur Zeit Nassers seinen Höhepunkt erreichte und mit Konzepten wie dem arabischen Sozialismus, der Nationalisierung wichtiger Wirtschaftsbereiche und der Führung der Blockfreienbewegung assoziiert wurde, stammte hauptsächlich von konservativen Kräften in der arabischen Welt. Eine relativ lange Zeit schienen die feudal-stammesgebundenen Regimes die Verteidiger des Islams gegen die säkulare arabisch-nationalistische Ideologie zu sein. Ironischerweise waren es genau diese konservativen Regimes, die *klimiya* (Regionalismus oder Lokalpatriotismus) gegen die arabische Einheit verteidigten, die ebenfalls Verfechter des Islams waren, der im politischen Islam eine *universalistische* Ideologie ist. Und es waren gerade die nationalistischen Regimes, die den Spaltungen der arabischen Welt die Einheit entgegensetzen wollten.

Auf dem Höhepunkt dieses Konflikts (1966) organisierte Saudi-Arabien die Islamische Konferenz-Organisation *(ICO)*, die alle Länder mit moslemischer Mehrheit einschließen sollte. Zuerst lehnte Nasser die Beteiligung ab, änderte aber seine Meinung nach der vernichtenden Niederlage im israelisch-arabischen Krieg 1967. Ein solches Verhaltensmuster ist symptomatisch für die heutige Beziehung zwischen dem Islam und dem arabischen Nationalismus: Einer gewinnt auf Kosten des anderen.

Der Krieg von 1967 schuf eine neue politische Ordnung in der Region. In der arabischen Welt wurde der Sieg Israels als Niederlage des Pan-Arabismus aufgefaßt. Für einige Jahre schien der arabische Nationalismus als Ideologie der Vergangenheit anzugehören. Das spiegelte sich ebenso in der ägyptozentrischen Haltung Sadats und seiner Berater wider, die für einen eigenen Kurs Ägyptens eintraten, wie im Aufstieg Saudi-Arabiens zu einer wichtigen Kraft in der arabischen Welt und in der zunehmenden Macht des politischen Islams als einer ideologischen Alternative.

Die Krise des arabischen Nationalismus als Ideologie, die Lösungen für die ökonomischen und sozialen Probleme der Zeit nach der Unabhängigkeit liefern sollte, ging der Niederlage von 1967 aber bereits voraus und war möglicherweise eine ihrer Ursachen. Meiner Meinung nach beeinflußte diese Krise allerdings nicht das Gefühl nationaler Identität der breiten Mehrheit der Bevölkerung, das weiterhin mit der Volksreligiosität koexistierte. Bei den arabischen Intellektuellen hingegen sind ein Polarisierungsprozeß und die Entwicklung neuer Strömungen zu beobachten, die sich zunehmend auf Fragen der politischen Struktur des arabischen Staates beziehen, etwa demokratische Regierungsformen, wirtschaftliche Unabhängigkeit und ähnliche Probleme. In diesem Kontext vollzieht sich seit den siebziger Jahren die Entwicklung einer kritischen Beziehung zum islamischen Erbe bis hin zu einem möglichen Bruch mit ihm.

Wie entwickelte sich die Haltung des politischen Islams gegenüber dem arabischen Nationalismus? Emmanuel Sivans *Qannaei ha-Islam* (Übersetzung des englischen Titels: »Der radikale Islam: Mittelalterliche Theologie und moderne Politik«) enthält eine detaillierte Beschreibung der Haltung politisch-islamischer Bewegungen gegenüber dem arabischen Nationalismus, insbesondere in den sechziger und siebziger Jahren. Er zitiert Sa'id Hawa, einen der prominentesten Führer der Moslembruderschaft in Syrien, der Arabismus als säkulare Religion definiert: »Eine Verbindung mit dem Nationalismus als solchem ist eine ganz natürliche Sache. Aber wenn jemand gefragt wird, ›Was sind deine Grundsätze?‹, und er antwortet: ›Ich bin Araber‹ – dann verdient das strengste Verurteilung. Er hätte sagen sollen, daß er Moslem, Christ oder Jude ist. Die ethnische Identität eines Mannes sollte keinen Einfluß auf seinen Glauben, seine Meinungen und Bräuche haben. Dieser katastrophale Fehler macht aus dem Nationalismus einen Ersatz für den Islam.«[30]

Dieser Standpunkt ist typisch für das Denken der modernen islamischen politischen Bewegungen zu einem relativ späten Zeitpunkt, aber er war es zu keinem Zeitpunkt für die Gemeinschaft der Gläubigen als Ganzes.

Die radikalen islamischen Bewegungen – besonders die in Ägypten und Syrien –, zu deren herausragenden Führern Sa'id Hawa gehört –, leisten durch die Verbreitung einer Vielzahl von Broschüren, Büchern und Plakaten eine umfangreiche Propagandaarbeit gegen die sogenannte »Anbetung des Staates«, die sich im Grüßen der Fahne, patriotischen Liedern und Besuchen am Grab des unbekannten Soldaten usw. niederschlage. Im Nahen Osten wird jeder Beobachter den großen Unterschied zwischen dem Verhalten dieser Strömungen in der arabischen Welt und dem der politisch-religiösen Bewegungen in Israel in bezug auf deren Haltung nationalen Symbolen und Werten gegenüber erkennen. Es ist bemerkenswert, daß ein großer Teil der Publikationen dieser islamistischen Bewegungen dem Staat Israel eine Mischung aus Haß und Respekt entgegenbringt, weil sie ihn als religiösen jüdischen Staat betrachten.

Die meisten Historiker datieren den Beginn der modernen Ära der islamischen Geschichte mit der napoleonischen Invasion in Ägypten, auch wenn diese eigentlich nur in Ägypten den Beginn der modernen islamischen Geschichte markiert. Aber angesichts des geistigen Einflusses Ägyptens und seiner gewichtigen Bedeutung in der arabischen Welt und vor dem Hintergrund der tiefgreifenden Veränderungen, die das Osmanische Reich zu Beginn des 19. Jahrhunderts erschütterten, teile ich diesen Standpunkt. Der islamische Aufschwung während der langen und tiefen Krise des Osmanischen Reiches fiel mit der Konfrontation mit dem Modernisierungsprozeß und dem Import westlicher Ideen zusammen. Obwohl es üblich ist, diesen Prozeß in Stadien und Phasen zu unterteilen, werde ich mich auf eine andere Art der Klassifizierung konzentrieren, um die programmatischen Unterschiede zu betonen.

(1) In die erste Phase fällt die Strömung des Wiederauflebens des Islams, die man »fundamentalistisch« in der ursprünglichen Bedeutung des Wortes nennen könnte, weil sie eine Rückkehr zu den reinen Glaubenssätzen des Islams anstrebte. Ihre Merkmale sind der Kampf gegen Aberglaube und Legenden, die Ablehnung jeglicher Vermittlung zwischen Mensch und Gott durch Heilige oder Heiligenverehrung, und insbesondere eine strenge Interpretation des Korans und der *Sunna*. Zu dieser Strömung gehörten Bewegungen wie die der Wahabiten auf der arabischen Halbinsel, die von Bin Abdul Wahab (1703–1791) gegründet worden war. Nachdem der Saud-Clan sich ihr angeschlossen hatte, konnte er den größten Teil der arabischen Halbinsel für sich gewinnen.

In den höher entwickelten kulturellen Zentren trat eine andere Strömung in Erscheinung. Diese rief zur Reorganisation des Reiches auf (die Sultane Selim II. und Mohammed II. in Istanbul und der moderne Staat Mohammed Alis in Ägypten, 1805–1848).

Die erste Strömung entstand am Rand des Osmanischen Reiches, in kulturell und ökonomisch zurückgebliebenen Regionen, weit abgelegen von den städtischen Zentren. Die Strömungen des zweiten Typs sind durch den Versuch gekennzeichnet, institutionelle Reformen einzuleiten und die Verwaltung des Reichs oder seiner Teile im Sinne einer Einheit von Religion und Staat zu modernisieren. Dies waren möglicherweise die letzten Versuche, den Islam in diesem Zusammenhang wiederzubeleben.

(2) Das zweite Stadium des islamischen Wiederaufschwungs begann mit bedeutenden ägyptischen Denkern wie Jamal al-

Din al-Afg'ani (1839–1896) und seinen Schülern, Mohammed Abdu (1849–1905) und Mohammed Rashid Rida (1865–1935). Diese Denker starteten ein beeindruckendes Unternehmen, das sich dem Wiederaufleben des Islams und seiner Anpassung an die Moderne widmete und die Tür für liberalere Auslegungen (*ijtihad*) des Korans und der *Sunna* öffnete. Al-Afg'ani rief zur islamischen Einheit unter dem Dach eines modernen aufgeklärten Islams[31] auf. Schon gegen Ende des 19. Jahrhunderts hatte al-Afg'ani verstanden, daß die Modernisierung den dominanten kulturellen Faktor im Osmanischen Reich – den arabischen Nationalismus – nicht außer acht lassen durfte. Er wendete sich an den osmanischen Kalifen, um Arabisch, die Sprache des Islams, zur offiziellen Sprache des Reichs zu machen.[32] Ungefähr zur selben Zeit rief Scheich al-Kawakbi, einer der Vorreiter des arabisch-nationalistischen Gedankens, dazu auf, den türkischen Kalifen durch einen arabischen zu ersetzen. In Ägypten entwickelte sich ein reformierter Islam, der Arabismus als einen seiner Bestandteile ansah; in Syrien entstand ein arabischer Nationalismus, der den Islam als einen seiner Bestandteile betrachtete. Die Entwicklungslinie, die von al-Afg'ani zu Rashid Rida führt, zeigt eine Tendenz zur Überpolitisierung des Islams, zu einer detaillierteren Beschäftigung mit sozialer Organisierung. Zeigt zunehmendes Engagement für die internen Probleme der ägyptischen Gesellschaft, die Widersprüche zwischen der Entwicklung moderner Institutionen sowie moderner Bildung und konservativer Tradition, konservativen religiösen Institutionen und religiöser Bildung, die vollständig von den Tendenzen der modernen Bildung abgeschnitten waren.

Die nationale Bewegung, die sich der britischen Besatzung widersetzte, übernahm einen liberalen, säkularen Ansatz (die *Wafd*-Partei), während der Übergang von Mohammed Abdu zu Rashid Rida eine Tendenz zu einem strengeren politischen Islam mit sich brachte. Rashid Rida begann sich intensiver auf religiöse Vorschriften und Kommentare der Schule Ibn Teimiyahs zu beziehen, des islamischen Philosophen des 14. Jahrhunderts, der als erster den *Dschihad* gegen einen moslemischen Herrscher erlaubte und den *Dschihad* gegen Ungläubige zu einem religiösen Grundsatz machte. Natürlich bezog sich Rida auf Ibn Teimiyah in einem weniger militanten sozialen Zusammenhang; aber verfolgt man diese intellektuelle Entwicklungslinie bis heute, dann läßt sich das Wiederaufleben des gesamten Vermächtnisses Teimiyahs durch Sayyid Qutb (in den sechziger Jahren) und durch die islamistischen Gruppen (die *Jama'aat*) in den siebziger und achtziger Jahren feststellen. Die Entwicklungslinie von al-Afg'ani zu Rashid Rida geht in die Richtung einer Überpolitisierung und Militanz des politischen Islams. Während sich al Afg'ani anfangs kopfüber in die Modernität stürzte, endete Rida in abgeschlosseneren und strengeren Islaminterpretationen. Als sich die Säkularisierung der Gesellschaft intensivierte, spielten beim Wiederaufleben des Islams Kompromisse mit der Modernität keine große Rolle.

(3) Zur gleichen Zeit, am Ende der Ära al-Afg'anis, Abdus und Ridas wurde in Ägypten die Moslembruderschaft gegründet. Dies kündigte den Beginn der Geschichte des politischen Islams als organisierter politischer Bewegung an. Die Organisation erreichte ihre größte Popularität in den vierziger Jahren. Sie beteiligte sich 1948 am Krieg gegen Israel, die Bedeutung ihrer Unterstützung der Revolution von 1952 ist umstritten. Die Moslembrüder kamen hauptsächlich aus der unteren Mittelschicht, vor allem aus ägyptischen Kleinstädten und auch aus der ländlichen Bevölkerung, die in die Städte migriert war. Die Organisation fand ihre Basis vor allem unter den Opfern des Modernisierungsprozesses. Aber auf ihrem Höhepunkt schaffte sie es, alle Ebenen der ägyptischen Bevölkerung zu durchdringen. Sie organisierte eine Untergrundbewegung (*al-Jihaz al-Siri*), die parallel zu ihr arbeitete, aber sie propagierte keine Gewalt oder *Dschihad* im gewaltsamen Sinne des Wortes als Mittel, um die Islamisierung der Gesellschaft und des Staates herbeizuführen. Die Geschichte der Moslembruderschaft ist reich an Spannungen zwischen der politischen Führung

und der militanteren Untergrundführung. In den vierziger Jahren kam es zu ernsten Gewaltausbrüchen in ihrem Kampf gegen das *Wafd*-Regime. Die Organisation bildete eine Allianz mit dem Königshaus gegen die liberal-säkulare *Wafd*-Partei, aber mit zunehmender Stärke geriet sie auch mit dem König in Konflikt. Ihr Führer fiel dieser Konfrontation 1949 zum Opfer, nachdem die Organisation verboten worden war.

Die Beziehungen zwischen der Moslembruderschaft, der konservativen Monarchie und dem liberalen Nationalismus lassen einen gewissen zyklischen Ablauf erkennen. Der Hof benutzte die Bruderschaft gegen die liberale *Wafd*, bis sie so stark war, daß sie zu einer Bedrohung für die Monarchie wurde. Sadat benutzte die moslemischen Bewegungen in seinem gewaltsamen Kampf gegen die nasseristische Linke. Aber als sie zu stark wurden, brach ein Kampf zwischen ihnen und Sadat aus. Das heißt, ein säkulares Regime kann Religion oder sogar das religiöse Establishment für seine politischen Zwecke instrumentalisieren, aber wenn es das gleiche mit politisch-religiösen Bewegungen versucht, sieht es anders aus. Dann ist die Instrumentalisierung wechselseitig: In den politisch-religiösen Organisationen gibt es Politiker, die das Regime ebenso benutzen, wie das Regime sie benutzt.

In den Schriften des Gründers und Führers der Bruderschaft, Hassan al-Banna, finden wir die Devise, daß Islam »Kult und Führerschaft, Religion und Staat, Spiritualität und praktische Anwendung, Gebet und *Dschihad*, Herrschaft und Gehorsam, Koran und Schwert« sei.[33] Al-Banna war bereit, mit dem arabischen Nationalismus zu kooperieren oder die Idee der arabischen Einheit aus einer gesamtislamischen Perspektive zu akzeptieren. Allerdings galt das nur aus der Position einer organisatorischen Unabhängigkeit heraus, das heißt, nicht als Bestandteil der nationalen Bewegung. Bis heute hält die Bruderschaft ihr fanatisches Bestehen auf Unabhängigkeit aufrecht, sogar nachdem der politische Islam sich institutionalisiert hat. Das gilt selbst bei Völkern, die einen Kampf um nationale Befreiung führen, wie dem palästinensischen.

In seinem Brief an die fünfte Tagung der Moslembruderschaft brachte al-Banna seine Meinung über den arabischen Nationalismus zum Ausdruck: »Die nationale Befreiung ist eine Phase im Prozeß der menschlichen Entwicklung in Richtung Universalismus. Jedes nationale Wiedererstehen, jede nationale Einheit und jede regionale Einheit sind ein Schritt auf dem Weg zur ersehnten Universalität. Universalität, Humanität ist das erhabene Endziel unserer Reformen. Die Welt wird es zwangsläufig erreichen. Jedes Zusammenschließen von Nationen und jedes Vermischen von Rassen und Völkern, jedes Bündnis der Schwachen ... all dies bereitet den Weg für den universalistischen Gedanken, der nationale *Schu'ubiya* ersetzt, an die Menschen in der Vergangenheit glaubten.«[34] Die Versuche, zwischen arabischem Nationalismus und dem Islam durch die Trennung von Religion und Nationalismus einen Kompromiß zu schaffen, hielten nicht lange. Als eine Fraktion der Moslembruderschaft 1977 al-Bannas Brief veröffentlichte, wurde folgende Randbemerkung angefügt:

»Zur Zeit des Erwachens von nationalen und patriotischen Bewegungen hielten es einige moslemische Prediger für möglich, eine Verständigung mit diesen Bewegungen zu erreichen. Die praktische Erfahrung hat gezeigt, daß diese zwei Doktrinen nie zusammenkommen können, weil der politische Islam eine für die ganze Menschheit bestimmte universalistische, göttliche Religion ist, wohingegen jene Dogmen rassistisch sind und von Menschen in dieser Welt geschaffen wurden.«[35]

Der Traum von einem Kompromiß zwischen den politisch-religiösen und den nationalen Bewegungen wurde mit dem Aufkommen von Regimes beendet, die offen für eine nationalistische Ideologie eintraten. Die Wandlung der nationalistischen Ideologie zur Herrschaftsideologie drängte die Religion an den Rand der politischen Bühne. Und damit konnten sich die Konservativen auf den Kompromiß mit den Islamisten einlassen, entweder aufgrund einer bewußten Entscheidung oder einfach aufgrund der Entwicklungen. Die politische Religiosität strebte jetzt einen Staat an, und damit wurde der Kampf zu einem Kampf um die Macht.

Als Folge des Putsches vom Juli 1952 wurden 1954 in Ägypten alle Parteien außer der Moslembruderschaft verboten. Im selben Jahr kam es jedoch zum Ausbruch eines ernsten Konfliktes zwischen der Bruderschaft und dem Revolutionsrat, der nach einem Attentat auf Nasser gewaltsame Formen annahm. Innerhalb der Bruderschaft kam es zu einem heftigen Streit über ihre Beziehung zur säkularen Regierung, der zu einer Serie von Abspaltungen führte. Das Regime Präsident Nassers verfolgte die Moslembruderschaft mit rücksichtsloser Gründlichkeit, besonders auf dem Höhepunkt seiner Popularität zur Zeit des Krieges von 1956. Die Nationalisierung des Suez-Kanals, landwirtschaftliche Reformen, das Aufbrechen des westlichen Monopols bei Waffenlieferungen, die Industrialisierung der Wirtschaft durch den Aufbau eines großen öffentlichen Sektors und andere Maßnahmen hatten der Regierung großen Rückhalt in der Bevölkerung verschafft. Für längere Zeit schien der politische Islam geschlagen. Das war die Epoche des arabischen Nationalismus.

Die restlichen Mitglieder der Moslembruderschaft flohen in Nachbarländer und gingen eine offene Allianz mit dem saudischen Regime ein. Die Moslembruderschaft brauchte lange, um sich von Nassers durchschlagend populärer Politik für die arabische Einheit und von ihrem Ruf als Verbündete des saudischen Regimes und Widersacher des arabischen Nationalismus zu erholen.

Die Situation veränderte sich in gewissem Maße in den siebziger Jahren, als Sadat die Mitglieder der Moslembruderschaft aus den Gefängnissen entließ und der Organisation erlaubte, eine Zeitschrift herauszugeben und öffentlich aufzutreten. Nach der Niederlage von 1967, die von der Bruderschaft als göttliche Strafe für die Sünde des arabischen Nationalismus interpretiert wurde, verschärfte sich die interne soziale Krise, die die Regimes des arabischen Sozialismus (eine Variante des arabischen Nationalismus) bedrohte. Konservative Kräfte in diesen Ländern starteten eine intensive Kampagne, um ihre Regimes zu verändern. Auch in Syrien ging die Moslembruderschaft Verbindungen mit der Bourgeoisie (vor allem mit den Kaufleuten aus Damaskus, Hamat und Aleppo) und mit den Landbesitzern ein, die unter der Agrarreform gelitten hatten. Der arabische Sozialismus hatte tatsächlich eine verzerrte Form von Staatskapitalismus mit seinem großen bürokratischen Apparat geschaffen und steckte in einer ernsten Krise. Er hatte zu einem hohen Preis eine wirtschaftliche Infrastruktur aufgebaut, aber diese war gelähmt und stagnierte.

Die Regimes, die ihre radikaleren Vorgänger nach der Niederlage von 1967 ablösten, machten alles nur schlimmer. Sie erlaubten dem politischen Islam zu agieren und verschafften ihm sogar eine Basis in der Bevölkerung. Es kam zu einem raschen Übergang von einem verzerrten Staatskapitalismus zu einer Mischwirtschaft aus verzerrtem Staatskapitalismus und einer verzerrten Marktwirtschaft mit einer wirtschaftlichen Öffnung zum Weltmarkt. Die Folge war ein Prozeß der Verarmung, der die Gesellschaft tief erschütterte, Migration von den Dörfern in die Städte auslöste, Arbeitslosigkeit verursachte und eine neue Klasse schuf, die zwischen dem Weltmarkt und den lokalen Verbrauchern vermittelte. Diese »Neureichen«, wie sie in der arabischen Welt genannt wurden, bildeten eine Klasse, die sich aus denen zusammensetzte, die wirtschaftliche Vorteile aus der Zerstörung des öffentlichen Sektors gezogen hatten, etwa aus der Privatisierung des Außenhandels, des Maklergeschäfts, der Unternehmen und der Bauindustrie. Diese Klasse war der Öffentlichkeit noch stärker entfremdet als die militärische Bürokratie, die zumindest eine Ideologie bereitgestellt und beschränkte ökonomische Reformen durchgeführt hatte. Sie benötigte eine Legitimationsideologie. Unter den gegebenen Umständen konnte das nur der Islam sein.

Gleichzeitig gab es im Volk ein massives Wiederaufleben des Islams in bezug auf Kleidung, Besuch der Moscheen und ähnliches. Die Regimes hatten zwar eine Ideologie abgelegt, waren aber unfähig, dazu eine Alternative anzubieten. Nun versuchten sie, dieses Versäumnis auszugleichen, indem sie mehr Sendezeit für religiöse Programme in staatlichen Rundfunk- und Fernsehsendern gaben, indem sie selbst religiöse Mythen intensiver für politische Zwecke nutzten, Geld in religiöse Einrichtungen investierten und Moscheen bauten. Das war nur Öl im Feuer, und der Großbrand ließ nicht lange auf sich warten. In den späten siebziger Jahren inszenierte die Moslembruderschaft einen Putsch in Syrien, der scheiterte, im Sudan setzte Numeiri die *Schari'a* durch, und Zia ul-Haq putschte 1977 in Pakistan, unterstützt durch die *Jam'aa al-Islamiya*. Im Libanon und in Nordafrika breiteten sich die islamistischen Bewegungen aus. Die iranische Revolution markierte den Gipfel der zunehmenden Macht des politischen Islams und gab dem politisch-religiösen Erwachen in der ganzen islamischen Welt eine neue Dimension.

Jeder Versuch, die islamische politische Religiosität der Gegenwart aus dem Islam selbst als einer »politischen Religion« ableiten zu wollen, ist von vornherein aufgrund seines rein ideologischen Vorgehens zum Scheitern verurteilt. Der politische Islam als modernes Phänomen kann nur im Zusammenhang mit dem modernen Milieu der bestehenden islamisch geprägten Gesellschaften verstanden werden. Dabei muß die Analyse Wirtschaft, Politik und Kultur im weitesten Sinne mit einbeziehen. Die modernen politisch-religiösen Bewegungen sind das Ergebnis eines verzerrten Säkularisierungsprozesses der islamischen Gesellschaften, einer ökonomischen Krise, die in einem verzerrten Kapitalismus endete, und des kulturellen Zusammentreffens mit der Modernität im Schatten einer Identitätskrise.

Islamische politische Religiosität heute: das Beispiel Ägypten

In den frühen achtziger Jahren wurde die interne Struktur der islamischen Bewegung äußerst kompliziert. Gruppen und Untergruppen, Parteien und Fraktionen verbreiteten sich in allen Ländern des Nahen und Mittleren Ostens. Manchmal wurde derselbe Name von mehreren Organisationen unterschiedlichen Typs verwendet – so zum Beispiel »Islamischer *Dschihad*«. Selbst in den Augen der Vertreter der Strömungen des politischen Islams sind die Vermehrung und Ausdifferenzierung der islamischen Bewegungen ein Symbol sowohl des Erfolgs als auch des Scheiterns. Die Gründung der vielen verschiedenen Gruppen rührt nicht nur von unterschiedlichen Bedingungen und Charakteren oder von Verschiedenheiten der Kultur und Klassen, sondern auch von der Tatsache her, daß ungleiche und teilweise sich widersprechende soziale, wirtschaftliche und politische Ansprüche und Erwartungen durch den Islam gerechtfertigt werden. Es ist nicht abzustreiten, daß dies einen gewissen Erfolg für den politischen Islam darstellt. Allerdings haben in letzter Zeit islamische Intellektuelle damit begonnen, Kritik am Kurs des politischen Islams und seiner Unfähigkeit zu üben, klare Lösungen für die Probleme von Entwicklungsländern anzubieten.[36] Die Vielfalt bedeutet auch mangelnde Einheit. Selbst diejenigen, die sich im Besitz der absoluten Wahrheit glauben, demonstrieren, daß es eine solche nicht gibt: Dies zeigt sich am deutlichsten in ihren unterschiedlichen und manchmal sogar widersprüchlichen Interpretationen der *Schari'a*.

Befindet sich der politische Islam heute in einer Krise? Ich denke schon, zumindest in seiner bisherigen Form. Aber wir dürfen daraus nicht schließen, daß er bankrott wäre. Wir sind Zeugen seiner sensationellen Erfolge im Maghreb (Algerien und Tunesien), und er hat es auch in Jordanien, in der Westbank und im Gazastreifen sowie unter der arabischen Minderheit in Israel geschafft, sich mit der Volksreligiosität zu verbinden. In all diesen Fällen ist schon eine Veränderung festzustellen, es ist eine interessante Synthese oder ein Kompromiß mit dem arabischem Nationalismus und der Modernisierung zu beobachten. Die Leistungen des politischen Islams beim Regieren des Sudans, Pakistans und des Irans sind allerdings nicht gerade ermutigend, nicht nur was Meinungsfreiheit und

Demokratie angeht oder im Hinblick auf die moderne säkulare Auffassung des politischen Islams als kultureller Rückzug ins Mittelalter, sondern vor allen Dingen in seinem Umgang mit sozialen Fragen.

Auf der anderen Seite verwandelte die Radikalisierung der islamistischen Organisationen in den späten siebziger und frühen achtziger Jahren sie wieder in elitäre Bewegungen, vergrößerte ihre inneren Differenzen und die Distanz der radikalen Gruppen zur Gemeinschaft der Gläubigen, also zur Volksreligiosität. Deshalb benutzen die radikalen Gruppen in den letzten Jahren wieder Methoden, die sie den Massen näherbringen, wie die Hetze gegen Minderheiten, etwa Christen. Allerdings werden von der Zunahme ethnischer Spannungen und ähnlicher Konflikte letztlich nur die Konservativen profitieren, die – im Gegensatz zu den Islamisten – in der Lage sind, einen sozialen Kompromiß vorzuschlagen.

Die Vielzahl der Gruppen des politischen Islams, die sich in den frühen siebziger Jahren in Ägypten entwickelte, hatte zwei Hauptquellen:

– die Spaltungen in den Reihen der Moslembruderschaften nach ihrer Konfrontation mit Nasser, die schon in ägyptischen Gefängnissen begonnen hatten;
– die *Jama'aat*, islamische Gruppen ägyptischer Studenten, die sich mit Unterstützung der Regierung, die eine breite Basis im Kampf gegen den Nasserismus suchte, an ägyptischen Universitäten organisierten. In diesem Zusammenhang sollte man sich an die Einführung der kostenlosen Schul- und Hochschulausbildung durch die arabischen sozialistischen Regimes erinnern, eine Innovation, die den unteren Klassen die Universitäten öffnete.

Die Gruppe *al-Takfir wa'al-hijrah* wurde von Gefängnisinsassen gegründet; ihre Mitglieder brachen jeden Kontakt mit der Moslembruderschaft innerhalb des Gefängnisses ab und wollten jegliche Verbindung zu modernen Erscheinungen aufgeben. Mitglieder der *Jama'at al-Muslimin* (Moslemische Gesellschaft) lebten in Höhlen und in den Bergen Südägyptens und schufen eine eigentümliche Kultur, die den totalen Gehorsam ihrem Führer gegenüber beinhaltete, und bereiteten sich auf den *Dschihad* gegen die ungläubige Gesellschaft vor. Die Gruppe sorgte für Schlagzeilen, als sie den ägyptischen Minister für Religion, Scheich al-Dahabi, entführte und tötete. Die Radikalität der Methoden dieser Organisation bei ihrer »Rückkehr zum reinen Islam« ist nicht besonders typisch. Aber die Vorstellung von der ungläubigen Gesellschaft, die *Jahiliya*, und die Rechtfertigung eines *Dschihad* innerhalb der moslemischen Gesellschaft gegen einen moslemischen Herrscher verbreitete sich unter den studentischen Befürwortern des politischen Islams und auch in der Moslembruderschaft, besonders auf dem Höhepunkt der Folterungen ihrer Mitglieder in Nassers Gefängnissen. *Dschihad* gegen den zionistischen Feind hat diese jungen Männer nicht besonders beeindruckt, seit sie ihr Hauptziel in der Befreiung der moslemischen Gesellschaft von der Herrschaft der Gottlosen sahen. Diese Aufgabe mußte zu Ende geführt werden, bevor sie ihre Aufmerksamkeit auf den äußeren Feind lenken konnten.

Wie erwähnt, sind die Ursachen dieser Konflikte schon in einem frühen Stadium der Entwicklung der Moslembruderschaft angelegt. Bereits in den vierziger Jahren vertrat eine Splittergruppe, die sich *Schabab Mohammed* (die Jugend Mohammeds) nannte und auf die Lehren des radikalen moslemischen Philosophen des 14. Jahrhunderts, Ibn Teimiyah, berief, ausdrücklich gewaltsame Aktionen. In den siebziger Jahren nahmen die gewalttätigen Tendenzen in den Randgruppen des politischen Islams stark zu. Ali Mustafa spaltete sich 1973 ab und gründete die *Dschihad*-Organisation. Im selben Jahr gründete der Palästinenser Salah Sariyah eine radikale Organisation in Kairo, die versuchte, die militärtechnische Hochschule zu übernehmen, Teil eines Planes, das Regime zu stürzen. Am Vorabend seiner Exekution gründete ein Staatsanwalt in Alexandria eine Organisation (1975), die ihn befreien sollte. 1979 vereinten sich drei Gruppen zum *Islamischen Dschihad*, der die Ermordung des Präsidenten Sadat durchführte.[37]

Die zahlreichen Untersuchungen der sozialen Herkunft der Mitglieder dieser Organisationen brachten Ergebnisse, die auch für ähnliche Gruppen außerhalb Ägyptens typisch sind:

- Die Aktivisten kommen aus der unteren Mittelschicht.
- Sie haben eine Hochschulausbildung, meistens in Naturwissenschaften, den technischen Fachbereichen, Medizin oder ähnlichen Fächern.
- Obwohl sie zur Zeit ihres Beitritts zur Organisation in Städten leben, kommen sie vom Land.[38]

Das überrascht nicht. Zuerst einmal ist die untere Mittelschicht diejenige Bevölkerungsklasse, die den Modernisierungsprozessen, der Einführung des Kapitalismus und den entfremdenden Einflüssen der Säkularisierung am schutzlosesten ausgesetzt ist. Ihre Mitglieder sind verarmt und verbittert und haben den Glauben an die bestehende gesellschaftliche Ordnung verloren. Zweitens liefert die Hochschulausbildung einen zusätzlichen, wichtigen Grund für die Zunahme dieser Verbitterung: den Wunsch nach der Verbesserung der eigenen sozialen Stellung. Eine naturwissenschaftliche Hochschulausbildung schafft Vertrautheit mit den wissenschaftlich-technologischen Aspekten der Modernität, ohne gleichzeitig Zugang zu deren geistigem Inhalt und die Werkzeuge bereitzustellen, sich mit der Moderne intellektuell auseinanderzusetzen. Die von der unteren Mittelschicht angenommene Modernisierung ist rein technisch. Was sie für den Geist der Moderne hält, zeigt sich in den verkümmerten Erscheinungsformen der Moral der Neureichen. Drittens werden der Übergang vom Dorf in die Stadt und damit die Modernisierungstendenzen als Anonymität, Entfremdung und Identitätsverlust erlebt. Junge Erwachsene, die ihre Dörfer verlassen haben, leben meist in Slums am Rande der Metropolen. In diesen Vorstadtslums, deren Verfall selbst ein Ausdruck des Identitätsverlustes ist, finden die Migranten in den Moscheen eine freundliche Aufnahme und beginnen sich zu organisieren.

Strukturelle Hindernisse halten diese verbitterten Studenten von der Integration in die wohlhabenden Klassen ab, die die

Früchte der Modernisierung ernten. Aber die Modernität selbst – die höhere Bildung, die Nachfrage nach politischer Organisation – stellt ihnen die Mittel für den Kampf gegen den Status quo bereit. Sie beziehen eine offensive Position, gewappnet mit einer rückwärtsgewandten Utopie – einer Utopie, die auf die Vergangenheit schaut, um der entfremdeten Gegenwart zu entfliehen.

Diese Flucht wird nicht als Rückzug, sondern als Angriff geführt. Ihre Befürworter sind keine Konservativen, sondern eher ein besonderes Produkt der Modernität – moderne Individuen mit gespaltenem und entfremdetem Bewußtsein, aufgeklärte Personen, die von der »Aufklärung« entfremdet sind. Sie leben in der Stadt und doch nicht in der Stadt, da ihr Zuhause das Dorf ist, das die ländliche Vertrautheit verloren hat, ohne den Individualismus der Stadt zu erreichen. Die alten geistigen Inhalte sind verloren, und nichts Neues ist an ihre Stelle getreten. Für sie ist die politisch-islamische Utopie stabiler, reiner und gerechter denn je. Im Schatten dieser Utopie des politischen Islams erscheint die materielle Notlage als Tugend. In ihren Augen ist Bescheidenheit besser als die Gelage der wohlhabenden Klassen der Großstadt. Das Leiden, das mit ihrem niederen sozialen Status Hand in Hand geht, wird mit dem der verfolgten Minderheit der Gläubigen in Mekka verglichen, die schließlich die *Jahiliya* überwanden und die Gerechtigkeit Gottes auf Erden in der Ära des Propheten und der ersten vier Kalifen verwirklichten.

In seinem Buch »Die Funktion der Religion« weist der deutsche Soziologe Niklas Luhmann auf zwei Funktionen von Religion hin: das Undefinierte zu definieren, besonders in Zeiten von Identitätskrisen, und Enttäuschungen aufzufangen.[39]

In den Vorstädten der großen Städte der ganzen arabischen Welt hat Religion diese zwei klassischen Rollen gespielt. Aber Luhmanns Analyse kann verfeinert werden: Solange Religion Enttäuschungen nur auffängt, bleiben wir im Bereich der Volksreligiosität. Die politische Religiosität geht zur Offensive über. Es ist möglich, daß während des Verarmungsprozesses, der die ländlichen Migranten in die Städte drängt, und durch die Aufgabe von Werten durch gebildete Mitglieder der technischen Berufe die Volksreligiosität die Enttäuschungen nicht mehr ausreichend dämpfen kann. In diesem Stadium entfremden sich die jungen Erwachsenen der Volksreligion und schließen sich der politischen Religiosität an.

Zum Selbstverständnis der Mitglieder islamistischer Gruppen gehört ein besonderer Haß auf die Vereinigten Staaten und alles, was sie repräsentieren (wie man während der Golfkrise beobachten konnte, als die Konfrontation mit den USA und der Widerstand gegen ihre Politik im Nahen und Mittleren Osten jede Feindschaft zum Irak und der Politik Saddam Husseins in den Hintergrund drängte). Der Westen und seine »Agenten« werden für die soziale Situation verantwortlich gemacht, besonders nach der Einführung der freien Marktwirtschaft und auch wegen der wiederholten »Entehrung« der islamischen Nation durch die uneingeschränkte Unterstützung Israels. Das Trauma von 1967 spielt eine wichtige Rolle, aber die »Kapitulation« von Camp David und die israelische Präsenz in Ost-Jerusalem sind zu Symbolen der Erniedrigung der islamischen Nation geworden.

Sowohl die Opposition gegen die Vereinigten Staaten als auch die Feindseligkeit gegenüber Israel fügen der Position des politischen Islams eine arabisch-nationalistische Dimension hinzu. Trotz der Absage dieser Organisationen an Nationalismus und nationale Interessen haben diejenigen Aktionen, die sie in der arabischen Welt populär gemacht haben, gerade nationale Gefühle und Sehnsüchte berührt, wie beispielsweise die Ermordung Sadats oder die Kampagne der *Hisbollah* gegen Israel und die USA im Libanon nach dem israelischen Libanon-Krieg von 1982. Denn beim allergrößten Teil der Bevölkerung in den islamischen Gesellschaften des Nahen und Mittleren Ostens existiert die Volksreligiosität neben den Gefühlen der nationalen Zugehörigkeit. Die modernen Erscheinungsformen antinationalistischer, elitärer politischer Religiosität nehmen im religiösen Bereich und auf der politischen Landkarte einen Randplatz ein.

Im Falle der sich unter Besatzung befindenden moslemischen Gesellschaft sind Allianzen und Pakte zwischen politischer Religiosität und Volksreligion zustande gekommen. In den von Israel besetzten Gebieten, besonders im Gazastreifen ist ein neuer Typ des *Islamischen Dschihad* entstanden. Auch wenn seine geistigen Wurzeln in Kairo liegen, hat diese Organisation die Befreiung der besetzten Gebiete ganz oben auf ihre Tagesordnung gesetzt. Zu Militanz und direkten Aktionen gegen das ungläubige Regime in Ägypten kommt in der Westbank und im Gazastreifen eine zusätzliche Dimension hinzu. Hier ist der Herrscher nicht nur »Ungläubiger«, sondern auch Besatzer; Widerstand gegen den Besatzer ist Widerstand gegen den Ungläubigen. Der *Islamische Dschihad* findet eine gemeinsame Sprache mit der nationalistischen Bewegung und der Volksreligiosität.

Der offensichtliche Schematismus und die Oberflächlichkeit der westlichen Orient- und Islamwahrnehmung hängen eng damit zusammen, daß nicht selten auf ernsthafte sozialwissenschaftliche Analysen verzichtet wird, die eigenen, »westlichen« Analyseinstrumentarien nicht angewendet werden. Es wird nicht nach dem Zusammenhang von Religion/Religiosität und tatsächlichen gesellschaftlichen Prozessen gefragt, sondern die Politik islamistischer Bewegungen aus deren Rhetorik oder aus der religiösen Dogmatik abgeleitet. Dabei kommt es zu der leicht absurden Situation, daß viele Journalisten und »Experten« die Selbstinterpretation »fundamentalistischer« Führer als tatsächliche Beschreibung »des Islams« akzeptieren und nicht die Zeitbedingtheit dieser Meinungen oder ihre soziale Funktion zur Kenntnis nehmen.

Genau wie andere soziale und politische Bewegungen müssen aber auch der traditionelle und der politische Islam von den realen gesellschaftlichen Bedingungen ihrer Existenz her begriffen werden. Diese Methode ist eigentlich naheliegend. Sie läßt Dämonisierungen nicht zu, sondern führt zur Untersuchung von Erklärungszusammenhängen. Wer einer islamistischen Wende nahöstlicher Politik etwas entgegensetzen möchte, kommt mit pauschaler Feindbildproduktion oder anderen Formen der Geisterbeschwörung nicht weiter. Nur ein Verständnis der sozialen, wirtschaftlichen, politischen und ideologischen Voraussetzungen und Existenzbedingungen kann Ansatzpunkte bieten, das Vordringen des »Fundamentalismus« zu erschweren und zu begrenzen.

Übersetzung aus dem Englischen von Audrey Huntley und Jochen Hippler

Jochen Hippler

Islam und westliche Außenpolitik

Der Nahe und Mittlere Osten ist eine islamisch geprägte Region. Zugleich ist es eine mit beträchtlicher Bedeutung für die Staaten Westeuropas, die USA und Japan. Die Ölvorkommen am Persisch-Arabischen Golf, seine frühere strategische Bedeutung für die »Eindämmung« der damaligen Sowjetunion an ihrer Südflanke, der arabisch-israelische Konflikt der letzten Jahrzehnte, Migrationswellen aus dem Maghreb nach Frankreich und aus der Türkei in die Bundesrepublik sind einige Stichworte. Zwei Golfkriege in einem Jahrzehnt, die Entführungen westlicher Bürger im Libanon, die Geiselnahme in der US-amerikanischen Botschaft in Teheran im Zuge der schiitischen Revolution im Iran, das Problem der Unterdrückung der Selbstbestimmung der Kurden oder der in den Luftangriffen von 1986 und den UN-Resolutionen von 1991 kulminierende westliche Konflikt mit Libyen sind weitere. Auch wenn die Bundesrepublik bis vor einiger Zeit versuchte, sich nicht in eine Nah- und Mittelostpolitik zu verwickeln – wenn man von aktiver und teilweise aggressiver Außenhandelspolitk absieht –, so steht doch fest, daß die Region für die westlichen Staaten von beträchtlicher Bedeutung ist. Vor allem die Vereinigten Staaten, Großbritannien und Frankreich haben zum Teil seit dem Zweiten Weltkrieg, zum Teil schon seit dem neunzehnten Jahrhundert eine Tradition massiver und aktiver Präsenz im Orient.

Westliche Außenpolitik hat den Nahen Osten nie ignoriert und konnte das auch nicht. Vor dem Hintergrund der neuen Herausbildung und Fortentwicklung des alten Feindbildes »Islam« – bzw. »islamischer Fundamentalismus« – stellt sich die Frage, in welchem Maße das Verhältnis zum Islam die westliche Außen- und »Sicherheits«-Politik (ein Euphemismus für Militärpolitik) bestimmt oder geprägt hat und das heute noch tut. Haben westliche Außen- und Militärpolitker den »Islam«

oder seine als fundamentalistisch wahrgenommenen Spielarten als Bedrohung europäisch-amerikanischer Interessen wahrgenommen? Haben sie ihn als ideologische oder als materielle Herausforderung begriffen? Oder hat man ihn lange als harmlose »Folklore« der Region aufgefaßt? Und wie hat sich der Westen auf den Islam bezogen? Gab es eine bewußte Politik dieser Religion und ihren kulturellen, politischen und sozialen Auswirkungen gegenüber? Haben sich die publizistischen und pseudo-wissenschaftlichen Feindbilder in den westlichen Gesellschaften, über die im ersten Beitrag dieses Buches gesprochen wurde, in der konkreten Politik gegenüber den Ländern des Nahen und Mittleren Ostens niedergeschlagen?

Die ideologische Ausgangslage

Oberflächlich betrachtet scheinen die Antworten leicht. Terrorismus und Geiselnahmen durch schiitische Fundamentalistengruppen im Libanon wie die *Hisbollah* oder den *Islamischen Dschihad* und die Besetzung der US-Botschaft im Iran durch eine Gruppe von Studenten »auf der Linie des Imam« (Khomeini) waren spektakulär und rückten das Problem des »islamischen Fundamentalismus« ins Zentrum des Bewußtseins. Bedrohungsängste und das Gefühl eigener Hilflosigkeit – symbolisiert durch den im April 1980 kläglich gescheiterten Versuch, die Botschaftsgeiseln gewaltsam aus dem Iran zu befreien – waren sehr real. Aber dann gab es ja noch die »guten« Moslems, also die, mit denen man entweder gute Geschäfte machte oder politisch eng zusammenarbeitete. Die saudische Königsfamilie ist hierfür das klassische Beispiel. In hohem Maße von religiöser Intoleranz geprägt, ist ihre »fundamentalistische« Herrschaft doch eine wichtige Stütze westlicher Politik im Nahen Osten seit der Mitte der vierziger Jahre.

Wie berichten vor diesem Hintergrund die Medien? Ohne eine Krise oder Gewaltausbrüche fast gar nicht. Wenn aber eine Krise das Interesse weckt, kommt Bewegung in die Berichterstattung.

Von drittklassigen Boulevard- und Revolverblättern bis zum *Spiegel* und immer mal wieder sogar bis zur anspruchsvollen *Zeit* strotzt die Berichterstattung dann vor Stimmungsmache.

Wir wollen die Leserinnen und Leser an dieser Stelle nicht mit einer Flut erheiternder oder schockierender Zitate aus bundesdeutschen Medien behelligen. Aber zur Illustration ist es doch angebracht, einige eher willkürlich ausgewählte Beispiele der außenpolitischen Berichterstattung anzuführen. Dabei werden wir uns nicht mit der ohnehin erwarteten Hetze der Boulevardblätter aufhalten, sondern die »seriöse« Publizistik anschauen.

Das viel beachtete Hamburger Nachrichtenmagazin *Der Spiegel* glaubt es seinen Lesern schuldig zu sein, sie nicht immer nur mit den neuesten Skandalen aus Bonn, mit Drogen- oder Aids-Geschichten zu erschrecken und zu unterhalten, sondern gelegentlich mit außenpolitischen Bedrohungsanalysen zu erfreuen: »Droht (...) nach dem Ende des Ost-West-Konflikts mit dem Entstehen *unberechenbarer fundamentalistischer Gottesstaaten* am Rande Europas ein *neuer Glaubenskrieg*? Kommt es zu einer *unwägbaren Konfrontation* mit *religiösen Eiferern*, deren *mittelalterliche Denkweise* vor allem vom *Haß auf alles Westliche* geprägt ist?«[1]

Schon in diesem Zitat werden wir reichlich bedient. In Frageform gekleidet – der Artikel macht klar, daß die Fragen nur rhetorischen Charakter haben – tritt uns die Bedrohung durch den »Gottesstaat« entgegen. Der Zusammenhang verdeutlicht, daß es sich nicht um den Vatikan handeln kann, der vom Stellvertreter Gottes auf Erden diktatorisch regiert wird. Es geht um etwas anderes. Es geht um »fundamentalistische« Gottesstaaten. Der *Spiegel* macht sich Sorgen um eine Bedrohung Europas aus dem Nahen Osten.

»Der weitere Vormarsch der *bärtigen Zeloten*, deren *aggressive Parolen* an Vorbilder im *persischen Mullahstaat* gemahnen, nun auch in den maghrebinischen Nachbarländern Marokko und Tunesien scheint nur eine Frage der Zeit zu sein.«[2]

In diesen beiden Zitaten finden wir eine ganze Anzahl der

Bestandteile des Feindbildes Islam, die Andrea Lueg behandelt hat. Das besondere ist hier: Europa ist bedroht. Und die neue Bedrohung ist der Islam. Wie so oft läßt der *Spiegel* hier an Deutlichkeit nichts zu wünschen übrig: »In beiden Regionen (Nordafrika und Mittelasien) betritt mit dem Verebben des Ost-West-Gegensatzes der politische Islam als neuer *Herausforderer* die *Walstatt*, droht ein *religiöses Erdbeben*. Und dies zu einem Zeitpunkt, in dem sich die islamische Völkerfamilie, deren eine Milliarde Glaubensanhänger den Bogen von Mauretanien bis Indonesien spannen, in einer *eifernden Aufbruchstimmung* befindet wie nie zuvor in diesem Jahrhundert.«[3]

Der Islam ist also ein »Herausforderer«, und zwar ein Herausforderer »des Westens«. Und er betritt nicht einfach eine Bühne, einen historischen oder geographischen Ort, sondern – »die Walstatt«. Der Duden verrät, daß es sich dabei um einen altertümlichen Begriff für »Kampfplatz« oder »Schlachtfeld« handelt. Was der Westen zu befürchten hat, sind also Irrationalität und Unsicherheit durch Religiosität sowie »Haß auf alles Westliche«, was insgesamt in einen »neuen Glaubenskrieg« münden könnte. Geschrieben wurde dieser Artikel ein Jahr nach dem Golfkrieg, so daß das Gerede von Schlachtfeld und Glaubenskrieg an eine frische Kriegserfahrung anknüpfen konnte.

Aber es geht hier nicht um Medienkritik, sondern um die Frage, wie sich westliche Außenpolitik und das Feindbild Islam zueinander verhalten. Die bereits beschriebenen Feindbildstrukturen dienen nicht allein der journalistischen Eigenprofilierung oder der Unterhaltung der Leserschaft durch Gruseleffekte. Sie sind nicht immer von überzogenem Alarmgeschrei begleitet, sondern oft auch »gutgemeint«. Nicht selten kommen die Stereotype »verständnisvoll« daher, als vorgeblicher Versuch, das andere – die andere Kultur, die anderen Menschen, den Islam – besser verstehen zu wollen. Auch von dort lassen sich Handlungshinweise für die westliche Außenpolitik erteilen.

Ein Beispiel ist Hans Bräker, Professor in Köln und Trier

und »seit 1957 am Auswärtigen Amt« – so der Klappentext seines Buches. Bräker spricht von »Visionen« und »Träumen« des Islams, von einem neuen *Dschihad*. Dann zieht er Schlußfolgerungen: »Diese *mit westlichen Maßstäben nur sehr schwer nachvollziehbare Logik* des an einer utopischen Zukunft ausgerichteten politischen Denkens von al-Gaddafi ist kein libysches Spezifikum, sondern in vielen, wenn nicht in allen arabischen Ländern eine Realität. Sie bestimmt das politische Denken und Handeln der meisten arabischen Politiker immer noch – um es noch einmal zu unterstreichen. Von dieser politischen *Realität des Irrationalismus und Utopismus* muß alle Politik den arabischen Ländern gegenüber ausgehen, wenn sie nicht ins Leere laufen soll.«[4]

Auch dieses Stereotyp haben wir bereits in einem früheren Aufsatz kennengelernt: »Der Islam« und seine Gläubigen sind irrational und utopistisch. Sie folgen einer »mit westlichen Maßstäben nur sehr schwer nachvollziehbaren Logik«. Dem Professor gelingt hier, bei all seinem Wohlwollen gegenüber »dem Islam«, die schöne Formulierung, daß die Moslems offensichtlich verrückt sind. Und deshalb unverständlich. Er nähert sich in verräterischer Weise Charakterisierungen wie der vom »Irren aus Bagdad«, die während des zweiten Golfkrieges den *Spiegel* mit der Boulevardpresse vereinten. Bräker ist aber zusätzlich der Auffassung, daß diese Unterstellung kollektiver Verrücktheit zum Ausgangspunkt westlicher Außenpolitik gegenüber dem Nahen Osten werden muß. Auf welche Weise dies geschehen soll – etwa durch eigene irrationale Außenpolitik oder wodurch sonst –, darüber erhalten wir verständlicherweise keine Auskunft.

Nun – und man könnte fast sagen Gott sei Dank – stellt sich allerdings heraus, daß die westliche Außenpolitik gegenüber dem Nahen Osten weder von den Bedrohungsängsten vieler Medien und ihrer anti-islamischen Hysterie noch von wohlmeinenden Verrücktheitstheorien ausgeht. Wer sich mit der westlichen Außenpolitik gegenüber den islamischen Ländern befassen will, der muß die in diesen Fragen befremdlich provinzielle Enge der Bundesrepublik verlassen. Sie verfügt bisher über keine Nah- oder Mittelostpolitik, zumindest über keine erwähnenswerte. Die vorhandenen Ansätze beschränken sich auf Symbole, auf unterstützende Gefälligkeitsgesten gegenüber den westlichen Verbündeten, auf Außenhandel bis zum Export von ABC-Waffenkomponenten und Know how und auf eine schematische Pro-Israel-Politik, die es gestatten soll, die Vergangenheit nicht wirklich aufarbeiten zu müssen. Unter den gegenwärtigen internationalen Machtverhältnissen sind die angelsächsischen Länder – vorzugsweise die USA – hier tonangebend. Bezüglich der Nahostpolitik – in vielen anderen Fragen nicht – hat die bundesdeutsche Außenpolitik kaum mehr als eine Unterstützungsfunktion für die NATO-Führungsmacht.

Wie wird in den USA die islamische Bedrohung eingeschätzt? Welche Rolle spielt sie für die Außenpolitik gegenüber den islamisch geprägten Ländern?

Doch bevor wir uns die Interessen und die Politik des Westens gegenüber Islam und Nahem Osten näher ansehen, sollten wir einen kurzen Blick auf die Region selbst werfen und uns vergegenwärtigen, welche komplexen Verknüpfungen aller denkbaren Problem- und Konfliktlagen dort existieren.

Eine Region der Konflikte

Der ehemalige US-Außenminister James Baker erläuterte die Probleme der Region so: »Wir treten in ein Zeitalter ein, in dem ethnische und religiöse Konflikte leicht neue Gewalt und neue Konflikte hervorbringen können... Die Kombination ungelöster regionaler Konflikte, turbulenter sozialer und politischer Veränderungen, Massenvernichtungswaffen und das Vorhandensein eines großen Teils der Weltenergievorräte macht den Nahen Osten besonders explosiv.«[5]

Diese Einschätzung zeichnet sich nicht nur durch Nüchternheit, sondern auch dadurch aus, daß sie eine Reihe ernster Probleme knapp und zutreffend zusammenfaßt. Der Faktor

»Islam« taucht hier nur indirekt im Begriff der »ethnischen und religiösen Konflikte« auf. Richtig ist, daß der Nahe Osten ein sehr vielfältiges Konfliktpotential enthält. Vom schwelenden Krieg in der marokkanisch besetzten Westsahara über die neuen oder nicht ganz so neuen Krisenherde des Maghreb (Algerien, Tunesien, Libyen); von den wachsenden innenpolitischen und wirtschaftlichen Unsicherheiten Ägyptens bis zum weiter ungelösten Palästinaproblem; vom Konflikt um das kurdische Autonomiestreben in der Türkei, in Irak und Iran bis zu den unverdauten Folgen des Golfkrieges im Irak, in Kuwait, Saudi-Arabien und anderen Staaten; von der potentiell beträchtlichen Instabilität auf der arabischen Halbinsel bis zum neu belebten Konflikt der arabischen Golfstaaten mit dem Iran; von den Problemen der neuen mittelasiatischen GUS-Staaten einschließlich des tadschikischen Bürgerkrieges bis zu den immer neuen Kämpfen in Afghanistan: politische und wirtschaftliche Krisen sowie bewaffnete Konflikte sind reichlich vorhanden. Und die Liste ist noch lange nicht vollständig. So fehlen Krieg und Krise im Sudan oder die Katastrophe und Intervention in Somalia ebenso wie der Libanon, in dem immer noch interne politische, konfessionelle und wirtschaftliche Konflikte mit den Interessen Israels und Syriens kollidieren.

Schon ein solch extrem verkürzter Überblick über die islamisch geprägten Länder vom Maghreb bis zum Hindukusch zeigt, wie berechtigt die Hinweise des US-amerikanischen Ex-Außenministers James Baker gewesen sind, der das Konfliktpotential der Region betonte.

Auf einer sehr allgemeinen Ebene lassen sich verschiedene Kategorien von Konfliktursachen unterscheiden:

– Versuche, über Gebiete oder Bevölkerung Kontrolle herzustellen oder zu behalten, die geographisch oder ethnisch/religiös »außerhalb« der eigenen Grenzen oder *in-group* existieren: Es gibt Auseinandersetzungen um Land, etwa in oder um die Westsahara, Palästina, Kaschmir, die Golfinseln, Kuwait, Zypern und in einigen anderen Fällen. Auch Grenzstreitigkeiten (etwa auf der arabischen Halbinsel oder erneut zwischen Irak und Kuwait) gehören in diese Kategorie. Außerdem entstehen Konflikte aus dem Versuch, über eine ethnische oder religiöse Minderheit Kontrolle auszuüben oder diese abzuschütteln. Diese Probleme sind natürlich eng mit den Auseinandersetzungen um Land verknüpft: Das umstrittene Gebiet ist ja in der Regel bewohnt, oft von Minderheiten oder anderen Ethnien. Die Kurdenfrage, die Frage der Schiiten im Südirak oder in Saudi-Arabien, die der Kaschmiris oder auch die der Palästinenser in den besetzten Gebieten sind Beispiele.

– Die Kopplung von wirtschaftlichen Problemen mit politischer Erosion. Wirtschaftliche Schwierigkeiten allein können oft von einer stabilen politischen Führung überwunden oder »ausgesessen« werden. Und unbeliebte, inkompetente oder repressive Regierungssysteme haben eine relativ gute Überlebenschance, wenn die wirtschaftliche Lage gut ist und es gestattet, wichtige Bevölkerungsgruppen gut zu bedienen. Wenn aber eine Regierung oder Herrschaftselite ohnehin schon in politischen Schwierigkeiten steckt und dann noch eine Wirtschaftskrise dazukommt – oder wenn umgekehrt eine Wirtschaftskrise zu politischer Lähmung oder Spaltung führt –, dann wird es ernst. Unter solchen Bedingungen kann auch ein jahre- oder jahrzehntelang stabiles Land in relativ kurzer Frist zu einem regionalen Krisenherd werden.

Nehmen wir zum Beispiel Algerien: Eine alteingesessene Diktatur hatte zunehmend an Legitimität verloren, weil ihre politische Verknöcherung von ökonomischer Inkompetenz und Korruption begleitet wurde. Die Verknüpfung dieses Tatbestandes mit Massenarbeitslosigkeit und zunehmender Perspektivlosigkeit gerade von Jugendlichen ergab eine Sprengkraft, die auch von einem Militärputsch nicht auf Dauer unter Kontrolle gebracht werden kann – wenn die Überwindung der Wirtschaftskrise nicht gelingt. Solche wirtschaftlichen und politischen Erosionen führen meist zu einem verschärften Verteilungskampf, der die Lage weiter verschlechtert: zum Kampf um ökonomische Ressourcen, Arbeitsplätze, Geld, Anteil am sinkenden Sozialprodukt – und zum Kampf um Posten im politischen oder bürokratischen Apparat, zum Kampf um Macht.

Diese beiden zugegebenermaßen sehr allgemeinen Konflikttypen lassen noch keine Aussage über ganz konkrete Krisensituationen zu. Ob es zu bewaffneten oder militärischen Auseinandersetzungen – bis zum Krieg oder Bürgerkrieg – kommt, wie stark die jeweiligen Gesellschaften politisch polarisiert werden, ob die jeweiligen Herrschaftseliten sich spalten oder geeint gegen Widerstand »von unten« vorgehen, welche ideologische Ausrichtung eine Oppositionsbewegung annehmen wird: all das und vieles mehr ist nur anhand des konkreten Falles diskutierbar.

Insgesamt ist aber offensichtlich, daß die zahlreichen und miteinander verknüpften Konflikte des Nahen und Mittleren Ostens in den meisten Fällen etwas mit dem politischen Scheitern der jeweiligen Regierungen und Eliten zu tun haben und daß dieses Scheitern wirtschaftliche (etwa Massenarbeitslosigkeit oder steigende Preise für Grundnahrungsmittel), politisch-psychologische (Verlust der Legitimierung von Eliten und ihrer Ideologien), organisatorische (Fragmentierung, Korruption oder Inkompetenz des Staatsapparates und seiner Bürokratien) und außenpolitische Dimensionen (Abhängigkeit von fremden Großmächten) hat. In vielen Ländern des Nahen Ostens haben die herrschenden Eliten lange Zeit vollmundige Versprechungen gemacht: wirtschaftliche Entwicklung, Unabhängigkeit und die Lösung des Palästinaproblems, um nur einige Beispiele zu nennen. Aber sie haben sich nicht nur als unfähig erwiesen, auch nur einen Bruchteil der Probleme ihrer Länder zu lösen, sondern oft auch lediglich eigene Herrschaftsinteressen verfolgt und sich dabei nicht selten reichlich die Taschen gefüllt.

Dabei haben die westlichen Staaten (früher im geringeren Umfang auch die Sowjetunion) eine wichtige Rolle gespielt. Sie haben mit den Herrschaftseliten kollaboriert, sie in einigen Fällen sogar künstlich an der Macht gehalten. Ob die diversen reaktionären Scheichtümer am Golf (inkl. Saudi-Arabien) ohne die westlichen Ölinteressen noch existieren würden, ist zumindest fraglich. Oft gab es eine Interessengemeinschaft einheimischer Diktaturen – und die Region ist ja fast demokratiefrei – mit westlichen Regierungen gegen die Bewohner der Länder.

Nehmen wir nur ein – relativ beliebiges – Beispiel. 1977 bis 1988 wurde Pakistan von Zia ul-Haq regiert, einem durch Militärputsch an die Macht gekommenen islamistischen General. Diesen Gewaltherrscher haben die USA in den achtziger Jahren massiv begünstigt und aufgerüstet – man brauchte ihn und sein Land als Basis für die Unterstützung der Mudschahedin im Afghanistankrieg gegen die Sowjetunion. Der Bau einer pakistanischen Atombombe, die Verwicklung seiner Diktatur in Heroinschmuggel nach Europa und andere Aktivitäten wurden als Kavaliersdelikte betrachtet und großzügig ignoriert – von der Unterdrückung der pakistanischen Bevölkerung und zahlreichen, massiven Menschenrechtsverletzungen ganz zu schweigen. Beim Tod des Militärherrschers übertrafen sich die säkularen Regierungsmitglieder in Washington in Gunstbezeugungen.

»In einer schriftlichen Erklärung, die Präsident Reagan auf seiner Ranch in Santa Barbara veröffentlichte, erinnert er an seine Treffen mit Zia und meint, daß ›wir gemeinsam für Frieden und Stabilität gearbeitet haben‹. ... Der pakistanische Führer – so Präsident Reagans Erklärung – ›glaubte auch an Freiheit für Afghanistan‹. Vizepräsident Bush erklärte Reportern, daß ›Pakistan und die Vereinigten Staaten eine enge Sonderbeziehung unterhalten und daß der Tod General Zias ein großer Verlust ist‹.«[6]

Der Westen (und die UdSSR) haben seit Generationen dazu beigetragen, repressive und oft inkompetente Regierungen an der Macht zu halten. Er hat auf diese Weise nicht zur Lösung der Probleme beigetragen, sondern zu ihrer Erhaltung und Verschärfung. Die innere Stagnation, das Scheitern der Machteliten und die wirtschaftliche Dauermisere waren daher im

Bewußtsein vieler Menschen des Nahen und Mittleren Ostens eng mit der westlichen Vorherrschaft in der Region verknüpft. Diese Sicht mag manchmal überspitzt sein oder in verschwörungstheoretischem Gewand daherkommen – im Kern ist sie trotzdem zutreffend. Und aus diesem Grund war es auch wenig überraschend, daß sich im Nahen Osten ein beträchtliches Widerstandspotential gebildet hat, das sich nicht nur gegen die eigenen Diktatoren richtet, sondern auch gegen deren Hintermänner – den Westen. Was wäre Saddam Hussein ohne westliche (und sowjetische) Waffen und Ingenieure gewesen? Was wäre die saudische Monarchie ohne den Schutz der USA?

Damit sind wir an einem Punkt angelangt, an dem wir nach den Interessen der westlichen Orientpolitik fragen müssen. Eine Reihe wichtiger Probleme der Region haben wir in aller Kürze angedeutet – was aber ist das westliche Interesse?

Der Nahe und Mittlere Osten – die Interessen des Westens

Das Schöne an der Politik in Washington – im Gegensatz zu Bonn – ist ihre Offenheit. Eine Weltmacht kann es sich leisten, die eigenen Interessen glasklar zu formulieren und erst in einem zweiten Schritt allerlei große Worte zu verlautbaren, die der eigenen Politik die höheren moralischen Weihen verleihen sollen. Seltsamerweise nehmen wir in der BRD durch unsere famosen Auslandskorrespondenten in Washington immer nur den verbalen Bombast zur Kenntnis, die großen und heeren Ziele, die neuesten Weltordnungsentwürfe, die von ihren Urhebern selbst nie ernst gemeint waren. Wie also werden in Washington die Rahmenbedingungen der eigenen Nahostpolitik eingeschätzt?

Der Direktor des US-amerikanischen Militärgeheimdienstes, Generalleutnant James Clapper, gab ein Jahr nach dem Golfkrieg vor einem Kongreßausschuß einen Überblick über die außen- und militärpolitische Interessenlage der USA. »Im Nahen Osten wird dauerhafte Stabilität schwer zu erreichen sein. Die Anstrengungen unserer militärischen Geheimdienstarbeit werden sich zum großen Teil auf den Wiederaufstieg der irakischen und iranischen Militärmacht und deren nukleare Fähigkeiten richten. In den nächsten zehn oder fünfzehn Jahren werden Iran und Irak weiterhin um die Vorherrschaft am Persischen Golf konkurrieren und sich um die Stärkung ihrer militärischen Machtmittel bemühen. Ein säkularer Staat im Irak und ein religiöser im Iran sind ihrer Natur nach im Konflikt. Diese Feindschaft wird zu Situationen führen, in denen der Krieg zu einer Möglichkeit wird. Ein neuer Krieg am Golf würde erneut die Weltölversorgung gefährden.«[7]

Die militärische Macht dritter Länder, die Weiterverbreitung von Atomwaffen und die Konkurrenz zweier – beider mit den USA verfeindeter – Regionalmächte, die die Weltölversorgung bedrohen könnten: das sind die Bedrohungsvorstellungen des Militärgeheimdienstes. Die religiöse Frage taucht hier nur indirekt auf: im Rahmen der Konkurrenz von Irak und Iran – und ihre Bedeutung ist offensichtlich bei weitem nicht so groß, daß die USA automatisch die säkulare irakische Diktatur gegen die religiös legitimierte im Iran unterstützen würden. Eine geringe Aufgeregtheit spricht aus den hier zitierten Worten wie aus der gesamten Stellungnahme Clappers.

Dabei ist seine Einschätzung durchaus typisch für die Politik der US-Regierung. Besonders deutlich wurden die US-Interessen – die sich in diesen Fragen mit den westeuropäischen überlappten – im Zusammenhang mit dem zweiten Golfkrieg. Damals hatte US-Verteidigungsminister Cheney ebenfalls die Interessenlage seines Landes am Golf – insbesondere gegenüber dem Irak – definiert: »Wenn wir der irakischen Aggression und seinem Gebietszuwachs nicht entgegentreten würden, hätte das ernste Auswirkungen auf die amerikanischen Interessen. Kurzfristig könnte der Irak die internationalen Ölmärkte manipulieren und in destabilisierende Unsicherheit stürzen, durch Drohungen gegen regionale Staaten die Ölpreise auf ein schädlich hohes Niveau zwingen und sich eine breite und starke politische Basis aufbauen. Durch die Eroberung Kuwaits kontrolliert Saddam Hussein direkt eine Produktionskapazität von fünf Millionen Faß pro Tag und gewinnt einen möglicherweise starken Einfluß auf die Produktion im Rest der arabischen Halbinsel, die noch einmal sieben Millionen Faß täglich beträgt. Das gäbe Saddam eine sehr mächtige Ölwaffe. Mit dieser Waffe könnte er ölimportierende Länder in Europa, Japan und sogar die USA – die alle zunehmend auf Golf-Öl angewiesen sind – unter Druck setzen. Langfristig würde der Irak militärisch viel stärker. Mit seinen zusätzlichen Mitteln könnte er seinen riesigen Vorrat an konventionellen und nichtkonventionellen Waffen ausdehnen – und bald auch über Atomwaffen verfügen. Seine militärische Stärke in Verbindung mit seiner größeren wirtschaftlichen und politischen Macht gäbe Saddam Hussein ein noch größeres Druckpotential gegenüber seinen Nachbarn in bezug auf die Ölpolitik und andere Fragen.«[8]

Es steht hier nicht zur Debatte, ob diese Sicht richtig oder falsch war. Hier geht es ja nicht darum, die westliche Energiepolitik am Golf und ihre Annahmen zu untersuchen, sondern den Zusammenhang zwischen ihrer Außenpolitik und bestimmten ideologischen Mustern. Und Cheney präsentiert hier eine ausgesprochen unideologische, materialistische Interessendefinition: Die Bedrohung durch Saddam bestehe für die USA – und den gesamten Westen – darin, daß 1. der Irak die Ölpreise deutlich erhöhen, 2. der Westen durch die »Ölwaffe« vom Irak unter Druck gesetzt werden könnte und 3. der Irak durch seine zunehmende militärische Macht noch weiter an Gewicht in der Region gewinnen würde.

Den wirtschaftlichen Gesichtspunkt hatte Außenminister Baker noch klarer verdeutlicht. Hier hat es nämlich bei der politischen Rechten und Linken immer wieder Mißverständnisse gegeben: so als könne »der Ölfluß abgeschnitten« werden oder als sei der Golfkrieg primär eine Angelegenheit zur Regulierung der Ölpreise gewesen. »Kein Blut für Öl« – diese zu kurz greifende Parole von Teilen der Friedensbewegung ist ein Beispiel dieses Mißverständnisses. Baker dagegen stellte klar: »Vielleicht am offensichtlichsten steht eine wirtschaftliche Komponente auf dem Spiel, die Abhängigkeit der Welt vom Zugang zu Energieressourcen des Persischen Golfs. Die Auswirkungen auf unsere Wirtschaft und die Menschen sind bereits spürbar. Aber wir sprechen hier nicht vom Preisanstieg einer Gallone Benzin an unseren Tankstellen. Die Frage des Ölflusses aus Kuwait und dem Irak spielt nur eine untergeordnete Rolle. Es geht hier um die Frage nach einem Diktator, der allein und ohne Herausforderungen die Weltwirtschaftsordnung zerrütten und per Erlaß verfügen könnte, ob wir alle eine Rezession oder sogar eine Depression hinnehmen müssen.«[9]

Die westlichen Interessen am Persisch-Arabischen Golf drehen sich natürlich zum großen Teil um Öl, um die Energieversorgung. Aber dabei geht es nicht um bloße wirtschaftliche Variablen, um Menge und Preis des Ölexportes. Es geht um Macht. Es geht um die Kontrolle der Ölregion und darum, sie anderen – vor allem unfreundlich gesonnenen – vorzuenthalten. Diesem Ziel sind viele andere Interessen untergeordnet.

Aber der Nahe und Mittlere Osten besteht nicht nur aus der Golfregion. Und die westlichen Interessen sind entsprechend komplexer. Shireen Hunter hat in einem Aufsatz rückblickend zusammengefaßt, welche Bedrohungen des Westens, vor allem der USA, im Nahen und Mittleren Osten bis zum Ende der achtziger Jahre auszumachen waren.

»Traditionell resultierten die wichtigsten Bedrohungen der regionalen Sicherheit aus dem sowjetischen Expansionismus und dem regionalen Radikalismus.«[10] Darauf aufbauend nennt Hunter sechs Kategorien der Bedrohung westlicher Interessen. Es handelt sich um:

- Öl als politische Waffe;
- die Bedrohung konservativer, mit dem Westen verbundener arabischer Herrscher;
- die Wahrnehmung der Interessen Israels als westlichem Verbündetem in der Region;

– regionale Rivalitäten zwischen Staaten oder Bewegungen, die zu Instabilität führen könnten;
– innenpolitische und wirtschaftliche Probleme einzelner Länder oder der Region.[11]

All diese Bedrohungen mußten natürlich zu Zeiten des kalten Krieges immer zugleich auf die Konkurrenz zur Sowjetunion bezogen werden. Ein weiterer Punkt in der Aufzählung Hunters (dort allerdings an vierter Position) bezieht sich auf ideologische Fragen und berührt unser Thema direkt. Es handelt sich um die Bedrohung westlicher Interessen durch den Islam und den arabischen Nationalismus: »Die Sichtweisen der militanten Islamisten und der radikalen arabischen Nationalisten sind in bezug auf die Regierungen und herrschenden Eliten der arabischen Golfstaaten sehr ähnlich. Die beiden Gruppen teilen auch ihre Feindschaft gegenüber dem Westen. Allerdings sind die Islamisten bis auf wenige Ausnahmen im Gegensatz zu den arabischen Nationalisten zugleich anti-sowjetisch.«[12]

Was Hunter uns hier in bezug auf den »militanten Islam« als Befürchtung der westlichen Außenpolitik vorstellt, ist, daß er anti-westlich eingestellt ist. Es ist wenig überraschend, daß der Westen eine solche Einstellung nicht schätzt. Es wird aber zugleich deutlich, daß der militante Islam – also islamistische Bewegungen – als *weniger* feindlich als der arabische Nationalismus (etwa Nasserscher oder baathistischer Prägung) angesehen wurde. Diese Bedrohung galt als geringer, weil der arabische Nationalismus nicht auch anti-sowjetisch war. Und in Zeiten einer scharfen Ost-West-Konkurrenz war gerade die Stellung zur Sowjetunion das entscheidende Kriterium für die Freund-Feind-Zurechnung. Die in vielen Massenmedien so populäre »islamische« Bedrohung taucht hier – und auch das ist durchaus typisch – als eine von sechs Bedrohungen auf, und selbst das nur knapp. Sie wird als Untergattung feindseliger Ideologien betrachtet, und dabei noch als minder gefährliche.

Unfreundliche Mächte sollen aus der strategisch wichtigen Ölregion also ferngehalten und möglichst unter Kontrolle gehalten werden. Diese Position stammt schon aus den Frühzeiten des kalten Krieges und hat sich bis heute gehalten.

Wenn in der Vergangenheit westliche Politikplaner und Strategen an die Region des Persisch-Arabischen Golfes oder an den Nahen und Mittleren Osten insgesamt dachten, dann fiel ihnen zuerst nicht der Islam ein, sondern die sowjetische Bedrohung. Fast alle anderen Faktoren wurden danach bewertet, wie sie sich in diesen Zusammenhang einordnen ließen.

Für sich allein genommen erschien den westlichen Eliten der Islam als eher harmlos, selbst in seinen militanten Varianten. Ernst konnte es werden, wenn islamistische Tendenzen negativ auf die fünf anderen Interessensbedrohungen zurückwirkten. Wenn also in der Ölfrage, bezüglich der Stabilität prowestlicher Regimes, in bezug auf den westlichen Partnerstaat Israel oder auf innenpolitische oder regionale Instabilitäten der Islam eine bedrohliche oder verschärfende Rolle einnähme – dann, und nur dann würde er zum Problem westlicher Außenpolitik. Und dann wäre es auch gleichgültig, um welche Islamvariante oder -interpretation es sich handelte. Der Islam (weder sein religiöser Charakter noch seine kulturelle Tradition) war nicht das Problem westlicher Außenpolitik, sondern Praktiken, die westliche Interessen bedrohten. Gleichgültig, ob diese sich aus religiösen oder säkularen Quellen speisten: Anti-westliche Politik konnte nicht toleriert werden, insbesondere in Zeiten des Ost-West-Konfliktes, als jede anti-westliche Politik leicht dem Osten nutzen konnte.

Tatsächlich ist es sogar so, daß es im Westen lange eine Tendenz gab, den Islam als Waffe gegen den Kommunismus zu instrumentalisieren. Der Islam wurde oft als konservative Ideologie verstanden, die man kommunistisch-revolutionären Ideologien – oder dem arabischen Nationalismus – entgegenstellen konnte. Anderson und Rashidian formulieren das rückblickend im Zusammenhang mit der CENTO (»Nahost-Pakt«, 1955), mit der durch Regierungskooperation ein Gürtel konservativer islamischer Länder gegen die Sowjetunion mobilisiert werden sollte. Insbesondere durch die nationalistische Revolution im Irak scheiterte dieses Konzept allerdings.

Aber dann sprechen sie einen anderen ziemlich pikanten Fall an: »Das ideale Ergebnis eines Khomeini-Regimes könnte ein fundamentalistischer ›Vorhang‹ sein, der die frühere Rolle der CENTO wirksamer erfüllen würde. Mit 50 Millionen moslemischen Bürgern in den südlichen Sowjetrepubliken würde jeder Vorstoß der Sowjetunion in die Region wahrscheinlich auf den ganzen Zorn des Islams treffen... Wie immer (Khomeinis) Regime auch an die Macht kam: Seine Wirkung bestand darin, jeden ernsthaften sowjetischen Vorstoß zu blockieren.«[13]

Dieser Gedanke ist überraschend und doch naheliegend: Bei aller anti-westlichen Militanz der frühen Phase der islamischen Revolution im Iran würde diese doch sicherstellen, daß jeder Vorstoß der Sowjetunion in der Nähe des Persischen Golfes für diese zum Desaster werden müßte. Und wir dürfen nicht vergessen, daß gerade seit der sowjetischen Intervention in Afghanistan (Ende 1979) die US-Planer ernsthaft mit weiteren Vorstößen bis zum Golf rechneten. Trotzdem waren die Machtübernahme durch Khomeini und vor allem die folgende Entwicklung keinesfalls im US-Interesse: Was man an antisowjetischer Abriegelung bekam, verlor man an eigenen Einflußpositionen in der Region.

Aber die teilweise Interessenüberschneidung mit islamistischen Kräften war nicht auf Einzelfälle oder historische Zufälligkeiten beschränkt. In den siebziger Jahren und bis weit in die achtziger hinein förderte die israelische Regierung in den besetzten Gebieten die Moslembruderschaft (und deren Ableger, *Hamas*)[14] – also ausgerechnet die Strömung, die später als besonders gefährlich betrachtet wurde. Die US-Zeitschrift *Newsweek* – anti-westlicher oder anti-israelischer Tendenzen vollkommen unverdächtig – erklärte das so: »Jahrelang schienen die arabischen Fundamentalisten zuverlässige ›Bauern‹ in Stellvertreterkonflikten mit hohem Einsatz zu sein. Sie widersetzten sich massiv den wichtigsten Feinden des Westens, dem Kommunismus und seinen regionalen Verbündeten, dem linken arabischen Nationalismus. Da sie der PLO feindlich gegenüberstanden, erschienen sie für eine israelische Teile-und-Herrsche-Strategie genau passend. Und sie waren ideologisch mit dem wichtigen Verbündeten und Öllieferanten des Westens, Saudi-Arabien, auf einer Wellenlänge ... In den siebziger Jahren begann Israel die Moslembruderschaft als Gegengewicht zur PLO aufzubauen – und setzte das sogar noch fort, als israelische Truppen im Libanon mit schiitischen Radikalen zu kämpfen begannen.«[15]

In einem anderen Fall gab es während der gesamten achtziger Jahre – während der Konflikt mit dem schiitischen Iran trotz dessen anti-sowjetischer Ausrichtung scharfe Formen annahm – eine lange und systematische Zusammenarbeit mit islamistischen Gruppen gegen die Sowjetunion: mit den afghanischen Mudschahedin. Die Unterstützung der Mudschahedin mit Waffen und Material gegen die sowjetischen Truppen – und nach deren Abzug gegen die säkulare (und durch Kollaboration mit der Sowjetunion diskreditierte) Regierung Präsident Nadschibullahs – wurde zur größten und vielleicht erfolgreichsten Operation der CIA; zumindest sah die CIA selbst das so. Allein 1987 wurden an die Mudschahedin Waffen und andere Unterstützung im Wert von bis zu 700 Millionen Dollar geliefert, und zwar ohne Rücksicht auf deren politische Ausrichtung oder islamistischen Eifer. Auf diese Weise erhielt ausgerechnet die radikalste islamistische Gruppe, die Partei des Gulbuddin Hekmatyar, über Jahre zwei Drittel der amerikanischen Hilfe. Es schien die CIA lange nicht zu stören, daß sie sich nicht nur anti-sowjetisch, sondern auch anti-amerikanisch präsentierte, daß sie für Massaker, Folter und so ziemlich alle denkbaren Menschenrechtsverletzungen verantwortlich war und Hekmatyar selbst nebenbei in großem Stil Heroinhandel betrieb. Wenn es einen klassischen Fundamentalistenführer aus dem Horror-Bilderbuch westlicher Ängste gibt – dann ist es Hekmatyar. Trotzdem gab es keine Berührungsängste, sondern Waffen und Geld aus Washington: Der Feind meines Feindes ist mein Freund. Seine Organisation war schließlich von allen afghanischen Mudschahedingruppen am besten organisiert und militärisch am schlagkräftigsten: der geborene Partner für eine anti-sowjetische Kampagne.

Erst einige Zeit nachdem sich die UdSSR aus Afghanistan zurückgezogen hatte, eigentlich erst während der engen Kooperation von USA und UdSSR im Vorfeld des Golfkrieges von 1990/91 rückten die USA von Hekmatyars Partei ab. Es war sicher kein Zufall, daß dies zu einer Zeit geschah, als der Fundamentalistenführer im Golfkonflikt offen Partei für Saddam Hussein und gegen die US-Position bezogen hatte. Erst zu diesem Zeitpunkt beliebte man seine lange bekannten Verbrechen zur Kenntnis zu nehmen und die Unterstützung zunächst zu reduzieren, dann einzustellen.

Als die Regierung Nadschibullah in Kabul dann aufgrund ihrer inneren Widersprüche zusammenbrach (April 1992), erwies sich noch einmal, welche Kräfte die USA und der Westen insgesamt mehr als ein Jahrzehnt unterstützt hatten: Der Bürgerkrieg war nicht zu Ende, in Kabul ging er erst richtig los. Die jahrelang im Westen laut gefeierten Freiheitskämpfer fielen bewaffnet übereinander her, tyrannisierten die Bevölkerung und lieferten sich Straßenkämpfe. Der Erfolg der großen CIA-Operation hatte den USA genutzt, indem man der Sowjetunion eine Schlappe zufügte. Aber er hatte Afghanistan fast so geschadet wie die sowjetische Besatzung.

Ähnlich verhielt es sich, wie schon gesagt, mit der westlichen Politik gegenüber Pakistan. Dem pakistanischen Militärdiktator Zia ul-Haq verzieh man alles: Unterdrückung, Menschenrechtsverletzungen, die Verwicklung von Schlüsselbeamten und Generalskollegen in den Drogenhandel, selbst die Arbeit an einer »islamischen Atombombe«. Auch daß der Diktator zur Verbreiterung seiner politischen Basis ein islamistisch-fundamentalistisches Programm verfolgte und die islamistischen Parteien massiv förderte – alles kein Problem. Die USA brauchten Pakistan als Operationsbasis für den Krieg in Afghanistan.

Ein anderes Beispiel für den flexiblen Umgang mit islamistischen Regimes ist natürlich Saudi-Arabien. Das Herrschaftssystem dieses Landes ist in hohem Maße von religiöser Intoleranz gekennzeichnet, stärker noch als das im Iran. Im Iran haben Christen und Juden eigene Sitze im Parlament – in Saudi-Arabien ist es nicht einmal erlaubt, eine Kirche zu errichten. Wenn es so etwas wie einen verknöcherten Fundamentalistenstaat gibt, dann ist es Saudi-Arabien. Die Elite des Landes setzt Praktiken ein, die unter anderen Umständen vom Westen sehr übelgenommen werden: Ihre religiösen Führer haben einen ausländischen Dissidenten schon in den siebziger Jahren zum Tode verurteilt. Allerdings handelt es sich nicht wie bei Salman Rushdie um einen Mann mit westlichem Paß, sondern um eine im Westen eher unbeliebte Persönlichkeit: um Muammar Qaddafi.

Die saudische Führung ist traditionell um den Export ihres Fundamentalismusmodells bemüht. Die Islamisten im Sudan oder in anderen Ländern sind mit saudischem Geld unterstützt worden. Selbst eine anti-israelische und sogar antisemitische Ausrichtung saudischer Politik wurde in Washington, London und Bonn nicht weiter übelgenommen. Schließlich steht das Land fest im westlichen Lager. Religiöse Flausen sind damit die Privatsache seiner Herrscher. Insofern war es auch wenig überraschend, daß der säkulare Westen das fundamentalistische Saudi-Arabien militärisch gegen den säkularen Irak verteidigte.

Es geht am Golf eben nicht um Religion, sondern um Macht und strategische Interessen. Und pro-westliche Fundamentalisten sind da um ein vielfaches besser als ein nationalistisches und durch den Westen nicht kontrollierbares Technokratenregime. Auch *Newsweek* ist das nicht entgangen. »Die USA, Großbritannien, Frankreich, Saudi-Arabien, Kuwait – und selbst Israel – haben alle eine lange Geschichte komplexer Verbindungen mit islamischen Gruppen, die sie jetzt als ›terroristisch‹ verurteilen... Die westlichen Nationen hatten nichts gegen den Extremismus, solange er in die richtige Richtung kanalisiert wurde.«[16]

Man hat in Washington und London – etwas weniger in Paris – immer wieder versucht, den Islam und selbst den islamischen Fundamentalismus zu instrumentalisieren, meist gegen die Sowjetunion und den Kommunismus. Wer die marxistisch-leninistische Ideologie bekämpfen wollte, fand es praktisch, dem eine andere, umfassende Ideologie entgegenzusetzen. So wie man in Mittelamerika protestantische Sekten dazu verwandte, den Marxismus und die Befreiungstheologie zu bekämpfen, setzte man – wo immer möglich – den Islam zur Bekämpfung des säkularen arabischen Nationalismus/Sozialismus und des Kommunismus ein.

Neu ist nach dem Ende des kalten Krieges, daß im Westen Tendenzen bestehen, den Islam jetzt als bedrohliche Nachfolgeideologie des Marxismus-Leninismus aufzubauen. Im *New York Times Magazine* können wir zutreffender- und typischerweise nachlesen: »Der Westen tendiert dazu, die wachsende politische Beliebtheit des Islams als gefährlich, monolithisch und neu zu betrachten... Der Aufstieg des militanten Islams hat eine heftige Debatte darüber ausgelöst, ob und was der Westen dagegen unternehmen sollte. Einige amerikanische Beamte und Kommentatoren haben den militanten Islam schon dazu ausersehen, zum neuen Feind des Westens zu werden, der genauso ›eingedämmt‹ werden muß wie der Kommunismus während des kalten Krieges.«[17]

Solche Anschauungen gibt es nicht nur in den USA. Auch andernorts wird der Eindruck erweckt, der Islam sei eine Art Nachfolgeideologie des Marxismus-Leninismus, die dem Vorgänger in fast allem gleiche. In der gelegentlich bis über die Grenzen der Langeweile seriösen Wochenzeitung *Das Parlament* gab es zum ersten Jahrestag des Golfkrieges einen unsäglichen Artikel (»Europas Bedrohung durch den islamischen Radikalismus«), der diese Tendenz auf den Punkt brachte: »Die neue totalitäre Idee: der islamische Fundamentalismus.«[18]

Wir wollen uns nicht damit aufhalten festzustellen, daß weder der Islam noch seine fundamentalistischen Varianten *neu* sind, wie der geistreiche Verfasser dieses *Parlament*-Beitrages zu glauben scheint. Man könnte allerdings fragen, warum eine alte Angelegenheit ausgerechnet *jetzt* entdeckt und als totalitärer Gegenentwurf zum Westen interpretiert wird. Das dürfte nämlich mehr mit einer ideologischen Lücke in der westlichen Identität nach dem Ende des kalten Krieges und dem Bedürfnis nach Ersatz, als mit dem Gegenstand der Betrachtung zu tun haben. Es ist daher schon fast nicht mehr überraschend, wenn derselbe Autor den islamischen Ländern einen bekannten Begriff früherer Tage zur Selbstdefinition entgegenstellt: der Islam und sein Radikalismus auf der einen Seite, die »freie Welt«[19] als Gegenpol. Der Begriff diente bis vor kurzem noch zur Kennzeichnung der Alternative: Freiheit oder Kommunismus.

Die islamische Gefahr

Es ist seltsam: In der praktischen Politik der westlichen Staaten hat es oft den Anschein, als ob das Feindbild Islam keine oder nur eine untergeordnete Rolle spielte. Aufgeregte Ideologen scheinen die Außenpolitik zwar reichlich mit ihren Ratschlägen zu bedenken, aber nicht wirklich ernst genommen zu werden. Die Tagespolitik macht eher einen »pragmatischen«, wenn nicht opportunistischen Eindruck. Da gibt es dann gute und schlechte Fundamentalisten, unsere Islamisten und die anderen. Aber es gibt natürlich auch in der Außenpolitik eine Wahrnehmung des Islams – oder seiner »fundamentalistischen« Spielarten – als Bedrohung des Westens.

Im ideologischen Zentrum dieser Tendenz steht die Frage des Terrorismus. Dabei gibt es zwei miteinander verknüpfte Arten, mit diesem Problem umzugehen. Die eine entsprang den Denkschemata des kalten Krieges. Beispielhaft ist eine Aussage von Fred Ikle (damals Staatssekretär für Politische Fragen im US-Verteidigungsministerium) anläßlich eines Senatshearings im Mai 1985. Dort sprach er von zwei Quellen des Terrorismus: »Heute läßt sich die Bedrohung durch den Terrorismus vor allem auf zwei Gruppen und Nationen zurückführen, die für zwei verschiedene Ideologien eintreten: den Kommunismus und den iranischen, islamischen Fundamentalismus.«

Hier werden Kommunismus und islamischer Fundamentalismus in ihrer Bedrohlichkeit gleichgestellt, als Gemeinsamkeit wird die anti-westliche Ausrichtung und ihr Gewaltpotential betont. Diese Sichtweise betrachtet den nahöstlichen Terrorismus als Bedrohung des Westens, und nur nebenbei als religiöse Angelegenheit.

Zugleich existiert eine zweite Perspektive: »Um es auf eine Kurzformel zu bringen: Im Terrorismus der Schiiten hat sich der Koran mit der Kalaschnikow ›gepaart‹. *Terror und Moschee sind eng miteinander verknüpft.* Und angesichts der für uns Westeuropäer von heute fast unfaßbaren spirituellen Energie dieses Phänomens ist auch eine effektive Bekämpfung dieser Art Terrorismus so extrem schwierig, wenn im letzten vielleicht sogar unmöglich!«[20]

Diese Einschätzung stammt von Rolf Tophoven vom »Institut für Terrorismusforschung« in Bonn, einer Einrichtung mit offensichtlich guten Geheimdienstkontakten. Hier wird der schiitische Terrorismus vor allem als religiöse Angelegenheit beschrieben, schließlich seien ja »Terror und Moschee ... eng miteinander verknüpft« und Gegenmaßnahmen wegen der »unfaßbaren spirituellen Energie« dieser Verknüpfung so schwierig.

Diese Denkrichtung steht zwar in einem gewissen Spannungsverhältnis zur vorherigen, aber praktisch ist das bedeutungslos. Da auch diese pseudo-religiöse Erklärung des nahöstlichen Terrorismus vorwiegend von gestandenen Anti-Kommunisten vorgetragen wurde, wird beliebig und flexibel zwischen beiden Ansätzen hin und her geschaltet. Die Details sind so lange unerheblich, wie man das Feindbild nur klar genug zeichnet. Der Terrorismusexperte Tophoven erläutert den Zusammenhang: »Als der Ayatollah Khomeini nach seiner

Machtübernahme den Heiligen Krieg ausrief, waren die Moslems in der ganzen Welt elektrisiert. Dieser Heilige Krieg zielte gegen den Westen, sein Instrumentarium war der Terror, verkörpert durch die Kommandos der fanatischen Gottesstreiter der Hisbollah. Seitdem wütet ein Steppenbrand: Islamische Fanatiker machen Front gegen die drohende Modernisierung und Verwestlichung. [...] Der von Khomeini gelegte schiitische Flächenbrand hat längst auf die Sunniten, die größte Glaubensgemeinschaft im Islam, übergegriffen.«[21]

Der Westen ist also bedroht, und zwar durch einen terroristischen Heiligen Krieg, zuerst schiitischer, jetzt auch sunnitischer Ausrichtung. Dieses Zitat ist ein sehr schönes Beispiel der Feindbildentwicklung in der Außenpolitik. Khomeini – ein reaktionärer Fanatiker, für den jede Sympathie überflüssig wäre – hat nämlich niemals einen »Heiligen Krieg gegen den Westen« erklärt – übrigens im Gegensatz zum säkularen Saddam Hussein, dessen theologische Leichtfertigkeit ihm das nahelegte.[22] Khomeini hat zwar den Begriff *Dschihad* mehrfach benutzt – wenn auch ziemlich vorsichtig – allerdings in schiitisch-theologischer Tradition als individuelles Streben und Engagement im Kampf gegen Korruption, Unterdrückung und Ausbeutung und andere gesellschaftliche Übel. Auch wenn der Ayatollah zu Recht unbeliebt war – einen heiligen, terroristischen Krieg gegen den Westen hat er nun einmal nicht ausgerufen.[23]

Aber das sind offensichtlich Details, die das klare Feindbild nicht verwirren sollen. Schließlich kommt es darauf an, die eigene Bedrohung zu definieren, den Gegner zu benennen – und nicht, ihn zu begreifen oder etwas von ihm zu wissen. Schließlich sind wir selbst betroffen, und nicht nur unsere außenpolitischen Partner: »Denn nahöstliche Terrorgruppen, politisch und religiös motivierte Fanatiker, sehen nämlich nicht nur in Israel und den USA, sondern auch in den mit diesen verbündeten europäischen Staaten ihre Gegner. Daher könnte sich das operative Spielfeld für den internationalen Terrorismus in den neunziger Jahren immer stärker auf Europa erstrecken. Besonders die Bundesrepublik droht, aus einem ›Operationsgebiet zu einem Schlachtfeld des internationalen Terrorismus zu werden‹ (Horchem).«[24]

Es stellt sich natürlich die Frage, wie sich jemand wie Tophoven vorstellt, den Westen vor terroristischen Bedrohungen fanatisierter Schiiten zu schützen. Und auch dazu hat er ein außenpolitisches Angebot parat. Mit einiger Überraschung können wir folgendes lesen: »Der Terror der Schiiten ist also auf Dauer, zumindest teilweise, nur dadurch einzudämmen, daß *der* Staat getroffen wird, an den sie sich anlehnen. Diplomatische Pressionen, vom Westen wie vom Osten gleichermaßen forciert, und wirtschaftliche Sanktionen könnten sowohl den Fanatismus der Mullahs in Teheran als auch großsyrische Ambitionen in Damaskus dämpfen. Diese Prinzipien der Terrorismusbekämpfung haben ja auch schon in der Vergangenheit partiell immer wieder gegriffen und auch Teilerfolge erbracht.«[25] Die Hilflosigkeit ist fast rührend – der Experte ist sich selbst in die Falle gegangen. Zuerst konstruiert er die Bedrohung durch unberechenbare religiöse Fanatiker, die mit westlicher Logik nichts gemein haben, und bewegt sich damit auf der Ebene der Konzelmänner. Dann aber geht der Pragmatiker mit ihm durch, der – ob er will oder nicht – Lösungen anbieten muß. Und als Lösung zieht er dann aus dem Hut: »diplomatische Pressionen« und »wirtschaftliche Sanktionen« – Maßnahmen, die kaum verfangen dürften, wenn der Gegner wirklich so irrational, fanatisch und unberechenbar wäre, wie zuvor proklamiert. »Diplomatische Pressionen« – ob das die »bärtigen Zeloten« des *Spiegel* beeindrucken könnte? Selbst Tophoven scheint unsicher, denn er garniert seinen Politikvorschlag mit relativierenden Adjektiven: »Partiell« (zugleich aber »immer wieder« – was denn nun?) hätten seine Vorstellungen »Teilerfolge« erzielt. Partielle Teilerfolge also sind es, die Tophoven erhofft. Die vorsichtige Sprache kontrastiert ziemlich deutlich mit der Vollmundigkeit, mit der er sonst über Islam und Schiiten fabuliert.

Wer wie Bräker und Tophoven die Menschen, politischen

Bewegungen und Regierungen des Nahen Ostens für irrational und »westlicher Logik« unzugänglich hält, der beraubt sich selbst so ziemlich jeder Möglichkeit, eine erfolgversprechende Polkitik gegenüber der Region zu betreiben. Weder gleichberechtigte Zusammenarbeit noch »diplomatische Pressionen« wären dann nämlich realistisch. Es bliebe theoretisch nur die möglichst gründliche Abkopplung von den Verrückten oder die Gewalt: entweder die Gewalt des Irrenarztes oder die des Kolonisatoren.

Was uns hier also so aufgeklärt religionskritisch (zumindest islamkritisch, fundamentalismuskritisch) entgegentritt, ist in Wirklichkeit der Rückfall in voraufklärerische Denkweisen und Politik. Es wird nicht mehr über Interessen, sondern über Religion gesprochen oder spekuliert. Das ist das Ende jeder rationalen Politik.

Die islamische Atombombe

Im Zentrum westlicher Bedrohungsängste steht auch die »islamische Bombe«. Dazu gehören inzwischen auch alle anderen Arten von Massenvernichtungsmitteln (A-, B- und C-Waffen) und Trägersysteme wie Raketen. Besonders bedrohlich erscheinen diese Waffensysteme in der Hand diktatorischer oder islamistischer Regimes.

Je nach politischer Konjunktur konzentriert sich diese Angst vor der islamischen Bombe auf verschiedene Länder: auf Libyen, Pakistan, Algerien, den Irak, Iran und neuerdings auch auf einige der zentralasiatischen früheren Sowjetrepubliken. Gelegentlich wird selbst in seriösen Publikationen schon vorausgesehen, daß der Iran oder andere moslemische Länder in Albanien (»auf halbem Weg zwischen Bagdad und Berlin«) Raketen gegen Westeuropa aufstellen.[26]

Selbstverständlich ist die Weiterverbreitung von Massenvernichtungswaffen und Raketentechnologie ein besonders ernstes politisches Problem. Diese Waffensysteme sollten reduziert und möglichst abgeschafft werden. Und wenn in einer so instabilen und konfliktreichen Region wie dem Nahen Osten Atomwaffen eingeführt, produziert oder vorrätig gehalten werden, ist das besonders gefährlich. (Wie im übrigen auch die Argumentation der vorigen Abschnitte an der Abscheulichkeit terroristischer Anschläge nichts ändert.) Aber hier geht es um etwas anders. Es geht um zwei Fragen. Erstens: Worin *genau* besteht aus der Perspektive westlicher Regierungen die Gefahr? Da eine Reihe westlicher Regierungen selbst über Massenvernichtungswaffen verfügt, kann es kaum deren Existenz an sich sein. Zweitens: Was hat die Frage der Massenvernichtungswaffen eigentlich mit dem Islam zu tun? Wieso kommt hier ein religiöser Faktor ins Spiel? Ist eine hinduistische oder christlich-jüdische Bombe etwas grundsätzlich anderes?

Beginnen wir mit dem zweiten Punkt. Er wird uns ohnehin direkt zum ersten zurückführen. Das *New York Times Magazine* hat sich kürzlich Gedanken über die drohende »islamische Welle« gemacht. In diesem Beitrag geht es unter anderem um den Aufschwung der fundamentalistischen FIS in Algerien. Die Autorin berichtet aus einem Gespräch mit einem westlichen Diplomaten: »Algerien verfügt über ein Atomprogramm, das angeblich friedlichen Zwecken dient. ›Stellen Sie sich nicht einfach die Wiedereinsetzung eines islamischen Kalifen vor, eines Führers mit weltlicher und geistlicher Macht‹, so der Diplomat, ›sondern eines Kalifen mit Atomwaffen‹.«[27]

Es gibt also neben dem allgemeinen Problem der Nicht-Weiterverbreitung von Atomwaffen das Problem einer islamistischen Kontrolle dieser Waffen. Wenn man der Bevölkerung, politischen Bewegungen und Regierungen einer Region Irrationalität, Unberechenbarkeit und Fanatismus unterstellt, dann dürfen diese natürlich nicht in den Besitz so gefährlicher Waffen gelangen. Diese westliche Perspektive hat zusätzlich noch etwas sehr Beruhigendes: Daß (westliche) Atomwaffen bisher noch nie militärisch eingesetzt wurden – von zwei bedauerlichen Ausnahmen abgesehen –, wird damit zum Nachweis der eigenen Rationalität und Besonnenheit. Westliche Rationalität wird so zur Eintrittskarte für Atomwaffenbesitz; ja, westlich und rational gehören so eng zusammen, daß sie zu austauschbaren Begriffen geworden sind.

Ein irakischer Diplomat hat Monate vor dem Golfkrieg dem Westen eine doppelte Moral bezüglich der Massenvernichtungswaffen vorgeworfen. US-amerikanische, französische und israelische Atombomben würden als friedensbewahrend angesehen, arabische C-Waffen dagegen bekämpft: »Die Entwicklung im Feld militärischer Forschung ist eng verknüpft mit unserem Ziel, wissenschaftliche und technologische Fähigkeiten zu erwerben, und zwar auf allen Gebieten. Es ist den Arabern oder dem Irak nicht verboten, Laboratorien zu betreiben und darin zu forschen. Warum sollten sie das nicht? Und warum sollte man annehmen, Israel würde seine chemischen Waffen nur vernünftig und verantwortungsbewußt handhaben, während die Araber mit ihren herumschießen würden? So etwas ist rassistisch und unrealistisch.«[28]

Natürlich sollte die irakische Aufrüstung so gerechtfertigt werden. Nur: Der irakische Regierungsvertreter benutzte für den falschen Zweck ein richtiges Argument – daß Atomwaffen in den Händen europäischer Mächte, Südafrikas oder Israels vollkommen akzeptabel, höchstens etwas unbequem sein sollen, während der Gedanke an eine »islamische Bombe« eine politische Katastrophe nahelegt. Diese westliche Argumentation und Angst hat einen rassistischen Kern, auch wenn sie auf eine gute Sache: nukleare Abrüstung zielt. Aber es ist eben nur die Abrüstung der *anderen* gemeint, nicht die eigene.

In Wirklichkeit kann die westliche (und sowjetische) Atom(waffen)politik der letzten fünfzig Jahre kaum als »rational« bezeichnet werden. Ohne hier ins Detail gehen zu wollen – die Strategie etwa einer *Mutual Assured Destruction*, also der gegenseitig zugesicherten Zerstörung, kann nur als das bezeichnet werden, was die englische Abkürzung schon so treffend aussagt: als MAD. Die gesamten Atomkriegsstrategien seit dem Zweiten Weltkrieg und damit verbundenen Doktrinen – auch die Vorstellungen einer *flexible response* oder der »Vorneverteidigung« – hatten mehr mit Nukleartheologie als mit rationaler Politikplanung zu tun. Man mußte sie wechselseitig *glauben*, damit sie funktionierten. Auch »unsere Atomwaffen sind gut und friedensfördernd, eure sind schlecht und friedensbedrohend« stimmt nur auf der Ebene der Machtpolitik, nicht auf der der Rationalität. Es ist ein Mythos, daß Teufelszeug sofort gut wird, wenn nur wir im Westen es besitzen.

Die Absurdität und Irrationalität dieser Argumentation wird auch deutlich, wenn man an die westliche Hilfe bei Raketenbau, A-, B- und C-Waffenproduktion im Nahen Osten und den Waffenhandel insgesamt denkt. Die *Lieferung* von modernen konventionellen oder Massenvernichtungswaffen in den Nahen Osten durch westliche Länder und Firmen soll ein Akt rationalen, politischen oder wirtschaftlichen Handelns, höchstens ein Kavaliersdelikt sein. Der *Kauf* derselben Waffensysteme durch die nahöstlichen Kunden wird dagegen als verbrecherisch, Ausdruck des Größenwahns und orientalischer Unberechenbarkeit interpretiert.

Die Verbreitung der Massenvernichtungswaffen im Nahen Osten – und dem Rest der Welt – hat weniger mit ideologischen oder religiösen Fragen, sehr viel aber mit Macht zu tun. Und wie so oft erhalten wir über einen solchen Tatbestand die beste Auskunft von den Funktionsträgern in Washington.

Fast acht Monate vor der irakischen Besetzung Kuwaits erklärte ein Spitzenbeamter des US-Verteidigungsministeriums das Problem: »Eine [...] elementare Tatsache ist, daß wir uns mit einer Welt konfrontiert sehen, in der immer mehr Staaten militärische Macht haben, *die alle das Recht für sich beanspruchen, sie einzusetzen, wie es ihnen angebracht erscheint*. Ihnen allen ist unsere Besorgnis über die Verbreitung ballistischer Raketen, chemischer Waffen und der Technologie zur Herstellung von Atomwaffen bekannt. Von ebensolcher Bedeutung ist, daß zahlreiche Staaten der sogenannten dritten Welt über modernste konventionelle Waffen wie Marschflugkörper verfügen, und zwar in großer Zahl. Die Panzerflotte der irakischen Armee ist beispielsweise in ihrer Größe derjenigen der

Bundeswehr vergleichbar. *Potentielle Gegner in der dritten Welt sind kein triviales militärisches Problem mehr* – wenn sie das je waren: Grenada ist nicht die Art von Krisenherd, wie wir ihn voraussichtlich allzu häufig erleben werden, noch ist es die Herausforderung, an der wir unsere Erfordernisse messen sollten.«[29]

Hier ist von ideologischen Fingerübungen nichts zu spüren, hier wird »dem Islam« nichts zugeschrieben, von dem man nichts weiß, oder vorgeworfen, was man nicht selbst praktiziert. Hier geht es um Machtpolitik, um Kontrolle. Das Problem ist die wachsende militärische Stärke »von zahlreichen Staaten der dritten Welt«, die sich so westlicher Dominanz entziehen könnten, und daß »immer mehr Staaten das Recht für sich beanspruchen«, ihre Macht so einzusetzen, »wie es ihnen angebracht erscheint«. Ein fürchterlicher Alptraum für Machtpolitiker, eine Banalität für Völkerrechtler: So etwas nennt man nationale Souveränität. Die Alternative ist, daß sich die fraglichen Länder so verhalten, wie es *anderen* Ländern – und nicht ihnen selbst – »angebracht erscheint«.

Präsident George Bush erklärte im Februar 1990 zum vordringlichen Problem, daß ABC-Waffen und Raketentechnologie »in die Hände derer gelangen, deren Haß auf Amerika und Mißachtung der zivilisierten Gesellschaft allseits bekannt ist. Wir werden weiterhin hart arbeiten, um *diese* gefährliche Weiterverbreitung zu verhindern.«[30]

Es geht also nicht um die Reduzierung oder Beseitigung von Massenvernichtungswaffen, um Abrüstung in einem umfassenden Sinne, sondern darum, seinen Gegnern die Waffensysteme vorzuenthalten, die ihn stärken könnten. Und das sind naturgemäß Massenvernichtungswaffen, Raketentechnologie, jedes hochtechnologische oder »intelligente« Waffensystem. Es geht um die Stärkung der eigenen, der westlichen – praktisch heißt das oft: der US-amerikanischen – Macht. Es geht um Verteidigung, Festlegung oder Durchsetzung der eigenen Vorherrschaft, und in diesem Zusammenhang soweit möglich um die exklusive Verfügung über die wirksamsten und gefährlichsten

Waffensysteme. Zwei Kategorien von Staaten werden dabei aus unterschiedlichen Gründen etwas nachsichtiger behandelt: politische Freunde und Verbündete auf der einen Seite (etwa Großbritannien oder Israel) und sonstige real existierende Atommächte auf der anderen (etwa die Sowjetunion, heute Rußland, die VR China oder Indien). Im ersten Fall dämpfen Freundschaft und gemeinsame Interessen, im zweiten der Realismus eines Sichfügens ins Unvermeidliche die sonst zu erwartenden Konflikte.

Insofern ist die Gefahr einer »islamischen Bombe« vor allem die Gefahr eines Ausbruchs von Ländern der »dritten Welt« aus dem vorgegebenen, westlich dominierten System internationaler Beziehungen. Das heißt, der Islam ist nicht an sich ein Problem, er ist keine Bedrohung aus sich selbst heraus, aus ideologischen Gründen. Der Islam kann vielmehr in pro-westlichem oder anti-westlichem Sinne wirken. Das gilt selbst für den »islamischen Fundamentalismus«. Ernst wird es immer genau in dem Moment, in dem sich anti-westliche Stimmungen regen. Und wenn diese sich in islamischen Kategorien ausdrücken, wenn sie ihre anti-westliche Position religiös begründen, dann scheint Furcht vor dem Islam angebracht, wie früher auch vor dem arabischen Nationalismus. Die Angst besteht also eigentlich vor anti-westlichen Stimmungen und Politiken in jeder Artikulationsform.

Shireen Hunter brachte dies deutlich auf den Punkt. Der Westen fürchtet sich vor dem Fundamentalismus nicht aus spirituellen, sondern aus sehr realen Gründen: »Islamische Gefühle sind in der Region noch stark. Die Fundamentalisten lehnen vor allem eine dauerhafte, umfangreiche Anwesenheit ausländischen Militärs in moslemischen Ländern ab.«[31]

Wenn die Islamisten und Fundamentalisten pro-westlich wären, wenn sie für US-amerikanische Militärbasen im Nahen Osten einträten und die Ölpreise stabil und in mäßiger Höhe hielten – was wäre dann gegen den islamischen Fundamentalismus einzuwenden?

Religion und Außenpolitik

George Bush hat als Präsident große Reden mit dem Ausruf beschlossen: »Gott segne Sie. Gott segne unser geliebtes Vaterland.« Gegen Ende seiner Amtszeit ging er sogar so weit, das Ende des kalten Krieges nicht allein auf seine eigene Tüchtigkeit, sondern auf Übersinnliches zurückzuführen. »Durch die Gnade Gottes hat Amerika den kalten Krieg gewonnen.«[32]

Den Golfkrieg und den Konflikt mit Saddam Hussein hat der Präsident ebenfalls religiös überhöht: es habe sich um einen »Kreuzzug« gehandelt. Er habe auch immer gewußt, »daß Gott auf seiner Seite« sei.[33] Trotz der offiziellen Trennung von Staat und Religion in den USA (und einigen anderen westlichen Ländern) handelte es sich dabei nicht um einzelne Ausrutscher. Bill Clinton folgte dieser Sitte von Anfang an. Schon bei der Rede zum Amtsantritt erbat er sich göttliche Hilfe für seine Amtsführung und göttlichen Segen für sein Land. Solche religiösen Formulierungen von hoher und höchster Stelle haben in den USA eine lange Tradition – Säkularität hin oder her.

Schon 1898 berichtete Präsident McKinley, wie er zur Entscheidung der Annexion der Philippinen gelangt war. »Nacht um Nacht ging ich im Weißen Haus auf und ab, bis Mitternacht. Ich sank auf die Knie und betete zum allmächtigen Gott um Erleuchtung und Führung.« Eines Nachts kam die göttliche Erleuchtung: es komme weder in Frage, die Philippinen den Konkurrenten Frankreich oder Deutschland noch sich selbst zu überlassen. McKinley fuhr fort: »Es blieb uns nichts anderes übrig, als sie (die Inseln der Philippinen) alle zu nehmen und die Filipinos zu erziehen, zu fördern, zu zivilisieren und zu christianisieren. Und durch die Gnade Gottes« – der später den kalten Krieg gewinnen würde – »das Allerbeste für sie als unsere Nächsten zu tun, für die Christus ja ebenfalls gestorben ist. Und dann ging ich zu Bett. Und ich schlief gut.«[34]

Göttliche Inspiration als Begründung für Außenpolitik, für

kolonial Expansion – ist so etwas ein Argument gegen den säkularen Charakter der USA oder westlicher Gesellschaften allgemein? Wie steht es in solchen Fällen um die berühmte »westliche Rationalität«? Präsident Carter hatte bei seinen Bemühungen um das Camp-David-Abkommen zwischen Israel und Ägypten ebenfalls gern und oft Gott ins Spiel gebracht. »Ich glaube, daß die Tatsache, daß wir denselben Gott verehren und grundsätzlich den gleichen moralischen Prinzipien verpflichtet sind, eine Möglichkeit für die Lösung der Differenzen darstellt. Ich war immer überzeugt, daß, wenn Sadat und Begin zusammentreffen würden, sie durch diesen gemeinsamen Glauben verbunden würden.«[35]

Hier erscheint der Islam einmal nicht als Bedrohung, sondern die Gemeinsamkeit zwischen Islam, Judentum und Christentum wird als Voraussetzung des Camp-David-Abkommens genannt. Soll man so etwas ernst nehmen? Sind solche Beispiele – oder die ebenso zahlreichen wie bizarren während der Reagan-Administration – Indizien für einen religiösen Charakter westlicher Politik? Vermutlich nicht. Aber sie wecken berechtigte Zweifel an dem bequemen Gegensatzpaar westlich/säkular/rational einerseits und orientalisch/islamisch-religiös/irrational andererseits. Wir sollten daran denken, daß große Worte von Politikern nicht selbstverständlich zum Nennwert genommen werden dürfen, sondern oft Legitimationszwecken dienen. Und so offensichtlich uns das für den eigenen Kulturkreis erscheint, so gern nehmen wir die religiösen Phrasen in anderen Kulturen für bare Münze – so, als handele es sich nicht um politische, sondern tatsächlich um religiöse Erklärungen.

Wechseln wir die Perspektive. Im Nahen Osten geschehen tatsächlich sehr bedrohliche Dinge: Dominanzstreben eines Staates gegenüber Nachbarstaaten, die erwähnten Gefahren des Terrorismus und die Verbreitung von Massenvernichtungswaffen. Außerdem ist der Nahe Osten eine Region, in der viele politische Erklärungen in religiösen oder quasi-religiösen Begriffen formuliert werden, noch weit stärker als in Washington. Ein weltlicher und arabisch-nationalistischer Diktator wie Saddam Hussein hält es für angebracht, seinen Konflikt mit den USA und ihren Verbündeten öffentlich religiös zu interpretieren und einen Heiligen Krieg auszurufen. Unsere Kritik an westlicher Feindbildproduktion bedeutet natürlich nicht, daß es im Nahen Osten keinen Fanatismus, keinen religiösen Dogmatismus gäbe. Schließlich kritisieren wir solche Erscheinungen auch im eigenen Kulturkreis.

Es ist aber meist unsinnig, die realen und auch bedrohlichen Erscheinungen des Nahen Ostens aus religiösen Phänomenen erklären zu wollen. Nehmen wir ein Beispiel: die iranische Außenpolitik. Professor Bassam Tibi, ein in vielen deutschen Sendern präsenter Nahostexperte, schrieb in der *Frankfurter Allgemeinen Zeitung* vor einiger Zeit[36] einen Beitrag unter der Überschrift »Verheimlichung der Außenpolitik«. Seine Argumentationsmuster sind typisch für zahllose Autoren. Er beginnt seinen Artikel über die iranische Außenpolitik so: »Schiitische Muslime praktizieren ihren Glauben oft als Untergrundreligion, da sie in ihrer Geschichte von den Sunniten verfolgt wurden. Zu ihrem eigenen Schutz entwickelten sie die Praxis der *Taqiyya* oder Verheimlichung des Glaubens; sie geben also ihre Religionszugehörigkeit nach außen nicht immer zu erkennen.« Etwas später erwähnt Tibi einen Besuch des iranischen Präsidenten und seines Verteidigungsministers in China, bei dem auch eine »nukleare Zusammenarbeit zwischen beiden Ländern« erörtert worden sei. Er schreibt: »Auf Verdächtigungen, Iran arbeite an einem Nuklearprogramm für militärische Zwecke, versicherten Regierungssprecher, daß die iranisch-chinesische Zusammenarbeit auf diesem Gebiet nur friedlichen Zwecken diene. Ist dies *Taqiyya*, Verheimlichung der Außenpolitik?«

Aber der Experte bleibt bei solchen Fragen nicht stehen, schließlich war im Untertitel die Antwort schon enthalten: »Iran läßt sich im Nahen Osten und in Zentralasien von der Praxis der *Taqiyya* leiten.« Und genau so wird auch argumentiert. Der Iran sei »zu seiner schon unter dem gestürzten Schah verfolgten Politik der Hegemonie am Golf« zurückgekehrt, eine zweifellos zutreffende Beobachtung. Aber dies geschehe eben heimlich, ganz in schiitischer Tradition. Dann ist von der Konkurrenz zwischen Iran und Türkei die Rede, die gerade auch in Zentralasien im Gange sei. Tibi fährt fort: »Im Gegensatz zu der für den Schiismus untypischen Chomeini-Ära mit ihrer marktschreierischen Rhetorik verfolgen die heutigen iranischen Politiker ihre Ziele im Stillen; sie kehren somit zur schiitischen Tradition der *Taqiyya*... zurück. Sie handeln, ohne über ihre politischen Ziele zu sprechen, ganz im Sinne der ›Verheimlichung‹; das heißt, sie verheimlichen – auch in ihrer Hegemonialpolitik – ihre Absichten bis hin zur Selbstverleugnung.«

Das Argument – wenn es denn eines ist – ist deutlich: Der Iran verfolgt eine bestimmte Art der Außenpolitik, die sich aus der *Religionsgeschichte*, aus der Tradition der Schiiten erklären läßt. Das ist elegant, es ist bequem: Eine Analyse der *Interessen* des Irans und seiner Nachbarn wird dadurch überflüssig. Nach diesem – allerdings noch weiter simplifizierten – Verfahren hatte schon der Experte Konzelmann die Erklärungen aktueller Konflikte aus dem Leben des Propheten zusammengereimt.

Der Iran verfolgt eine Hegemonialpolitik, und er tut dies diskret, heimlich. Soviel ist richtig. Aber: Was wäre die Alternative? Überall zu verkünden, daß man die Golfregion unter seine Kontrolle bringen möchte? Sein Atomprogramm öffentlich zur Schau stellen und CNN die Filmrechte einräumen?

So ziemlich alle Mächte verfolgen ihre Hegemoniebestrebungen diskret, sie verheimlichen und bestreiten sie. Und wenn nötig, lügen sie, daß sich die Balken biegen. Die USA und die Sowjetunion haben ihr Atomprogramm während und nach dem Zweiten Weltkrieg in großer Heimlichkeit betrieben. Israel hat bis heute noch nicht zugegeben, über Atomwaffen zu verfügen. Pakistan bestreitet ein militärisches Atomprogramm. Die sowjetische Intervention in Afghanistan diente der Sicherung des Weltfriedens und folgte – wie natürlich auch die Besetzung der ČSSR 1968 – einem brüderlichen Hilferuf. Die

Eroberung der Karibikinsel Grenada durch die USA vor zehn Jahren diente der »Geiselbefreiung« (auch wenn es keine Geiseln gab) und der Abwendung einer Bedrohung der nationalen Sicherheit.

Warum ist es notwendig oder sinnvoll, einer so banalen Angelegenheit, daß ein Staat seine Machtpolitik verheimlicht und beschönigt, quasi-religiöse Weihen zu verleihen? Wenn so ziemlich alle Staaten ihre Hegemonialpolitik kaschieren, wieso soll das im Fall Irans an seiner Religionsgeschichte liegen?

Bassam Tibi wird nicht müde, »den Arabern« und anderen Moslems (in diesem Artikel in der Form: »den wortstarken Arabern«) Befangen-Sein in religiösen Denkweisen und Mangel an Säkularität zu bescheinigen und sich selbst als aufgeklärt säkular zu präsentieren. Aber hier – und nicht nur hier – schreibt er der iranischen Politik ohne Not eine religiöse Quelle zu, wo rational-säkulare Überlegungen zur Erklärung völlig ausgereicht hätten. Und anschließend kann man dann über den religiösen Charakter nahöstlicher Politik philosophieren.

Die Logik wird zum Schluß dieses aufschlußreichen Artikels noch einmal deutlich. »Iran spricht nicht mehr vom ›Export der islamischen Revolution‹« – richtig. Aber jetzt lautet der Vorwurf »Verheimlichung«. Also: Proklamiert die iranische Diktatur einen Revolutionsexport – was den potentiell durchaus säkularen Aspekt offensiver Machtpolitik beinhalten kann –, wirft man ihr das vor. Wird davon nicht mehr gesprochen – um so schlimmer: Dann ist es Verheimlichung. Auf diese Weise demonstriert Tibi, wie man sich gegen rationale Kritik immunisiert. Die Analyse wird überflüssig. Da man ja weiß, daß die iranische Führung schiitisch ist, betreibt sie natürlich eine »schiitische Außenpolitik«. So gelingt es, politische Analyse durch religiöse und religionsgeschichtliche Ableitungen zu ersetzen, alles im Namen der westlichen, säkularen Rationalität.

Um den entscheidenden Punkt noch einmal zu betonen: Diese Kritik an einem typischen westlichen Scheinerklärungsmuster bedeutet keinerlei Sympathie für die iranische Diktatur und ihre Hegemonialpolitik. Aber auch eine brutale Diktatur muß mit den Mitteln der Logik analysiert werden. Und auch eine religiös begründete Diktatur wie die iranische kann durchaus Dinge tun – und dies wird sogar sehr häufig so sein –, die aus rein pragmatischen oder machtpolitischen Gründen erfolgen. Bagdad und Teheran wollen beide die Golfregion kontrollieren, und die USA wollen das auch. Und alle haben dafür genug handfeste Gründe ökonomischer, politischer und strategischer Art, als daß sie noch religiöse benötigten. Zugleich würde keiner der drei Staaten das offen formulieren. Und pikanterweise haben nicht nur die Teheraner Mullahs, sondern auch Saddam Hussein und George Bush ihren Kampf um die Vorherrschaft am Golf in religiösen Begriffen formuliert: Heiliger Krieg gegen Kreuzzug.

Das »Feindbild Islam« lebt davon, Akteuren im Nahen und Mittleren Osten religiöse Gründe für ihr Handeln zu unterstellen, um dann ihre streng religiöse Orientierung zu beklagen. Dieses Verfahren ist oft ein Weg, sich mit den Problemen und Argumenten der anderen nicht auseinandersetzen zu müssen. Nehmen wir einen der komplizierteren Tatbestände, den des nahöstlichen Terrorismus. Es wäre völlig absurd zu glauben, dieser Terrorismus wäre aus ideologischen oder gar religiösen Quellen entstanden, wie Terrorismusexperte Tophoven uns glauben machen will. Er ist vielmehr entstanden, weil soziale Sektoren und Bewegungen – etwa im Libanon – keine andere Möglichkeit politischer Einflußnahme mehr gesehen haben. Ohne den israelischen Einmarsch im Libanon und die lange Besetzung des Südlibanon und ohne die unbestrittene militärische und politische Dominanz Israels in diesem Zusammenhang hätte es den schiitischen Terrorismus in der dann sich herausbildenden Form nicht geben können. Diese Tatsache entschuldigt keine terroristischen Verbrechen, sondern hilft, Zusammenhänge zu begreifen. Ohne die westliche Unterstützung der israelischen Politik und ohne die westliche Intervention im Libanon 1982 bis 1984 (mit US-amerikanischen, französischen, britischen und italienischen Truppen) wären kaum so viele westliche Staatsbürger zu Opfern von Entführungen und zu Geiseln geworden. Die libanesischen Schiiten hatten den israelischen Besatzern, den westlichen Truppen oder der Machtstruktur im eigenen Land politisch und im engeren Sinne militärisch nichts Ernsthaftes entgegenzusetzen. In »offener Feldschlacht« hätten sie nicht den Hauch einer Chance gehabt. Durch Guerillataktik, Überfälle, Entführungen, Attentate und Anschläge konnten sie ihren Feinden trotz der eigenen Schwäche sehr schmerzhafte Schläge zufügen. Auf diese Weise gelang es sogar, die US-amerikanischen und westeuropäischen Truppen nach relativ kurzer Zeit wieder aus dem Land zu treiben. Die Attentate auf das US-amerikanische, das französische und das israelische Hauptquartier im Libanon forderten Hunderte von Toten, zerstörten zum Teil die Gebäude vollständig – militärische Attacken, die mit konventionellen Mitteln nie möglich gewesen wären.

Der Kern dieser Politik hat mit »Fanatismus«, »Irrationalität« und anderen psychologischen Kategorien nichts zu tun. Es handelt sich – durchaus im westlichen Sinne – zwar um gewalttätiges, skrupelloses, aber durchaus »rationales«, nämlich auf einen Zweck gerichtetes Verhalten: mit den beschränkten eigenen Mitteln ein Maximum an Wirkung zu erzielen. Und genau das wurde erreicht: Die Westmächte verließen fast panikartig den Libanon, Israel mußte sich ebenfalls zurückziehen. Welche andere Politik hätte eine solche Bilanz ermöglicht?

Es ist also nicht nötig, für die Erklärung des schiitischen Terrorismus[37] zu religiösen Überlegungen Zuflucht zu nehmen. Zu übernatürlichen oder auch nur zu psychologischen Begründungen sollte man erst dann greifen, wenn man mit keinem Mittel der Politikanalyse mehr weiterkommt.

Das bedeutet selbstverständlich nicht, daß die Religiosität politischer Akteure für diese subjektiv nebensächlich wäre. Das Gegenteil ist richtig. Natürlich können schiitische Attentäter sehr gläubige Menschen sein und aus ihrem Glauben auch Kraft für ihre Taten ziehen. Aber für die meisten politischen Fragen ist das von zweitrangiger Bedeutung – wie es auch belanglos ist, ob George Bush wirklich an den von ihm proklamierten »Kreuzzug«-Charakter des Golfkrieges oder an die göttlichen Ursachen des sowjetischen Zusammenbruchs glaubte. Oder, um zu einem früheren Beispiel zurückzukehren: Auch wenn die iranische Staatsführung ihre Außenpolitik selbst in einen religiösen Zusammenhang stellt und als »islamische Außenpolitik« betrachtet, bedeutet das immer noch nicht, daß der heimliche Charakter ihres Vormachtstrebens religiös fundiert ist.

Einige zusammenfassende Überlegungen

Das Feindbild Islam in der westlichen Außenpolitik war der Gegenstand unserer Betrachtung. Die Ergebnisse sind offensichtlich widersprüchlich. Auf der einen Seite haben wir Beispiele dafür gefunden, daß das von Andrea Lueg untersuchte Feindbild in die Außenpolitik hineinwirkt. Das gilt nicht nur für die außenpolitische Berichterstattung der Medien, sondern auch für bestimmte Politikfelder wie der Politik gegen Terrorismus, gegenüber dem Iran oder der algerischen FIS. Auch auf dem Feld der Außenpolitik werden dem islamisch geprägten Kulturkreis oder bestimmten Kräften oder Bewegungen von vornherein religiöse Antriebe als zentral unterstellt – etwas, was man im eigenen Kulturkreis als weltfremd betrachten würde.

Zugleich aber ist deutlich, daß der Kern westlicher Außenpolitik sich vom Feindbild Islam nicht sonderlich beeindrucken läßt, sondern den Islam oder seine islamistischen Varianten in verschiedene Zusammenhänge einordnet. Es wurde klar, daß die westliche Orientpolitik primär von einer Definition der eigenen Wirtschafts- und Machtinteressen bestimmt wird, nicht von der Einschätzung einer Religion. Nur in diesem Zusammenhang fürchtet sich der Westen vor einer islamischen Bedrohung: nämlich dann, wenn seine konkreten Interessen bedroht sind. Vor diesem Hintergrund sieht der Westen gute und schlechte Moslems, gute und schlechte Fundamentalisten. Pro-amerikanische oder pro-westliche islamistische Kräfte mögen ebenso intolerant, fanatisch oder missionarisch sein wie ihre anti-westlichen Kollegen – wir erinnern uns an Saudi-Arabien oder an die afghanischen Mudschahedin. Das ist keine »islamische Gefahr«, sondern Lokalkolorit.

Das Feindbild Islam taugt für die Außenpolitik nur mit Einschränkungen. Einerseits ist es hochgradig attraktiv, da es einen naheliegenden Ersatz für das verlorene Feindbild Sowjetunion/Kommunismus bilden kann. Hochgerüstete Militärapparate und eine auf Vorherrschaft am Golf zielende Außenpolitik brauchen eine plausible Begründung, brauchen ein glaubwürdiges Feindbild. Und dieses Feindbild sollte mehr sein als ein konkreter Feind, es sollte eine umfassende Ideologie beinhalten, wie das Feindbild Kommunismus mit dem Marxismus-Leninismus. Da bieten sich »der Islam« oder der »islamische Fundamentalismus« geradezu an.

Andererseits schafft das Probleme. Viele wichtige Verbündete des Westens sind selbst Regierungen des islamischen Kulturkreises, manche gar selbst fundamentalistisch. Ein anti-islamischer – oder auch nur anti-islamistischer – Kreuzzug wäre daher schwer durchzuhalten. Entweder käme er in beträchtliche Glaubwürdigkeitsprobleme, oder er würde wichtige Verbündete verprellen und verlieren. Aus diesem Grund gibt es bezüglich des außenpolitischen Feindbildes Islam eine Art Schwebezustand. Immer wieder wird die Gefahr wortreich und fast lyrisch beschworen, je nach Konjunktur in unterschiedlichen Regionen oder verschiedenen Ländern. Und dann wieder wird es sehr still, ist keine Rede mehr von islamistischen Bedrohungen. Als der Kampf gegen Saddam Husseins Irak im Vordergrund stand, war der Iran keine populäre Bedrohung, sondern ein Faktor, den man diplomatisch in die anti-irakische Front einbeziehen, zumindest aber neutralisieren wollte. Einige Zeit später ist wieder zunehmend von der iranischen Gefahr die Rede, die eigentlich doch schlimmer sei als die irakische. Dann taucht die islamistische Bedrohung wieder aus der Versenkung auf.[38]

Dieses Hin-und-her-Pendeln je nach politischer Opportunität wird die westliche Außenpolitik gegenüber islamischen und islamistischen Regierungen und Bewegungen auch in Zukunft bestimmen.

Bemerkenswert ist ein Auseinanderklaffen der holzschnittartigen Feindbildproduktion für den internen Bedarf, also in Publizistik und Medien, und der widersprüchlichen Verwendung des Feindbildes Islam in der konkreten Politik. Während die Konzelmänner und viele Medien oft geradezu hysterische Horrorszenarien und emotional aufgeladene Schein-Berichterstattung verbreiten, finden wir in der Außenpolitik zumindest zum Teil relativ nüchterne Einschätzungen, die sich von eigenen Interessen und weniger von eigenen Ängsten leiten lassen. Die westliche Politik gegenüber dem Orient mag ihre Belange mit großer Konsequenz und sogar Brutalität durchsetzen und Menschenleben im Nahen und Mittleren Osten nicht besonders hoch einschätzen – sie ist aber meist zweckrational und kühl kalkuliert. Sie fällt nur in Ausnahmesituationen auf den Popanz herein, der für den heimischen Konsum aufgebaut wird. Wie ist dieses Auseinanderklaffen zu verstehen?

Zwei Gründe kommen vor allem in Betracht. Einmal der immer noch elitäre Charakter von Außenpolitik. Innenpolitik, Wirtschafts- und Sozialpolitik haben eine breite Lobby, Interessengruppen erzwingen Diskussionen, stellen Forderungen. Außenpolitik ist immer noch eine Sache von Minderheiten, einer relativ kleinen Elite, nur gelegentlich behelligt durch Basisbewegungen zu Einzelfragen – »Nachrüstung« und Friedensbewegung sind die wichtigsten Beispiele für das Abweichen von der Regel. Emotionalisierung und reißerische Feindbilder sind eher für den breiten Massenkonsum gedacht, sie sind für die außenpolitische Machtelite wenig attraktiv. Die Vertreter westlicher Ölinteressen etwa dürften die Schriften Scholl-Latours oder Konzelmanns kaum für relevant halten.

Ein zweiter Grund für das Auseinanderfallen der innen- und

außenpolitischen Wahrnehmung des Islams hängt damit zusammen, daß die allgemeine Feindbildproduktion den Orient und den Islam nur zum Vorwand nimmt, aber nicht eigentlich zum Gegenstand hat. Sie hat praktisch nichts mit dem Orient und dem Islam zu tun, sondern fast ausschließlich etwas mit inner-westlicher Identitätsstiftung. Es geht um Selbstvergewisserung, um das sich gegenseitige Bestätigen, wie rational, aufgeklärt und vernünftig wir Westler sind. Die Notwendigkeit dafür besteht in dem bedauerlichen Tatbestand, daß Zivilisiertheit sich auch in Europa in bescheidenen Grenzen hält und immer wieder von eruptiven Rückschlägen aufgehoben wird. Der deutsche Faschismus, der Stalinismus oder solche archaischen Erscheinungen wie die Kriege auf dem Balkan oder der Bürgerkrieg in Nordirland – um nur ein paar drastische Beispiele zu nennen – mahnen hier zu einer vorsichtigen Selbsteinschätzung westlicher Zivilisation. Das Anzünden libanesischer Mädchen am Niederrhein und ähnliche Äußerungen der »Volksseele« sind nicht gerade ein Indiz für die tiefe Verankerung zivilisatorischer Werte im christlichen Abendland. Durch die Karikierung fremder Kultur, durch die beliebige und willkürliche Verzeichnung islamischer Gesellschaften erteilen wir uns selbst die Absolution. Die *anderen* sind fanatisch, nicht wir, die anderen sind irrational, nicht wir.

Insgesamt läßt sich feststellen, daß das Feindbild Islam in den Köpfen der bundesdeutschen Bevölkerung und ihrer öffentlichen Meinung tief verankert ist. Eine diffuse, irrationale Angst vor dem Islam, »den Arabern«, einer anderen Kultur und vor der Armut der »dritten Welt« – all das verbindet sich mit rassistischen und fremdenfeindlichen Gefühlen zu einer dumpfen Mischung. Innenpolitisch sind diese Ängste präsent, ist dieses Feindbild voll entwickelt. Außenpolitisch bleibt das Feindbild immerhin latent. Es ist unter der Oberfläche vorhanden, wird aber nicht immer aktiviert und für außenpolitische Zwecke eingesetzt.

Diese Situation hat einen beruhigenden Aspekt und einen

alarmierenden. Eher erfreulich ist der Schluß, daß die westliche Außenpolitik gegenüber dem Nahen und Mittleren Osten rational ist, auch wenn sie von dem Interesse an politischer und wirtschaftlicher Dominanz gekennzeichnet ist, und von der Bereitschaft, in »zweckrationaler« Manier gelegentlich ein paar Hunderttausend Menschenleben – arabische, versteht sich – der Durchsetzung der eigenen Interessen zu opfern. Der Westen betreibt also keinen »Kreuzzug«, keine Politik, die sich von einem rassistischen Feindbild leiten ließe, sondern »nur« imperiale Politik. Wenn das die gute Nachricht ist – was ist die schlechte?

Wirklich bedrohlich ist es, daß diese imperiale Politik je nach Opportunität auf die latente Emotionalisierung zurückgreifen kann. Wenn sich die westlichen Strategen zur Durchsetzung ihrer Interessen zu weiteren Interventionen, Kriegen oder neuen Formen neo-kolonialer Dominanz entschließen sollten – dann stehen die politisch-psychologischen Voraussetzungen bereit. Jedes politische oder militärische Abenteuer könnte innenpolitisch gerechtfertigt werden. Das Feindbild läßt sich jederzeit einsetzen, es gestattet, je nach Bedarf eine islamische Bedrohung zu präsentieren, gegen die es sich zu »verteidigen« gilt. Und das zu einer Zeit, in der die Bundeswehr wie die NATO insgesamt nach neuen Rechtfertigungen und Einsatzmöglichkeiten suchen, um nach dem Ende des kalten Krieges nicht überflüssig zu werden. Wenn die Bundeswehr erst einmal außerhalb des NATO-Gebietes eingesetzt werden darf, dann ist der Nahe und Mittlere Osten einer der naheliegendsten Einsatzorte. Und dann – dann können Militärs und Politiker problemlos auf das Feindbild Islam zurückgreifen, nachdem ihnen ja das Feindbild Kommunismus/Sowjetunion abhanden gekommen ist.

Jochen Hippler/Andrea Lueg

Schlußfolgerungen

Wir haben in diesem Buch herausgearbeitet, daß die westlichen Medien, Publizisten und Politiker zu einem irrationalen Umgang mit dem Islam oder dem Islamismus neigen, daß die Feindbildproduktion bezüglich des Islams nur partiell etwas mit den Realitäten des Orients, dafür aber um so mehr mit dem westlichen Bedürfnis nach Selbstvergewisserung zu tun hat. Und wir wollen vor emotionalisierenden und aufhetzenden Umgangsformen warnen.

Die Beiträge dieses Buches haben nicht versucht, den »wahren Islam« zu enthüllen. Schließlich gibt es den wahren Islam ebensowenig wie das wahre Christentum. Welche die »richtige« Interpretation von Islam oder Christentum ist, das ist keine Frage der politischen Analyse, sondern eine des Glaubens. Diese Frage sollten die Gläubigen untereinander und mit sich selbst ausmachen. Sie ist nicht unser Problem. Deshalb haben auch drei der fünf Beiträge dieses Buches nur in zweiter Linie etwas mit dem Islam zu tun. Es ging uns nämlich vor allem darum, über unser eigenes, das westlich-abendländische Denken nachzudenken. Wir hoffen, dazu einige Anregungen gegeben zu haben.

Aber wir möchten dieses Buch nicht beenden, ohne zumindest einige Grundzüge dafür vorzuschlagen, wie – nicht-islamische, vielleicht auch nicht-christliche – Europäer mit dem Islam und vor allem dem Islamismus umgehen sollten. Wir haben schließlich in diesem Buch nicht »für den Islam« plädiert, sondern nur dafür, ihn nicht anders zu behandeln als Christentum oder Judentum. Da wir (die Herausgeber) selbst nicht an Gott glauben – weder in seiner christlichen noch in seiner muslimischen oder einer sonstigen Variante – ging es uns darum, uns auch mit religiösen Phänomenen rational auseinanderzusetzen. Denn viele Elemente des gängigen Feindbildes Islam haben direkt vor- oder anti-aufklärerischen Charakter, wie scheinbar religionskritisch sie sich auch gebärden mögen. Oft wird der Islam »erledigt«, indem Autoren zuerst wie islamistische Mullahs argumentieren – denn der »wahre« Islam sei ja eigentlich fundamentalistisch, seine moderneren Formen schon verweichlichte Abweichungen (Scholl-Latour) –, um dann seine Rückständigkeit zu entdecken. Diese Form von intellektueller Unredlichkeit ärgert uns, obwohl wir weder Moslems noch Christen sind.

Wie also könnten wir uns einen Umgang mit islamischen oder islamistischen Bewegungen vorstellen? Erstens: Uns scheint nur eine säkulare Umgangsform sinnvoll. Zweitens: Der Islam darf nicht mit anderen Kriterien gemessen werden als etwa das Christentum, und Handlungen in islamisch geprägten Gesellschaften müssen im wesentlichen an denselben Maßstäben gemessen werden. Drittens: Schließlich wäre es auch hilfreich, den eigenen kulturellen Hochmut in Grenzen zu halten und das Maß an Zivilisierung und Aufgeklärtheit in Europa und den USA nicht zu überschätzen.

Eine säkulare Umgangsform würde bedeuten, auch bei Muslimen nicht von vornherein an eine religiöse Begründung allen Handelns zu denken, sondern von deren konkreten Interessen auszugehen und ihre (vielleicht religiös gefärbten) Argumente zu ihnen in Beziehung zu setzen. Nicht jede religiös klingende Formulierung hat auch eine religiöse Bedeutung. Oft sind solche Ausdrucksweisen nur eine kulturell geprägte Art, wirtschaftliche, soziale oder politische Dinge zu formulieren. Hier auf den Gehalt statt auf die Form der Aussagen zu achten scheint uns eigentlich nicht zuviel verlangt.

Die Vorbehalte von Moslems »dem Westen« gegenüber können sich aus zahlreichen sehr konkreten Erfahrungen speisen, sie brauchen nicht unbedingt religiöse Wurzeln zu haben. Die Erfahrung kolonialer Unterdrückung und Ausbeutung, militärischer Beherrschung, kultureller Arroganz und wirtschaftlicher und technologischer Vorherrschaft, der Ausbeutung der Bodenschätze der Region: das und vieles andere gibt ausreichend Grund für Skepsis oder Feindschaft dem Westen gegenüber. Ob jemand diese Skepsis dann in säkularen oder religiösen Formulierungen zum Ausdruck bringt, ist seine Sache. Kritik an der Politik des Westens oder an den eigenen Regimes sollte nicht automatisch deshalb überhört werden, weil religiöse Begriffe verwendet werden. Der Hinweis auf europäisch-amerikanische Vorherrschaftspolitik, auf eine neoimperiale Politik des Westens im Nahen Osten wird nicht dadurch falsch, daß er von einem gläubigen Moslem oder Christen geäußert wird.

Säkularer Umgang bedeutet auch, nicht jedem Moslem seine fromme Geste zu glauben. Religiöse Heuchelei, das Zurschaustellen religiöser Praktiken oder Symbole und der fromme Selbstbetrug sind nicht auf Europa und den christlichen Kulturkreis beschränkt, sondern im Orient ebenso beliebt wie bei uns. Der Islam wird in gleichem Maße für politische, wirtschaftliche oder soziale Zwecke instrumentalisiert.

Wer käme bei uns auf die Idee, der »Christlich Demokratischen Partei« zu unterstellen, sie wäre eine religiöse oder quasi-religiöse Vereinigung? Woher nehmen wir die Naivität, in einem benachbarten Kulturkreis solche Instrumentalisierungen nicht zu bemerken? Wer jede religiöse Phrase im Orient ernst zu nehmen gedenkt, der sollte dann bitte auch Präsident Bill Clinton für einen christlichen Fundamentalisten halten, da er ja bereits bei seiner ersten Rede als Präsident die Hilfe Gottes für seine Amtsführung erbat.

Außerdem gibt es eine Tendenz, politische Konflikte im Nahen und Mittleren Osten reflexartig auf irgendwelche Entwicklungen in der islamischen Frühzeit zurückführen zu wollen, vorzugsweise auf das Leben Mohammeds oder auf den Koran. Solches Vorgehen enthebt von der Pflicht zum Nachdenken und zur Analyse, da man nach dieser Methode ja nicht nur die heutigen Konflikte, sondern auch die zukünftigen bereits analysiert hat: Die Moslems sind halt so – oder anders –, das steht ja schon im Koran, das sagte ja schon der Prophet. Nahöstliche Wissenschaftler könnten nach dieser

Methodik versucht sein, die Kriege im ehemaligen Jugoslawien aus der Bibel und dem Leben Jesu abzuleiten.

Eigentlich sind wir damit schon bei unserem nächsten Vorschlag: dieselben Maßstäbe an die Menschen im Nahen Osten und an uns selbst anzulegen. Natürlich kann das nicht bedeuten, kulturelle Unterschiede zu leugnen oder zu glauben, daß die Tischsitten in beiden Regionen unbedingt vereinheitlicht werden müßten. Nur: Zuerst einmal sollte man akzeptieren, daß Christentum und Islam als prinzipiell gleichwertig zu behandeln sind.

Es läßt sich mit gutem Grund argumentieren, daß das Christentum – oder daß Religion allgemein – einen irrationalen, reaktionären Charakter hat. Das gilt also genauso für den Islam. Beide Religionen haben seit ihrer Entstehung frauenfeindlich gewirkt, beide Religionen und ihre heiligen Bücher sind schon wegen der heute völlig anderen Gesellschaftsordnungen seltsam veraltete ideologische Systeme, die nur durch kühne und kreative Abstraktion aus ihren Zeitbezügen gerettet werden können.

Solche Einwände kann man natürlich diskutieren. Aber anzunehmen, daß das Christentum – oder christlich geprägte Gesellschaften – etwas besonders Feines oder Aufgeklärtes oder auch nur Selbstverständliches, quasi Naturgegebenes wäre, während die Schwesterreligion ungemein »mittelalterlich« daherkommt – so etwas ist eitles, dummes Zeug. In manchen Grundfragen ist das Christentum »moderner«, in anderen der Islam (zum Beispiel in der Konsequenz seines Monotheismus) – die Details sollten wieder die Gläubigen unter sich ausmachen. Aber Fairness und intellektuelle Redlichkeit gebieten es, zwei so eng verwandte Religionen nicht unterschiedlich zu behandeln.

Für das Feindbild Islam sind solche Überlegungen natürlich nicht förderlich. Denn seine Urheber vergleichen ja nicht Vergleichbares, also zum Beispiel Christentum und Islam oder die Realitäten Europas und des Nahen Ostens. Sie sind in der Regel damit beschäftigt, eine *Religion* (den Islam) mit einer *Region* (bzw. *Gesellschaft*) zu vergleichen (»dem Westen«). Und wer die falsche Frage stellt, kann keine richtige Antwort bekommen.

Wir haben von denselben Maßstäben gesprochen, damit ist noch etwas anderes gemeint. Selbstverständlich gibt es in islamisch geprägten Gesellschaften all das, was die Anti-Islam-Hysteriker uns ausmalen. Es gibt Fanatismus, Dogmatismus, es gibt massive Frauenunterdrückung, reaktionäre Beschränktheit, Rassismus, ideologische und religiöse Verblendung. Es gibt auch die Gefahr der Verbreitung von Massenvernichtungswaffen, Massaker, Menschenrechtsverletzungen, Terrorismus. Es wäre völlig absurd, dies ignorieren zu wollen, zu bestreiten oder zu verharmlosen. Daß solche Phänomene in den Beiträgen nur nebenbei behandelt wurden, liegt am Thema des Buches, nicht daran, daß wir sie übersehen. Nur: Wir warnen vor den üblichen voreiligen Schlüssen. Viele dieser Erscheinungen haben wenig mit dem Islam zu tun, sondern andere Ursachen, und so ziemlich alle gibt es auch in westlichen, »modernen« Gesellschaften. Fanatismus beispielsweise kann säkulare Ursachen haben – sogar dann, wenn deren Träger es bestreiten. Das rechtfertigt ihn natürlich nicht, aber es mahnt dieselben Maßstäbe an, von denen wir gesprochen haben.

Bevor wir uns über den Fanatismus anderer ereifern, sollten wir uns dem Fanatismus in der eigenen Kultur widmen. Wenn bei uns Jugendliche Flüchtlingsheime niederbrennen, dann hat das – außer mit Alkohol und Perspektivlosigkeit – auch etwas mit Fanatismus und Irrationalität zu tun. Aber wir würden kaum auf die Idee kommen, diese Verbrechen entsprängen religiösen Wurzeln, etwa den christlichen Traditionen des Abendlandes. Auch der Fanatismus und die Irrationalität von Menschen im Orient haben nicht immer und automatisch etwas mit Religion zu tun, es wird sich häufig um eine allgemein menschliche Beschränktheit handeln, die aus den Lebensumständen resultiert: Spießertum, Dogmatismus, Besserwisserei, rassistischer Hochmut – all das gibt es im Orient wie bei uns. Und wie bei uns kommt es darauf an, die Ursachen dafür in den konkreten Umständen zu suchen und sie nicht von vornherein schon zu »wissen«: Es muß ja an der Religion liegen, am Islam. Diese Sichtweise ist nicht nur oberflächlich und hochmütig, sondern selbst eine Mystifikation gesellschaftlicher Zusammenhänge. Wenn es in beiden Kulturkreisen die gleichen – oder vergleichbare – Phänomene gibt, dann sollte man auch nach gemeinsamen Ursachen suchen, und nicht eine der beiden Religionen reflexartig verantwortlich machen. Wenn es in islamisch geprägten Gesellschaften Frauenfeindlichkeit und -unterdrückung gibt, dann muß man sich mit der gleichen Sorgfalt um die Analyse der Ursachen bemühen wie im Westen. Es gibt auch Frauenfeindlichkeit ohne religiöse Ursachen.

Natürlich spielen ideologische und religiöse Faktoren eine Rolle. Auch die säkulare Frauenfeindlichkeit in Europa ist durch Jahrhunderte von religiöser Frauenfeindlichkeit beeinflußt und stimuliert worden. Und da im Orient religiöse Traditionen die Kultur eher noch stärker beeinflußt haben als bei uns, ist das dort natürlich ebenfalls ein wichtiger Faktor. Aber noch einmal: Es kommt darauf an, den Einfluß religiöser Traditionen auf auch säkulares Denken zu analysieren und deren Verhältnis zueinander zu bestimmen, anstatt sich die Sache einfach zu machen und alle Faktoren außer der Religion auszublenden.

Der US-amerikanische Journalist Christopher Dickey hat sich kürzlich die Frage gestellt, ob der Islam eine Gefahr sei. »*Hamas*-Sprecher Abdel Aziz al-Rantisi wurde mehrfach nach den *positiven* Aspekten seines Glaubens gefragt. Er antwortete wiederholt: ›Nicht stehlen, kein illegaler Sex, kein Alkohol, Frauen nicht als Waren behandeln, die man kaufen und verkaufen kann.‹ Das gibt Ordnung. Aber letztendlich ist diese Art von Fundamentalismus ausgesprochen säkular. Auf diese Art kann der Islam ausgenutzt werden, um die Herrschaft einer einzelnen Familie zu rechtfertigen, wie in Saudi-Arabien, oder als Vehikel nationaler Ambitionen dienen, wie im Iran. Autoritarismus, Expansionismus, Terrorismus – das sind die wirklichen Gefahren, aber bekannte Gefahren. Als solche beschrieben, läßt sich mit ihnen leidenschaftslos umgehen. Aber wenn das Wort ›Islam‹ dazukommt, sieht der Westen eine Bedrohung, die jede Dimension realer Gefahren sprengt ... Sollte der Westen den Islam fürchten? Nicht als solchen. Aber es lohnt sich, ein Auge auf die zu werfen, die seine Fahne tragen.«

Anmerkungen

Einleitung

1 Bassam Tibi, Bedroht uns der Islam?, in: *Der Spiegel* Nr. 5,1993, S. 126, 127.

2 Der Begriff des islamischen Fundamentalismus ist sehr problematisch, weil unter diesem Begriff alle möglichen unterschiedlichen Erscheinungsformen zusammengefaßt werden, die oft nicht zusammengehören. Vergl. dazu den Beitrag von Azmi Bishara in diesem Band. Wenn wir hier – und an anderen Stellen in diesem Buch – trotzdem den Begriff verwenden, dann aus Mangel an sprachlich geeigneten Alternativen. Zum Teil werden wir allerdings von *Islamismus* oder vom *politischen Islam* sprechen, wenn wir zwischen verschiedenen Phänomenen unterscheiden wollen.

3 Mohamed Sid-Ahmed, Muslim World Between Two Fires, in: *Balkan War Report, Bulletin oft the Institute for War and Peace Reporting*, London, No. 17, January 1993, p. 1.

4 Karen Armstrong, Holy War – The Crusades and the Impact on Today's World, New York 1991.

Das Feindbild Islam in der westlichen Öffentlichkeit

1 Gernot Rotter, Allahs Plagiator, Heidelberg 1991.

2 »Unser Marsch hat begonnen«, in: *Der Spiegel* Nr. 5, 1993, S. 108.

3 Jürgen Liminski, Europas Bedrohung durch den islamischen Radikalismus, in: *Das Parlament* Nr. 3/4, 10./17. 1. 1991.

4 Jean-Claude Barreau, Die unerbittlichen Erlöser – Vom Kampf des Islam gegen die westliche Welt. Reinbek 1992, S. 79.

5 Ebd.

6 »Wasserstoffbombe des Islam«, in: *Der Spiegel* Nr. 8, 1991, S. 144.

7 »Kalif oder Ketzer«, in: *Der Spiegel* Nr. 6, 1991, S. 162.

8 Reinhard Schulze, Alte und neue Feindbilder. Das Bild der arabischen Welt und des Islam im Westen, in: Georg Stein (Hrsg.): Nachgedanken zum Golfkrieg. Heidelberg 1991. Hier S. 246 (Anmerkungen).

9 Fritz Steppat, Erbfeinde aus Unverständnis, in: *Die Zeit*, 20. 11. 1992.

10 »Wasserstoffbombe des Islam«, in: *Der Spiegel* Nr. 8, 1991, S. 142.
11 *Tageszeitung (taz)*, 4. 11. 1992.
12 Jürgen Liminski, Europas Bedrohung durch den islamischen Radikalismus, in: *Das Parlament* Nr. 3/4, 10./17. 1. 1992.
13 Orientalische Geschichten – märchenhaft bekannt, in: *Süddeutsche Zeitung*, 19. 9. 1991.
14 »Islam resumes its march«, in: *The Economist*, 4. 4. 1992, S. 55.
15 Heinrich Schäfer, Religiöser Fundamentalismus als Ermächtigungsstrategie, in: *Ökumenische Rundschau*, 41. Jg., 1992, Heft 4, Oktober 1992, S. 434–448.
16 Hermann Scheer, Europa und der islamische »Fundamentalismus«, in: *Leviathan*, 19. Jg., 1991, Heft 1, S. 21–31.
17 Helga Anschütz, Die prekäre Lage des orientalischen Christentums, in: *Das Parlament* Nr. 37–38, 6./13. 9. 1991.
18 Reinhard Schulze, Feindbilder als Mittel der kulturellen Aneignung – Kultur und Islam im zweiten Golfkrieg, in: Dritte Welt und Islam: Neue Feindbilder nach dem kalten Krieg? Hrsg. v. Institut f. Internationale Politik, Arbeitspapier Nr. 015, 1992, S. 18–19.
19 »Verhetzte Brut«, in: *Der Spiegel* Nr. 48, 1992, S. 209.
20 Vgl. auch: Thomas Meyer, Fundamentalismus – Aufstand gegen die Moderne. Reinbek 1991.
21 »Unser Marsch hat begonnen«, in: *Der Spiegel* Nr. 5, 1993, S. 108.
22 Reinhard Schulze, Politischer Islam und westliche Mißverständnisse, in: *Blätter des iz3w* Nr. 172, März/April 1991, S. 20.
23 »Von Ajatollah Chomeini stammt der Satz: ›Ohne Politik ist der Islam nichts.‹« Kardinal Franz König, Die Vergangenheit beiseite lassen, in: *Die Zeit* Nr. 49, 27. 11. 1992.
24 Interview in der *taz*, 15. 12. 1989.
25 In seinem Aufsatz »Der Irre Saddam setzt seinen Krummdolch an meine Gurgel!« (*Frankfurter Rundschau*, 16. 1. 1991) hat Jürgen Link auf die Bedeutung von Fotos, Karikaturen oder bildlichen Ausdrücken für das Funktionieren von Feindbildern hingewiesen.
26 Jürgen Liminski, a. a. O.
27 Hans-Hagen Bremer, Mit Kopftuch in die Schule, in: *Frankfurter Rundschau*, 7. 12. 1992.
28 Hans Bräker, Es wird kein Friede sein – Der islamische Orient im Zangengriff von West und Ost. München 1992, S. 232.
29 Bassam Tibi, Über die Schwierigkeiten der Europäer, arabische Politik zu verstehen, in: Georg Stein (Hrsg.), Nachgedanken zum Golfkrieg. Heidelberg 1991, S. 97–107, hier S. 102/103.

30 Heinz Halm, Die Panikmacher – Wie im Westen der Islam zum neuen Feindbild aufgebaut wird, in: *Süddeutsche Zeitung*, 16./17. 2. 1991.

31 Jürgen Liminski, a. a. O.

32 Jean-Claude Barreau, a. a. O., S. 83.

33 Reinhard Schulze, Weil sie ganz anders sind – Alte Klischees verstellen uns den Blick auf einen Orient im Aufbruch, in: *Die Zeit* Nr. 10, 1. 3. 1991.

34 Jürgen Liminski, a. a. O.

35 *Die Zeit* Nr. 10, 1. 3. 1991, S. 2.

36 Jean-Claude Barreau, a. a. O., S. 72.

37 Ebd., S. 73.

38 Ebd., S. 149.

39 Erschienen als Arbeitspapier des Instituts für Internationale Politik Nr. 012, Wuppertal, Juli 1991.

40 Gudrun Krämer, Kritik und Selbstkritik: Reformistisches Denken im Islam, in: Michael Lüders (Hrsg.): Der Islam im Aufbruch? – Perspektiven der arabischen Welt. München 1992, S. 212.

41 Hans-Hagen Bremer, Mit Kopftuch in die Schule, in: *Frankfurter Rundschau*, 7. 12. 1992.

42 *Der Spiegel* Nr. 44, 1990.

43 Ebd.

44 Anne-Kathrin Reulecke, Die Befreiung aus dem Serail, in: *Feministische Studien*, 9. Jg., Nr. 2, November 1991, S. 8–20.

45 Fatema Mernissi, Der politische Harem – Mohammed und die Frauen. Frankfurt 1989.

46 *Brigitte*, Heft 22/1992, Dossier »Frauen und Islam«.

47 Martina Sabra, Frauenrecht – Menschenrecht, in: *blätter des iz3w* Nr. 172, März/April 1991, S. 26–29.

48 Ebenda, S. 27.

49 Anne-Kathrin Reulecke, a. a. O., S. 16.

50 »Gegen Kindergarten mit Bibellektüre«, in: *Süddeutsche Zeitung*, 18. 1. 1993.

51 Irmgard Pinn und Marlies Wehner, »Haremsdame« oder »Kopftuchtürkin«. Das Bild der islamischen Frau in den westlichen Medien, in: Islam im Abendland. Sonderband 1 der Zeitschrift *Die Brücke*, Saarbrücken 1992, S. 92–105, hier S. 100.

52 Reinhard Schulze, Transkription nach Tonbandmitschnitt eines Vortrages in Köln im September 1991.

53 Franz Nuscheler, Universität Duisburg, Transkription nach Tonband-Mitschnitt eines Vortrages in Köln im September 1991.

54 Volker Matthies, Neues Feindbild Dritte Welt: Verschärft sich

der Nord-Süd-Konflikt? in: *Aus Politik und Zeitgeschichte* B25–26/1991, 14. 6. 1991, S. 3–11, hier S. 5.

55 Reinhard Schulze, Weil sie ganz anders sind, a. a. O.

56 Reinhard Schulze, Islam und Herrschaft. Zur politischen Instrumentalisierung einer Religion, in: Michael Lüders (Hrsg.), Der Islam im Aufbruch? Perspektiven der arabischen Welt. München 1992, S. 94–129, hier S. 102.

57 Harry Schleicher, Österreich oder Anständigkeit zuerst? in: *Frankfurter Rundschau*, 29. 1. 1993.

58 Franz Nuscheler, Transkription nach Tonbandmitschnitt eines Vortrages in Köln im September 1991.

Europa und der Orient

1 M. Rodinson, Die Faszination des Islam. München ²1991, S. 143.

2 H. Budde, G. Sievernich, in: Europa und der Orient 800–1900. München 1989, S. 15 f.

3 S. dazu zuletzt M. Schilling, Aspekte des Türkenbildes in Literatur und Publizistik der frühen Neuzeit. In: Acta Hohenschwangau 1991, München 1992, S. 43–60.

4 Vgl. M. E. Pape, Turquerie im 18. Jahrhundert und der »Recueil Ferriol«. In: Europa und der Orient, a. a. O., S. 305 f.

5 M. Rodinson, a. a. O., S. 68.

6 K.-H. Kohl, Cherchez la femme d'Orient. In: Europa und der Orient, a. a. O., S. 359.

7 S. hierzu vor allem K. Mommsen, Goethes Bild vom Orient. In: W. Hoenerbach (Hrsg.), Der Orient in der Forschung. Festschrift W. Spies. Wiesbaden 1967, S. 453–470.

8 K. Mommsen, a. a. O., S. 462 f.

9 S. hierzu C. P. Haase, Literarische und geschichtliche Wurzeln des Araberbildes der Deutschen. In: K. Kaiser, U. Steinbach (Hrsg.), Deutsch-arabische Beziehungen. München, Wien 1981, S. 205–213.

10 K. Mommsen, a. a. O., S. 465.

11 Vgl. P. Kappert, Vom Übersetzen türkischer Literatur ins Deutsche. In: I. Baldauf, K. Kreiser, S. Tezcan (Hrsg.), Türkische Sprachen und Literaturen. Wiesbaden 1991, S. 214 f.

12 Vgl. S. Shaw, in: G. E. von Grunebaum, Der Islam II. Fischer Weltgeschichte. Frankfurt 1971, S. 331 f.

13 D. Syndram, Das Erbe der Pharaonen. In: Europa und der Orient, a. a. O., S. 52 f.

14 D. V. Denon, Voyage dans la Basse et la Haute Égypte. Paris 1802.

15 S. dazu M. Fendri, Halbmond, Kreuz und Schibboleth.

Heinrich Heine und der islamische Orient. Hamburg 1980, S. 273 f.

16 M. Fendri, a. a. O., S. 254.

17 K.-H. Kohl, a. a. O., S. 360.

18 Vgl. zu dem ganzen Komplex die Studie von Ch. B. Pfeifer, Heine und der islamische Orient. Wiesbaden 1990.

19 K.-H. Kohl. a. a. O.; vgl. auch E. Said, Orientalism. London 1978, S. 45 f.

20 M. Fendri, a. a. O., S. 288 f.; K.-H. Kohl, a. a. O.

21 Ch. B. Pfeifer, a. a. O., S. 101.

22 K.-H. Kohl, a. a. O., S. 365 f.

23 Zu ihm s. A. Marquart, Aus Ardistan nach Dschinnistan. In: Exotische Welten – Europäische Phantasien. Stuttgart 1987, S. 78–81.

24 K. U. Syndram, Der erfundene Orient in der europäischen Literatur vom 18. bis zum Beginn des 20. Jahrhunderts. In: Europa und der Orient, a. a. O., S. 340 f.

25 R. Schulze, Alte und neue Feindbilder. Das Bild der arabischen Welt und des Islam im Westen. In: G. Stein (Hrsg.), Nachgedanken zum Golfkrieg. Heidelberg 1991, S. 256.

26 B. Tibi, Die Krise des modernen Islam. München 1981, S. 115.

27 B. Lewis, The Emergence of Modern Turkey. London/Oxford/New York [2]1968, S. 53.

28 Vgl. alle Zitate bei B. Lewis, a. a. O., S. 66 f.

29 Der Reformer Schanizade (1769– 1826) eignete sich profunde Kenntnisse des Italienischen, Französischen, Lateinischen und Griechischen an, verfaßte eine Studie über die europäische Medizin und übersetzte mehrere Werke über Anatomie und Physiologie aus dem Italienischen ins Osmanische. Seine Übersetzungen stehen am Ende der traditionellen und dem Beginn der modernen Medizin in der Türkei; in ihnen schuf er ein neues wissenschaftliches Vokabular, das bis weit in das 20. Jahrhundert Verwendung fand.

30 Vgl. den Artikel *Hurriya* in: Encyclopaedia of Islam III, [2]Leiden 1971, S. 591.

31 Seine Beschreibung des Aufenthaltes in Paris erschien auch in deutscher Übersetzung: K. Stowasser (Hrsg. und Übers.), Ein Muslim entdeckt Europa: Rifa'a al-Tahtawi. München 1989.

32 Vgl. Stowasser, a. a. O., S. 317 f.

33 B. Lewis, The Muslim Discovery of Europe. London 1988[2], S. 306 f.

34 B. Lewi, a. a. O., S. 307.

35 S. Shaw, a. a. O., S. 339 f.

36 Vgl. zu dem Komplex P. Kappert, Von der Bagdadbahn bis zur Immigration türkischer Gastarbeiterfamilien – zur Geschichte der gegenseitigen Wahrnehmung oder: eine Chronologie der Mißverständnisse. In: Acta Hohenschwangau 1991, S. 110–126.

37 S. Schneider, Die Deutsche Bagdad-Bahn und die projectierte Überbrückung des Bosporus in ihrer Bedeutung für Weltwirtschaft und Weltverkehr. Wien/Leipzig 1900, S. 140 f.

38 E. Banse, Das Orientbuch. Leipzig 1914, S. 380 ff.

39 E. Marquardsen, Das Wesen des Osmanen. München 1916, S. 3, 78.

Muslimische Intellektuelle und die Moderne

1 Diese Überzeugung wird auch noch in der neueren islamwissenschaftlichen und sozialwissenschaftlichen Literatur vertreten. Stellvertretend für viele Titel seien genannt: Albert Hourani, Arabic Thought in the Liberal Age, 1798–1939, London 1962 (vgl. aber Houranis Neubewertung im Vorwort zur zweiten Auflage New York 1983) und Bassam Tibi, Die Krise des modernen Islam, Frankfurt a. M. 1981.

2 Aus dieser Grundannahme werden recht unterschiedliche weiterführende Interpretationen abgeleitet. Sie reichen von der Beschreibung der islamischen Kultur als irrationaler Gegenentwurf zur Moderne bis zu Deutungen der islamischen Kultur als vorindustrielle Kultur, die durch die nichtbewältigte Verwestlichung »in die Krise geraten sei«.

3 Ganz anders die neuere Beurteilung der fernöstlichen Geschichte und Kulturen. Siehe zum Beispiel Du-Yol Song, Asien zwischen Moderne und ihren Kritikern, in *Peripherie* 32 (1988), S. 7–21 und die dort zitierte Literatur.

4 Das arabische Wort für Intellektuelle *mufakkirun* kann allerdings keine Entlehnung aus dem Westen sein, da es älter als das »europäische« Wort *l'intellectuel«* ist. Der erste Beleg für *mufakkirun* stammt aus dem Jahr 1881, für das französische Wort l'intellectuel (als Nomen) dagegen erst aus dem Jahr 1898. Siehe zum letzteren Dietz Bering, Die Intellektuellen. Geschichte eines Schimpfwortes, Frankfurt am Main 1982. Weit ins 18. Jahrhundert zurück reichen arabische Benennungen, die eine separate intellektuelle islamische Kultur bezeichnen. Der Beginn einer spezifischen islamischen Intellektuellenkultur kann vorsichtig auf die Mitte des 18. Jahrhunderts datiert werden. Vgl. außerdem Anm. 13.

5 Der zweite Begriff für Moderne, *mu'asara*, scheint, so eine erste

vorsichtige Deutung, eher im ägyptisch-syrischen Kontext benutzt zu werden. Zwischen den beiden Begriffen gibt es eine kleine Bedeutungsnuance. Während *mu'asara* eher rein zeitlich verstanden wird (»das Zeitgenössische«), hat oft *hadata* noch einen qualitativen Bedeutungsaspekt, der aus der älteren philosophischen Tradition stammt und dem die Trennung vom Alten und die Vorrangstellung des neuen *(hadit)* gegenüber dem Alten *(qadim)* anhaftet. Eine kurze Zusammenfassung einiger Definitionen findet sich bei Gerhard Hoffmann, »at-turath« und »al-mu'asara« in der Diskussion arabischer Intellektueller der Gegenwart, in Wolfgang Reuschel (Hrsg.), Orientalistische Philologie und arabische Linguistik. Berlin 1990 (AAL Sonderheft 2), S. 50–54.

6 Bassam Tibis Essay in der Neuauflage seines Buches »Die Krise des modernen Islam«, Frankfurt am Main 1991, ist hierfür ein lesenswertes Beispiel.

7 Zum Beispiel Hichem Djait, Europe and Islam. Cultures and Modernity, Berkeley, Cal. 1985; Abdallah Laroui, L'idéologie arabe contemporaine, Paris 1967 und ders., Islam et modernité, Paris 1987. Siehe hierzu Leonard Binder, Islamic Liberalism. A Critique of Development Ideologies, Chicago 1988, S. 317 ff.

8 Die Fundamentalbegründung kann je nach politischem Standort auch ethnisch gehalten, also zum Beispiel auf das Arabertum oder das Berbertum bezogen sein.

9 Zu Beginn des 20. Jahrhunderts wurde dies auch von christlichen arabischen Intellektuellen so gesehen, vgl. zum Beispiel Gurgi Zaidan, tarih at-tamaddun al-islami, I–V, Kairo ^{2}1914–1919, ^{3}1921–1922.

10 Eine der wichtigsten Konferenzen zum Thema fand vom 24. bis 27. 9. 1984 in Kairo statt, siehe Markaz dirasat al-wahda al-arabiya, at-turat wa-tahaddiyat al-asr fi l-watan al-arabi. al-asala wal-mu'asara, Beirut 1985.

11 Einige islamische Intellektuelle versuchen, das Axiom der Gültigkeit der islamischen Frühzeit zu relativieren, siehe zum Beispiel Seyyed Hossein Nasr, Traditional Islam in the Modern World, London 1987. Nasr lehrte von 1958–79 Philosophie an der Universität Teheran und ist jetzt Professor der Islamwissenschaft an der George Washington University.

12 So zum Beispiel Rudolph Peters, Erneuerungsbewegungen im Islam vom 18. bis 20. Jahrhundert und die Rolle des Islams in der neueren Geschichte: Antikolonialismus und Nationalismus, in Werner Ende, Udo Steinbach (Hrsg.), Der Islam der Gegenwart, München 1984, S. 91–131, v. a. S. 105 f.

13 Der arabische Begriff *mufakkirun* für »Intellektuelle« wird heute gerne in einem islamischen politischen Kontext gebraucht. Im nichtislamischen Bereich wird häufiger die Bezeichnung *mutaqqafun* (eigentlich »Gebildete«) verwandt.

14 *al-yauma akmaltu lakum dinakum* in Koran 5/3. Weiter heißt es hier: »und meine Gnade an euch vollendet, und ich bin damit zufrieden, daß ihr den Islam als Religion habt.« (Übersetzung Rudi Paret, Der Koran, Stuttgart 1979, S. 79.)

15 Die besondere strukturelle Nähe des Islams zur Moderne wird auch von Ernest Gellner, Muslim Societies, Cambridge [2]1983, S. 7 anerkannt. Siehe hierzu auch Friedemann Büttner, Zwischen Politisierung und Säkularisierung – Möglichkeiten und Grenzen einer islamischen Integration der Gesellschaft, in Erhard Forndran (Hrsg.), Religion und Politik in einer säkularisierten Welt, Baden-Baden 1991, S. 137–167, zum Gellner-Zitat ibid., S. 157.

16 Der heute sehr populäre Begriff *hakimiya* stammt aus der osmanischen Politiksprache des 19. (18.?) Jahrhunderts und bezeichnete zunächst ganz allgemein die Souveränität innerhalb eines Staates. Eine diesbezügliche Begriffsgeschichte gibt es bis jetzt nicht. In Ami Ayalon, Language and Political Change in the Arab Middle East. The Evolution of Modern Arabic Political Discourse, Oxford 1987, findet sich beispielsweise kein Hinweis auf diesen Terminus.

17 Siehe hierzu Reinhard Schulze, Das islamische 18. Jahrhundert. Versuch einer historiographischen Kritik, in *Die Welt des Islams* 30 (1990), S. 140– 159.

18 Vor allem in seinem Werk manahidsch al-albab al-misriya fi mabahidsch al-adab al-asriya, Bulaq/Kairo 1286/1869, vgl. Gilbert Delanoue, Moralistes et politiques musulmans dans l'Égypte du XIXe siècle (1798–1882), Kairo 1982, S. 462 ff.

19 Siehe Martin Kramer, Islam Assembeld. The Advent of Muslim Congresses, New York 1986; Jacob M. Landau, The Politics of Pan-Islam. Ideology and Organization, Oxford 1990; Reinhard Schulze, Islamischer Internationalismus im 20. Jahrhundert, Leiden 1990.

20 Es scheint mir sehr bedeutsam, daß diese Floskel erst gut 150 Jahre alt ist. Zum politischen und ideologischen Hintergrund solcher symbolischer Interpretationen siehe z. B. Reinhard Schulze, Islam und Herrschaft. Zur politischen Instrumentalisierung einer Religion, in Michael Lüders (Hrsg.), Der Islam im Aufbruch? Perspektive der arabischen Welt, München 1992, S. 94–129.

21 Aufgebracht von dem amerikanischen Religionssoziologen R. N. Bellah 1967, siehe Rainer Döbert, »Zivilreligion«. Ein religiöses Nichts religionstheoretisch betrachtet, in *Kursbuch* 93 (1988), S. 67–84, dort auch weitere Literatur.

22 Dies wurde vor allem von dem syrischen Philosophen Sadiq al-Azm hervorgehoben.

23 Vgl. Muhammad Abid al-Gabiri, nahnu wa-t-turat – qira'a mu'asira fi turatina al-falsafi, Beirut/Casablanca [4]1985; Muhammad Arkoun, Islam und Weltlichkeit, in *Gewissen und Freiheit* 36 (1991)1, S. 32–57.

Religion und Politik im Nahen und Mittleren Osten

1 Thomas Meyer (Hrsg.), Fundamentalismus in der modernen Welt, Frankfurt am Main 1989, S. 15.

2 K. Löwental, Aufklärung und Fundamentalismus als Faktoren der Weltpolitik, in: Thomas Meyer (Hrsg.), Fundamentalismus in der modernen Welt, Frankfurt am Main 1989.

3 Hassan al-Banna, Majamu'at Rasail al-Imam al-Saheed (Ausgewählte Briefe), Beirut 1965, S. 228.

4 A. G. Ghassuy, Der islamische Fundamentalismus in der Gegenwart, in: Thomas Meyer (Hrsg.), a. a. O., S. 83 f.

5 D. Hiro, Islamic Fundamentalism, London 1989, S. 1.

6 Ebenda, S. 9.

7 Maxime Rodinson, Islam et capitalisme, Paris 1966.

8 Edward Said, Orientalism, New York 1978.

9 Bassam Tibi, The Crisis of Modern Islam, Utah 1988, S. 33–39.

10 Maria Mies, Kultur-Anomie als Folge westlicher Bildung, in: *Die Dritte Welt* I/1972, S. 26.

11 Bassam Tibi, a. a. O., S. 44.

12 Bassam Tibi, a. a. O., S. 50.

13 H. Munson jr., Islam and Revolution in the Middle East, New Haven and London 1988, S. 4.

14 D. Crecelius, Ideological Responses of the Egyptian Ulama to Modernization, in: R. N. Keddie (Hrsg.), Scholars, Saints, and Muftis: Muslim Religious Institutions in the Middle East since 1500, Berkeley and Los Angeles 1972, S. 167– 177.

15 Reinhard Schulze, Der lange Bart des Propheten, in *Kursbuch* 93/144 1988, S. 144.

16 E. Sivan, Islamische Eiferer (in Hebräisch), Tel Aviv 1986.

17 M. al-Reis, Al-Nazariyya al-Siyassa al-Islamiyya (Islamische Politische Theorie), Kairo 1966, S. 42.

18 A. al-Yassini, Al-Din we-al-Dawla f'al-Mamlaka al-Arabiyya al-

Saudiyya (Religion und Staat im Saudischen Königreich), London 1987, S. 14–15.

19 Bernard Lewis, Politics and War, in: J. Schacht, C. T. Bosoworth (Hrsg.), The Legacy of Islam (Das Vermächtnis des Islam), Oxford 1974, S. 60–159.

20 A. Ibn Hanbal, Al-Musnad, Beirut ohne Jahr, S. 152.

21 H. Lazarus-Yafeh, Contemporary Fundamentalism in Judaism, Christianity, Islam, in: *The Jerusalem Quarterly* 47/1988, S. 35.

22 M. S. al-Ashmawi, Al-Islam al-Siyassi (Politischer Islam), Kario 1987.

23 W. Smith, The Meaning and End of Religion, New York 1978, S. 117.

24 A. Abdul Razeq, Al-Islam w'Asul al-Hukm (Der Islam und die Grundlagen des Regierens), Kairo 1963.

25 A. R. al-Senhori, Al-Din we-al Dawla f'al-Islam (Religion und Staat im Islam), in: *Megilath al-Muhamath al-Schari'a* (Fachzeitschrift für Religionsrecht), Oktober 1929.

26 F. Fudah, Al-Haqiqa al-G'aiba (Die verborgene Wahrheit), Kairo 1988, S. 11–70.

27 Bassam Tibi, a. a. O., S. 40.

28 M. Gilseman, Popular Islam and the State in Contemporary Egypt, in: F. Halliday, H. Alavi (Hrsg.), State and Ideology in the Middle East and Pakistan, New York 1985, S. 177.

29 T. al-Bishri, Al-Qawmiyya al-Arabiyya wa-al-Islam (Arabischer Nationalismus und Islam), in: *Al-Mustaqbal al-Arabi* (Die arabische Zukunft), 26/1981, 67).

30 S. Hawa, Min Ajal H'atwa ila al-Amam (Ein Schritt in die Zukunft) 1979, S. 92–93, zitiert nach E. Sivan, Islamische Eiferer (in Hebräisch), Tel Aviv 1986.

31 Al-Bishri, a. a. O., S. 152–163.

32 G. A. al-Afg'ani, Al-Arabiyya Lesan Hal al-Islam wa'l Muslamin (Arabisch, die Sprache des Islams und der Muslime), in: *Hawar*, 2/1986, S. 161–162.

33 Hassan al-Banna, Muzkarat al-D'awa we-al-Da'ayya, Kairo ohne Jahr, S. 114.

34 Hassan al-Banna, a. a. O., S. 74– 78.

35 Brief an die fünfte Tagung, veröffentlicht von Dar al-A'atsam, Kairo, 1977.

36 A. al-Nafisi (Hrsg.), Al-Harqa al-Islamiyya Ruiyya Mustaqibiliyya (Die islamische Bewegung, ein Blick in die Zukunft), Kairo 1989.

37 R. Sid-Ahmed, The Islamic Movements in Egypt and Iran, Kairo 1989, S. 80–86.

38 N. Ayubi, The Political Revival of Islam: The Case of Egypt, in: *International Journal of Middle East Studies*, Vol. XII, 1980, S. 443; A. E. Ibrahim, Anatomy of Egypt's Militant Islamic Groups: Methodological Note and Preliminary findings, in: *International Journal of Middle East Studies*, Vol XII 1989, S. 488.

39 N. Luhmann, Funktion der Religion, Frankfurt am Main 1982, S. 115.

Islam und westliche Außenpolitik

1 »Der Duft des Imam«, in: *Der Spiegel* 2/1992, S. 108. Die hier zitierten Textstellen des *Spiegel* tragen nur exemplarischen Charakter. Es lohnt für unsere Zwecke nicht, zahlreiche weitere *Spiegel*-Artikel auszubreiten, da das Bild sich nicht verändern würde. Ein neuerer Artikel, der ebensogut angeführt hätte werden können ist: »Unser Marsch hat begonnen« – Der Islamische Fundamentalismus: Eine Revolte gegen den Westen und seine Weltordnung, in: *Der Spiegel* 5/1993, S. 108–120. Am Rande sollte vielleicht vermerkt werden, daß der *Spiegel* auch bei diesem Thema einen ganz speziellen Stil pflegt: nüchterne und realistische Passagen und wild emotionalisierende Abschnitte stehen krass nebeneinander. Das Ergebnis ist natürlich, daß die aufputschenden Passagen den besonneneren nicht nur widersprechen, sondern diese verdecken und entwerten. Alle Hervorhebungen in diesem und späteren Zitaten stammen vom Verfasser.

2 »Der Duft des Imam«, in: *Der Spiegel*, 2/1992, S. 108.

3 »Der Duft des Imam«, in: *Der Spiegel*, 2/1992, S. 109.

4 Hans Bräker, Es wird kein Friede sein – Der Islamische Orient im Zangengriff von West und Ost, München 1992, S. 232.

5 US-Außenminister Baker vor dem Auswärtigen Ausschuß des Repräsentantenhauses, in: *USIS Amerikadienst*, 5. 9. 1990, S. 2.

6 Reagan »Deeply Saddened« by Zia's Death, in: *US Policy Information and Texts*, 18. 8. 1988, S. 1, alle fremdsprachigen Zitate vom Verfasser übersetzt.

7 Regional Flashpoints Potential for Military Conflict – Excerpts: Clapper congressional testimony, in: *USIS, US Policy Information and Texts*, 23. 1. 1992, p. 44.

8 Cheney Says Ignoring Iraq Would be Dire Error, in: *USIS, US Policy Information and Texts*, 12. 9. 1990, S. 25 f.

9 US-Außenminister Baker vor dem Auswärtigen Ausschuß des Repräsentantenhauses, in: *USIS Amerikadienst*, 5. 9. 1990, S. 2.

10 Shireen T. Hunter, Persian Gulf Security: Lessons of the Past and

the Need for New Thinking, in: *SAIS Review*, Vol. 12, No. 1, Winter/Spring 1992, S. 156/157.

11 Der Autor hat zur Struktur westlicher Interessen einiges an anderer Stelle geschrieben. Da es in diesem Aufsatz nur nebenbei um dieses Thema geht, wird der Punkt hier nicht vertieft. Siehe aber u. a.: Jochen Hippler, Die Neue Weltordnung; Hamburg 1991, S. 115–121; derselbe: Krieg am Golf – Modellkrieg für die Dritte Welt?, in: Jahrbuch Dritte Welt 1992 (hrsg. von Volker Matthies, Joachim Betz), München 1991, S. 86–101, hier: S. 88–93.

12 Shireen T. Hunter, Persian Gulf Security: Lessons of the Past and the Need for New Thinking, in: *SAIS Review*, Vol. 12, No. 1, Winter/Spring 1992, S. 157.

13 Ewan W. Anderson, Khalil H. Rashidian, Iraq and the Continuing Middle East Crisis, New York 1991, p. 76 f.

14 Zur Geschichte *Hamas* siehe u. a.: Hamas makes it to the centrestage, in: *The Middle East*, February 1993, S. 9 f.

15 Building an Enemy – America, Israel and Arab States created the Islamic militants they now fear, in: *Newsweek*, 15. February 1993, p. 9–12, hier: p. 10.

16 Ebd., hier: p. 9, 10.

17 Judith Miller, The Islamic Wave, in: *The New York Times Magazine*, May 31, 1992, p. 25, 42.

18 Jürgen Liminski, Aus dem Schatten der Moschee: Europas Bedrohung durch den islamischen Radikalismus, in: *Das Parlament*, Nr. 3/4, 10./17. Januar 1992.

19 Ebenda.

20 Rolf Tophoven, Sterben für Allah – Die Schiiten und der Terrorismus, Herford 1991, S. 49.

21 Ebd., S. 174.

22 Wobei natürlich die Proklamation eines Heiligen Krieges durch irgendwelche Staatsmänner oder Politiker theologisch irrelevant ist. Die Erklärung liegt etwa auf der gleichen Ebene wie die, daß der US-Präsident George Bush zu einem »Kreuzzug« am Golf aufgerufen hat. In beiden Fällen hat es sich um eine schönklingende Metapher gehandelt, aber weder um einen Heiligen Krieg noch einen Kreuzzug.

23 An dieser Stelle könnte noch angemerkt werden, daß Tophoven auch den Charakter des Fundamentalismus pauschalisiert und verkennt. Der »Fundamentalismus« zielt oft gerade auf eine eigene »Modernisierung«, wendet sich nicht selten dagegen, daß der Westen den islamisch geprägten Ländern eine Modernisierung verweigert und durch wirtschaftliche Mittel und poli-

tisch-militärische Vorherrschaft unmöglich macht. Azmi Bishara argumentiert zu Recht in diesem Buch, daß der Fundamentalismus selbst eine »moderne« soziale Strömung sei und als bloße anti-modernistische Abwehrbewegung nicht begriffen werden könne.

24 Rolf Tophoven, Sterben für Allah, a. a. O., S. 200 f.

25 Ebd., S. 181.

26 Jürgen Liminski, Aus dem Schatten der Moschee, a. a. O.

27 Judith Miller, The Islamic Wave, in: *The New York Times Magazine*, May 31, 1992, p. 38.

28 Gespräch des Verfassers mit einem irakischen Diplomaten, zitiert nach einer eigenen Übersetzung des Tonbandmitschnitts.

29 Paul D. Wolfowitz, Nationale Sicherheitsstrategie der USA für die neunziger Jahre, in: *USIS, Amerikadienst*, 13. 12. 1989, S. 2.

30 Bush: USA müssen starke Verteidigung beibehalten, in: *USIS, Amerikadienst*, 14. 2. 1990, S. 3.

31 Shireen T. Hunter, Persian Gulf Security: Lessons of the Past and the Need for New Thinking, in: *SAIS Review*, Vol. 12, No. 1, Winter/Spring 1992, S. 161.

32 Bush Outlines New World Order, Economic Plans – Text: State of the Union Address, in: *USIS, US Policy Information and Texts*, 29. 1. 1992, p. 4.

33 *US News and World Report*, zit. nach: *Der Spiegel*, 1/1991, S. 107.

34 Zit. nach: Seth P. Tillman, The United States in the Middle East – Interests and Obstacles, Bloomington 1982, S. 46.

35 Seth P. Tillman, The United States in the Middle East – Interests and Obstacles, Bloomington 1982, S. 46.

36 14. Oktober 1992, S. 14.

37 Hier ist noch eine begriffliche Anmerkung sinnvoll. Nicht alles, was im Westen als »Terrorismus« bezeichnet wurde, gehört auch unter diese Überschrift. Entführungen von Zivilisten, Anschläge auf Einkaufsstraßen oder Schulbusse sind zweifelsfrei terroristische Akte, wenn sie einen politischen Hintergrund haben. Demgegenüber hatten gewaltsame Angriffe auf rein militärische Ziele oft einen »militärischen«, keinen terroristischen Charakter, auch wenn sie mit unkonventioneller Bewaffnung und/oder Methodik durchgeführt wurden.

38 Ein Beispiel: Iran – The Threat That Gets Overlooked, in: *Newsweek*, 25. 1. 1993, S. 25.

Autorinnen und Autoren

Prof. Azmi Bishara, geb. 1956, lebt in Jerusalem und lehrt Philosophie an der Bir Zeit Universität in den von Israel besetzten Gebieten. Forscht am Van Leer Institute in Jerusalem. Arbeitsschwerpunkte: Staat und Religion, Politik und Mythos, Marxismus, Eurozentrismus. Zahlreiche Veröffentlichungen zu den Themen Zionismus, Palästinafrage und Nahostkonflikt.

Dr. Jochen Hippler, geb. 1955. Direktor des Transnational Institute (TNI) in Amsterdam. Politikwissenschaftler. Arbeitsschwerpunkte: Regionalkonflikte in der »dritten Welt«; Interventionspolitik größerer Mächte; US-amerikanische Außenpolitik; der Nahe und Mittlere Osten; die Herausbildung einer neuen internationalen Ordnung nach Ende des kalten Krieges. Zahlreiche Buch- und Aufsatzveröffentlichungen. Lebt in Köln und Amsterdam.

Prof. Petra Kappert, geb. 1945, Islamwissenschaftlerin, lehrt Turkologie am Seminar für Geschichte und Kultur des Vorderen Orients der Universität Hamburg. Forschungsschwerpunkte: Geschichte und Kultur des Osmanischen Reiches, der Türkischen Republik und der mittelasiatischen Turkvölker sowie Islam in der Bundesrepublik Deutschland.

Andrea Lueg, geb. 1962, freie Journalistin, lebt in Köln. Arbeitsschwerpunkte: Palästinakonflikt, Wasserkonflikte im Nahen Osten, Frauen in islamischen Gesellschaften. Diverse journalistische Reisen in den Orient, unter anderen in die West-Bank und nach Afghanistan.

Prof. Reinhard Schulze, geb. 1953. Lehrt Islamwissenschaft und Arabistik an der Universität Bamberg, davor Professor für

Orientalische Philologie an der Universität Bochum. Forschungsschwerpunkte: Geschichte der Neuzeit in der islamischen Welt (16.–20. Jahrhundert), Soziologie der islamischen Kultur und Religion, arabische Literaturgeschichte (16.–19. Jahrhundert).

DIE NEUE WELTORDNUNG

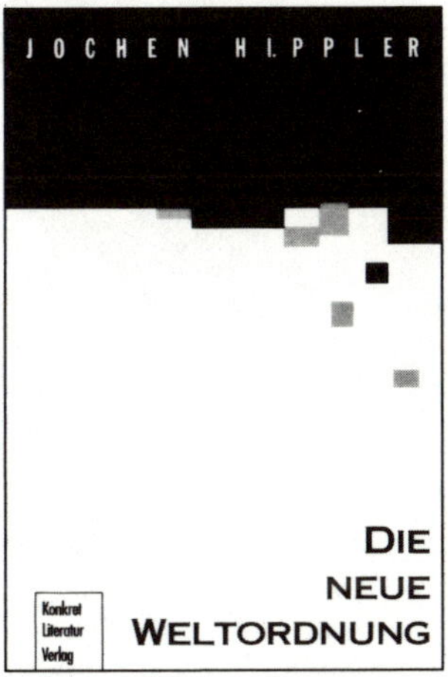

184 Seiten, 22 Mark

»Wer bei der hochbrisanten Diskussion
über eine neue Weltordnung mitreden möchte,
dem bietet Hipplers Buch
eine solide inhaltliche Grundlage.«

Konkret Literatur Verlag
Hoheluftchaussee 74, 2000 Hamburg 20